本书受国家社科基金特别委托项目"社会治理法学原论"(16@ZH024)及湖南省社会科学成果评审委员会课题"公众参与社会治理的法治理论与实践研究"（XSP20YBZ108）资助。

中南财经政法大学法治发展与司法改革研究中心博士文库

# 理论 与 进路

## 网络平台治理立法研究

THEORY AND APPROACH

RESEARCH ON THE LEGISLATION OF
NETWORK PLATFORM MANAGEMENT

张新平 著

社会科学文献出版社
SOCIAL SCIENCES ACADEMIC PRESS (CHINA)

# 序

　　社会治理法学何以成为一门独立的法学学科？我们从时代动因、内在动力、人民期盼及其价值体现，应用理论与实践相结合的方法进行诠释，方能揭示该学科创设发展的客观性，反映"中国之治"道路、制度、文化及其实践的原创性与时代性、继承性与民族性、系统性与专业性的特点，从而描述新时代哲学人文社会科学的新文科——社会治理法学"三大体系"构建的历史逻辑、实践逻辑及其理论体系的进路。

　　第一，回答"时代之问"是催生和发展"社会治理法学"的根本动因。作为凝炼、表达及其描述中国特色社会治理法治发展道路、制度、文化、理念、实践的新型交叉法学学科——"社会治理法学"同样离不开经济社会发展的时代背景。正如学科建设大师所云："社会机制、经济结构、科技水平决定了学科发展的方向、速度和规模，社会需求成为学科发展不竭的外部动力源泉"。中国特色社会主义治理法治道路、制度、文化、理论及其实践是在人民政权建设、改革开放、新时代进行"伟大斗争""伟大工程""伟大征程""伟大梦想"的宏大序事中发展完善的。她蕴含了"马克思主义经典作家"有关"国家与社会管理"基本原理的核心要素；凝聚了新中国成立60多年党的第一、二、三代中央领导集体毛泽东、邓小平、习近平的非凡卓越智慧，坚韧不拔精神、探索改革意识与所取得的丰富成果及其经验结晶；反映了中国共产党领导全国人民为中华民族伟大复兴所进行的艰苦卓绝斗争；传承了中华民族数千年治理悠久文明。如何科学回答社会主要矛盾发生变化后人民群众对民主、法治、公平、正义、安全、环境的新要求新期待；如何直面社会治理阶段性特征，完善社会治理法治体系；如何创新社会治理体制机制，提高社会治理社会化、法治化、智能化、专业化水平，加快推进社会治理体系和治理能力现代化；如何以世界眼光、宽广胸怀统筹国内与国际两个大局，办好发展与安全两件大事，促进全球人类治理体系与治理规则的民主化、法治化、科学化，构建共商共建共享人类治理文明的命运共同体；如何在百年未有之大变局有效应对"执政""改革开放""市场经济""外部环境"的四大考验，有效应对和防范"精神懈怠""能力不足""脱离群众""消极腐败"的四大危险，弥补"战略思维""历史思维""辩证思维""创新思维""法治思维""底线思维"的六个思维能力不足，坚持人民主体地位，回应人民群众对民主、法治、公平、正义、安全、环境领域"最恨""最急""最怨""最烦""最盼"治理问题的重大关切，创新新时代"人人有责""人人尽责""人人共享"社会治理共同体的法治理论？所有这些，要求"社会治理法学"必须立足中国国情，关注现实问题，对我国数千年治理文化的宝贵资源进行创新性挖掘，对百年国家与社会治理的艰苦探索进行系统总结，对新中国成立以来由"管控""管理"向"治理"转型跨越曲折发展的优质资源进行深入挖掘，对新时代社会治理取得的历史性成就进行创新性提炼，破解传统法学学科设置单一，学科"三大体系"不能有效回应社会治理丰富实践的急迫要求，不仅是加快推动法学学科体系建设的重大使命，更是构建社会治理法学新型学科体系的首要任务。

第二，回答"科学之问"是催生和发展"社会治理法学"的内在动力。社会治理法学是以涉及一切社会治理法现象为研究对象的相关科学活动及其成果认识的总称。西方学者米歇尔·福柯曾说过，"学科主要表现为一种规训制度，是生产论述的操控体系和主宰现代生活的种种操控策略与技术的更大组合"。由此可见，学科体系是以学术体系为内核、话语体系为支撑的科学知识系统。回答构建社会治理法学"三大体系"科学之问，其标志之一是，准确揭示社会治理法治道路、制度、理论、实践的质的规定性，形成以内嵌于中国特色社会治理道路、制度、文化和有关社会治理体系和治理能力现代化的基本命题及其核心范畴，并形成与此相关的一系列治理理念、观点、原理、学说、思想、理论、知识、学术等。构建社会治理法学之首要在于，坚持以"马克思主义经典作家"基本原理、中国特色社会主义治理理论、习近平新时代社会治理法治理论为该学科理论体系构建的"方向标"；从基层创造可复制的社会治理新鲜经验搭建"智慧库"，从区域、市域、县域、基层社会治理实践形成"经验仓"，从域外发达国家治理立法技术吸收"借鉴术"，进而创新性挖掘、提炼与转化，从而凝炼为具有原创性与时代性、系统性与专业性、继承性与民族性的标识性概念，形成科学的知识体系、学术体系、话语体系。标志之二是，该学科所研究的方法、材料、工具的客观性与效度性。社会治理法学既要受法学的研究方法的指导，又要坚持人文社会科学常用的研究方法，包括：阶级分析及社会分层法、价值分析法、跨学科研究法、实证分析法、大数据研究法等等，从而使社会治理法学知识体系、学术体系呈现出知识源头的多元性、知识内容的丰富性、知识体系的扩展性等特征。标志之三是，厘定该学科的研究对象。社会治理法治理论的创建、社会治理法律制度的完善、社会治理法治实施方式的转型都给社会治理法学研究对象提出了新命题新课题。这决定了社会治理法学的研究对象质的规定性与研究范围的宽域性。其具体研究对象包括社会治理法的基础理论、制度安排、实施方式及其绩效评价等。标志之四是，准确界分社会治理法学同其他学科研究对象的区别与联系。社会治理法学在治理社会事务的过程中，与法学其他二级学科存在紧密联系，但也有具体的区别。①同行政法学的区别。两者不仅调整对象存在差异、确立的法律关系有较大区分，而且法律性质既有同质性又有差别性。具体而言，社会治理法是有关社会治理活动的各种法律规范之总和，它调整执政党、政府、监察机关、司法机关、社会组织以及公民等主体在社会治理活动中形成的各种社会关系，确立并实现各方在社会治理活动中的权利（力）义务（责任），以保障社会治理活动规范、有序开展，最终实现社会和谐的根本目标。而行政法是有关行政管理活动的各种法律规范之总和，它主要调整行政机关在行政活动中形成的各种社会关系，通常总称为"行政关系"。②同民商法学的区别。两者不仅调整对象不同，而且规范性质和调整方法不同。具体而言，社会治理法通过确立社会治理多元主体地位及其社会治理权利（力）、义务（责任）来促进社会公共利益最大化，调整政府、群众性自治组织、非营利组织、营利组织及公民在社会公共事务治理活动中供给社会公共产品时所形成的社会关系。而民商法的调整对象为公民、法人和其他社会组织等民商事主体之间的人身关系和财产关系。民商事法律关系的客体是私人领域内所涉婚姻、家庭、个人人格权及其人格权利益等方面的身份性和财产性私人事务、市场经济主体方面的财产性私人事务等。而社会治理法律关系的客体既包括社会公共事务、政社合作共治事务，又包括社会自治事务、公共安全事务、网络空间治理事务等。③同经济法学的区别。两者不仅法律性质不同，而且目的及功能不同。具体而言，经济法是调整现代国家进行宏观调控和市场规制过程中发生经济关系的法律规范的总称。在现阶段，它主要调整社会生产和再生产过程中以各类组织为基本主体所参加的经济管理关系和一定范围的经营协调关系。④同社会法学的区别。社会法是社会治理法的一部分，两者应当是整体与部分的种属关系；原社会法作为独立法律部门已不适应党的十八大以来中央关于"法治国家、法治政府、法治社会一体建设""推进社会治理现代化"战略决策的需要，与中国特色社会主义法治体系不匹配；原"社会法学"应当扩展形成为正在发展构建中的"社会治理法学"。这是因为，社会法仅仅是调整有关劳动关系、社会保障关系和社会福利关系的法律规范的总和。可以说，社会治理法学的基本概念已经形成，研究范围日趋明确，学科逻辑结构清晰，且遵循法学发展的基本规律，初步形成了一套具有教义法学特点与治理活动专业化、专门化、法治化的话语结构体系。社会治理法学形成了独立的学科形态，各命题之间具有一致的逻辑起点和通适性，在该学科日臻成熟的过程中，理论研究的争鸣、研究命题的变化以及实践探索的曲折都不会对学科的总体发展方向发生干扰。

第三，回答"人民之问"是催生和发展"社会治理法学"的目标要求。"立德树人，德法兼修，培养大批高素质法治人才"，是包括社会治理法学学科在内法学及人文社会科学学科建设发展的天职。新中国成立以来尤其是改革开放以来，我国高等学校为国家培养提供"六类人才"（党政人才、企业经营管理人才、专业技术人才、高技能人才、农村实用人才、社会工作人才）共计10624.5万人。40年来高等教育为改革开放、经济发展、政治清明、文化繁荣、社会进步、生态文明建设、参与国际社会治理提供了不竭的智力支持、人才保障和人力要素资源支撑。其中，目前在600多所院校开设的法学专业中，提供了法学类人才约为195万人，占高校毕业生的1.83%；法学院校尤其是"五院四系"在培养法学人才方面发挥了中流砥柱的作用。但同加快建设社会主义法治体系、建设"平安中国""法治中国"的战略目标相比，法学教育仍面临"八个严重滞后"的问题：法学教育提供的专门人才同治国理政、治党治军、内政外交的精英人才中长期发展规划总规模要求严重滞后；法学教育提供的通用人才与基层社会治理法治化亟须人才总需求存在严重滞后；法学教育提供的专门人才同具有善于运用法治思维法治方式的战略企业家、职业经理人人才总量需求严重滞后；法学教育提供的专门人才同具有创新能力的高素质专业技术人才知识融通与保护服务结合的卓越高科技法治人才急迫需求严重滞后；法学教育提供的"实用型""工蜂型""高技能型"人才同公职律师、公司律师、社会律师的庞大法律服务人才总量需求严重滞后；法学教育提供的专门人才与大数据时代涉外法律人才总需求严重滞后；法学教育提供的专门人才同立法、执法、司法，法学研究、法学教育"三型人才"（综合型、创新型、能力型）的需求严重滞后；以学科导向形成的导师专业教学科研能力同卓越人才培养的高要求严重滞后。这导致法学教育领域仍然面临"三大尴尬现象"：法学专门人才供给严重滞后与法学人才就业"虚假饱和"的尴尬；法学专门人才社会"精英光环"与"高分低能"的尴尬；法学学术"智慧之才"与提供治国理政建言"对策不对号"的尴尬。作为保障经济社会快速发展的社会治理法治制度、文化、实践成果颇丰，但社会治理法学长期以来未能纳入国民教育体系，并作为相对独立的新型法学交叉学科进高校、进理论、进教材、进课堂、进头脑，社会治理法治人才更是奇缺。推进社会治理现代化，提高社会治理"四化"水平迫切需要为国家、政府、社会提供大批"德法兼修"的卓越法治人才。

因此，社会治理法学教育作为中南财经政法大学典型试验的"盆景"，将其向地方高校拓展成"园景"，进而在全国高校复制推广为"全景"，既具有现实紧迫性又具有理论必然性。

第四，回答"价值之问"是催生和发展"社会治理法学"的价值体现。社会治理法学的生命力不仅在于回答了时代之问、科学之问、人民之问，而且具有内生的价值。这集中表现在：一方面，社会治理法学是人文社会科学的学科发展到一定历史阶段的必然产物，是法学学科丰富发展的体现。其作为特定学科知识体系的价值在于，她是对社会治理法的基础理论、制度安排、实施方式及其绩效评价等的理论概括和表达，是对中国特色社会主义治理道路、制度、文化、实践的高度抽象与诠释，是中国特色社会治理法治理论体系发展完善及其成熟的标志性成果之一。她以揭示该学科研究对象质的规定性、特征、范围、实现形式、历史类型、价值及其同其他学科的区别与联系，型构具有该学科特质又区别于其他学科研究对象的一整套学术逻辑体系，且使该学科成为特定的学术体系、学科体系、话语体系，而具有传承性和可传授性，成为培养社会治理法治人才的"知识库"。从而形成科学的传播体系，使该学科的知识体系得以传承、创新和发展。另一方面，她以辩证唯物主义和历史唯物主义的观点、立场和方法关注社会治理法治建设的进程，剖析计划经济条件下社会治理法律制度缺失、改革开放条件下社会治理法律制度薄弱、新时代法治体系日臻完善条件下社会治理法治制度建设后来居上的状态，从现有法律制度框架中梳理并提出建立"基本公共服务法""社会自治法""政社合作共治法""公共安全保障法""社会矛盾化解法""网络社会治理法""社会治安综合治理法"，为建设科学完备社会治理法律制度体系提供智力支持。该学科注重社会治理法实施的前沿问题研究，密切观察总结基层社会治理"枫桥模式""自治、法治、德治"三治融合等治理范式，以及社会治理法实施评价体系和考评标准，推动社会治理法实施的有为有序有效，为打造人人有责、人人尽责、人人享有的社会治理共同体，确保人民安居乐业、社会安定有序，建设更高水平的"平安中国"提供学理支撑。中国数千年治理文明尤其是中国特色社会主义治理法治道路、制度、文化及实践成果，释放出党"统揽全局、协调各方"的领导体系，"职责明确、依法行政"的政府治理体系，"联系广泛、服务群众"的群团工作体系，更好发挥党的领导这一最大优势，推动立法、行政、监察、执法、司法、政治协商、人民团体、社会组织形成合力，保证国家统一、法制统一、政令统一、市场统一，实现经济发展、政治清明、文化昌盛、社会公正、生态良好，顺利推进新时代中国特色社会主义各项事业，发展完善社会治理体系，为社会治理"中国方案""中国经验""东方模式"的传播体系提供智识表达。

社会治理法学之魅力在于它实为"智慧之学""济世之学""安邦之学"。其"智慧之学"在于：她能给开启治理理论知识大厦的幽深大门，为学子探寻人类治理文明过去、当下、未来之运行规律而提供一把"金钥匙"，使其成为关注社会、贴近前沿、深入实践、拥抱时代并且具有"踏石有印、抓铁留痕"的理论建设者，而能提出份份真知灼见的重大专题调研报告，回答清楚中国当代治理前沿重大问题是什么？她能够为学子循"书山有路勤为径，学海无涯苦作舟"之规律，在社会治理学科"三大体系"构建中以被教育者、重大课题攻关主体者、理论创新的实践者三位一体角色互动转化所完成高质量学位论文的磨砺中提出一系列新命题、新范畴、新概念，从而回答清楚前无古人的治理理论体系创新难点为什么？其"济世之学"在于：她能够突破传统"经院士"的"学分＋论文"的评价考核模式及其人才评价导向，使学子从书本与课堂中解放出来，把所接授的书本知识写在火热的"平安中国""法治中国"建设大地上，用发展着的新时代社会治理法治理论观察、思考、分析新时代社会主要矛盾变化后推进国家与社会治理体系和治理能力现代化进程中存在的若干短板、薄弱环节与制度、理论方面遭遇的难点和热点问题，并以"舍我其谁、不辱使命"责任担当提供优质的治国理政等方面的决策建言，从而展示该学科以培养和造就"济世良才"的学科特质与人才培养目标取向。其"安邦之学"在于：学子们踏入社会在基层治理、县域治理、市域治理、国家治理乃至参与全球治理的人生旅程中，"不积跬步无以至千里"，并最终成为社会青睐、人民信赖、党和国家在治国安邦之中不可或缺的栋梁之才！

"聚是一团火，散是满天星"。社会治理法学将在培养"德法双馨"卓越治理法治人才、构建"三大体系"、服务社会、国际交流，促进"一流法学学科建设"，助推中南财经政法大学硬实力、软实力、巧实力的提升中砥砺前行。我们将学子们的学位毕业论文作为该学科的试验成果集结出版，以此回报社会、回报人民、回报祖国、回报时代。

是以为序。

2020 年 9 月 23 日
于武汉市东湖高新技术开发区
南湖大道绣球山庄

# 摘　要

　　研究网络平台治理立法问题旨在响应中共十八大、十八届三中全会、十八届四中全会、十八届五中全会和十九大分别做出的"加强网络社会管理""加大依法管理网络力度""完善网络社会管理法律法规""实施网络强国战略""建立网络综合治理体系及营造清朗的网络空间"的顶层制度设计安排，贯彻习近平总书记于 2014 年 2 月在中央网络安全和信息化领导小组第一次会议上提出的要抓紧制定立法规划、依法治理网络空间及其他网络平台治理系列讲话精神，以及落实《国家网络空间安全战略》提出的要坚持依法治网、依法办网、依法上网，让互联网在法治轨道上健康运行的宏观战略部署要求，希冀为解决网络平台治理立法诸多现实难题提供智识资源。

　　网络平台治理立法研究的展开始终坚持以我国网络平台治理的立法实践问题为基本导向，从网络平台的发展实际、治理实际和法律制度建构实际出发，以社会主义法治建设一般原理为基本遵循。有法可依是执法、司法实践活动展开的基本制度前提。网络平台治理立法研究又以加强立法的科学性、民主性，推动科学完备的网络平台治理法律制度体系的建立为目标，旨在为我国网络平台治理提供充足的制度供给，确保治理全过程和一切环节在法治的轨道上有序健康运行，进而提高网络平台治理法治化现代化水平，实现网络平台治理的"良法善治"。

　　第一章透视我国网络平台治理立法的实践现状。首先，围绕"网络平台—网络平台治理—网络平台治理立法"一般逻辑，厘清网络社会、网络平台、网络平台治理以及网络平台治理立法的含义；其次，基于对立法实践萌芽、发展和转型阶段进程的整体把握，透视我国网络平台治理立法现状；最后，提炼出我国网络平台治理立法实践的基本特点和有益经验。

第二章分析我国网络平台治理立法实践存在的问题。我国网络平台治理立法实践存在的主要问题有：立法碎片化、立法调整范围模糊、立法程序公开欠缺、立法层级位阶偏低、立法评估制度缺失等。本研究紧紧围绕问题是什么、有什么危害以及问题是如何形成的三个层面，就每一问题的具体表现、可能后果、形成原因展开分析。

第三章阐释网络平台治理立法优化的正当基础。网络平台治理立法优化有其正当性理论基础。网络空间主体趋虚拟化之潮涌向现实，线上与线下的互动交流使社会出现"二重化"现象，既有法律制度因无法满足实践治理需要，故应当做出调整。首先，网络空间法律属性学说从"主权说"到"全球公域说"再到"新主权说"的嬗变，以及网络平台治理法律关系主体、客体和内容的崭新变化是网络平台治理立法优化正当性理论基础在法理层面的体现；其次，既有治理制度范型的不适应，以及立法优化方面的响应国家有关战略任务部署要求、网络平台治理有法可依的实现和良法善治能力的提升等价值表现，是网络平台治理立法优化正当性理论基础在制度价值层面的体现。

第四章确立我国网络平台治理立法优化的理念指引。理念是行动的先导，网络平台治理的立法优化需要科学先进理念的指导与引领。首先是指导思想的确立，基于立法优化指导思想确立依据的分析，指出立法优化的指导思想是必须坚持党的领导、坚持人民利益至上、坚持从实际出发、坚持法制统一；其次是基本原则，提出我国网络平台治理立法优化所必须遵循的四项基本原则要求。

第五章提出我国网络平台治理立法优化的路径。围绕我国网络平台治理立法实践存在的调整范围模糊、层级位阶偏低、碎片化和程序公开欠缺等问题，提出明确划定立法调整范围、优化立法层级、科学设计立法体系以及推动立法程序公开和审查监督等具体建议。对于立法调整范围，将其明确划定为最低物理层、中间技术层和最高内容层，立法相应实现对物理层网络平台关键信息基础设施、技术层网络平台提供者和内容层网络平台内容建设的规范调整；对于立法层级和体系的设计优化，基于调整范围的三层划分，以物理层网络平台安全保护、技术层网络平台提供者创新发展和内容层网络平台内容管理为基本出发点，建构以宪法基本精神及其有关规定为基础，以物理层网络平台安全保护法、技术层网络平台提供者发展促进法和内容层网络平台内容管理法为主干，由若干网络平台治理行政法规、地方性法规、规章等协调配套构成的网络平台治理法律制度体系；推动立法程序公开和审查监督，强调从立法提案到正式发布以及宣传全过程的公开，不断拓宽公众参与渠道，建议借鉴美国行政法规审查监管机制，设置信息和监管事务办公室（OIRA），专门负责对网络平台治理部门规章的审核。

第六章论述我国网络平台治理立法评估的制度设想。紧紧围绕网络平台治理立法实践存在的立法评估制度缺失问题提出评估制度建构的基本设想。立法评估应坚持全面与特色相结合、客观与主观相结合、科学与简便相结合、实用性与适用性相结合、可计量与可比较相结合五大基本原则，通过目标规划、分类设计、科学设定关键绩效指标（KPI）等环节，围绕"可测度、可操作、可量化"思路设计网络平台治理立法评估之"必要性""合法性""合理性""可操作性""地方立法特色性""技术性"六个一级指标及其具体指标内容和考评标准，按照"评估目标规划—具体实施—效果总结"步骤要求展开立法评估。

**关键词：**网络平台治理　立法　网络社会　法治

# Abstract

The research on the legislation of network platform governance aims at responding to the top-level system design proposed by the 18th National Congress of the Communist Party, the Third Plenary Session of the Eighteenth Central Committee, the Fourth Plenary Session of the Eighteenth Central Committee, the Fifth Plenary Session of the Eighteenth Central Committee and the 19th National Congress of the Communist Party to strengthen network social management, to enhance network management by law, to improve network social management laws and regulations, to implement the national strategy of prospering with network power, as well as to establish a comprehensive network governance system and to create a clear cyberspace. To implement the spirit of the series of speeches delivered by Comrade Xi Jinping at the first meeting of the Central Cyber Security and Informatization Leading Group in February 2014 which propose to formulate legislative plans, to govern cyberspace and other online social platforms by law. Meanwhile, it also conforms to the propositions of the *National Cyberspace Security Strategy* which require to govern the internet, to do business on the internet and to surf on the internet in accordance with the law, so that the internet can run healthy on the track of the rule of law. It is expected to provide intellectual resources for the practical responses to many problems in network platform governance legislation.

The research on the legislation of network platform governance always adheres to the basic orientation of our country's legislative practices, starting from the reality of platform development, governance, and legal system construction, as well as following the general principles of socialist legal construction. There is a law to follow is the basic institutional premise for law enforcement and judicial practice activities. The research on the legislation of network platform governance aims at improving the scientific and democratic nature of legislation and promoting the establishment and formation of a scientific and comprehensive network platform governance legal system. In this way, it can provide sufficient institutional supply for the governance of our country's network platform, ensure the orderly and healthy operation of all processes and stages of governance activities on the track of the rule of law; then it will further improve the level of legalization and modernization of network platform governance, so as to achieve the goal of "good law and good governance" for network platform governance.

The first chapter is mainly to examine the current situations of the practices of network platform governance legislation in our country. First of all, following the general logic of "network platform-network platform governance-network platform governance legislation", it clarifies the meaning of network society, network platform, network platform governance and network platform governance legislation. Afterwards, through the overall understanding of the germination, development and transformation stages of legislative practices, it elaborates the current status of our country's network platform governance legislation. Finally, the basic characteristics and useful experience of our country's network platform governance legislation practices are summarized.

The second chapter mainly analyzes the problems existing in our country's network platform governance legislation practices. The main problems include legislative fragmentation, fuzzy scopes of legislative adjustment, lack of open legislative procedures, low legal rank, lack of legislative evaluation systems, etc. The research focuses on the three levels of questions; specifically, what the problem is, which kinds of harm it brings, and how the problem is formed. It further analyzes the specific manifestations, possible consequences, and causes of each problem.

The third chapter mainly explains the appropriate bases for the optimization of network platform governance legislation. The optimization of network platform governance legislation has its justified theoretical basis. The trend of virtualization in cyberspace is sweeping the reality, and the interactions between online and offline, virtual and physical have resulted in a "dualization" of the society. The existing legal system should be adjusted because it cannot meet the needs of practical governance. First of all, theories on legal attributes of cyberspace evolve from "sovereignty" to "global commons" and then to "new sovereignty"; meanwhile, the subjects, objects, and contents of the legal relationship of network platform governance have totally changed, which are the embodiments of the theoretical bases for the optimization of the network platform governance legislation regarding legal principles. Secondly, the incompatibility of the existing governance system paradigms, the optimization of legislation in response to the requirements of the country's relevant strategic tasks, the realization of network platform governance by law, as well as the improvement of good law and good governance capabilities are the embodiments of the rational theoretical bases for the optimization of network platform governance legislation at the level of system value.

The fourth chapter mainly discusses the ideological guidance in the optimization of our country's network platform governance legislation. Ideologies are the forerunners of actions. The legislative optimization of network platform governance requires the guidance of scientific and advanced ideologies. It begins with the establishment of guiding ideologies. Through the analysis of the bases for establishment of the guiding ideologies of legislative optimization, it points out that the guiding ideologies must adhere to the leadership of the communist party and the supremacy of the people's interests, insist on starting from reality, as well as stick to the unification of the legal systems. The second part is to follow the basic principles. It puts forward the four basic principles that must be followed in the optimization of our country's network platform governance legislation.

The fifth chapter mainly proposes the path to optimize the legislation of network platform governance in our country. Based on the problems of fuzzy adjustment scopes, low rank of legislation, fragmentation of legislation and lack of open procedures in our country's online platform governance legislation, it clearly proposes suggestions include delimiting the scopes of legislative adjustment, scientifically designing the legislative systems, optimizing the legislative level, and promoting the disclosure and supervision of legislative procedures. Regarding the scope of legislative adjustment, it is clearly delineated as the lowest physical layer, the intermediate technical layer and the highest content layer. Through legislation, the regulation of key information infrastructures of the physical layer of network platform, technical layer of network platform providers, and content layer of network platform content construction are realized. Regarding the designing optimization of the legislative systems and levels, based on the three-tier divisions of the scope of adjustment, the basic starting point is the security protection of the physical layer of network platforms, the promotion of innovation and development of the technology layer of network platform providers, and the content management of the content layer of network platforms; then it's required to build a coordinated and supporting legal system of network platform governance, which is based on the basic spirit of the Constitution and related regulations, with the physical layer network platform security protection law, the technology layer network platform provider development promotion law, and the content layer network platform content management law as the backbones. Such a kind of legal system is also composed of several network platform governance administrative regulations, local regulations and rules. It suggests to promote the disclosure of legislative procedures and the level of review and supervision, emphasizes the disclosure of the entire processes from legislative proposals to official release and publicity, and continuously broadens public participation channels. It also recommends to learn from the US administrative regulation supervision mechanisms, and to set up the Office of Information and Regulatory Affairs (OIRA) which is specifically responsible for the reviewing and coordination of the regulations of network platform governance.

The sixth chapter mainly discusses the institutional assumptions of the evaluation of network platform governance legislation in our country. Based on the lack of legislative evaluation system in the practices of network platform governance, the basic idea of constructing an evaluation system is proposed. It is proposed that legislative evaluation should adhere to five basic principles including the combination of comprehensiveness and characteristics, the combination of objectiveness and subjectivity, the combination of science and simplicity, the combination of practicality and applicability, as well as the combination of measurability and comparability. It is also proposed to design the " necessity, legitimacy, reasonableness, and practicability " of the network platform governance legislative evaluation through goal planning, classification design, scientific setting of key performance indicators (KPI) and other stages. The six first-level indicators of operability, local legislative characteristics, and technicality, as well as their specific indicator contents and evaluation standards, are to be evaluated in accordance with the requirements of evaluation target planning, specific implementation, and effect summary steps.

**Keywords**: Network Platform Governance; Legislation; Network Society; Rule of Law

# 目　录

# 图表目录

# 绪　论

## 一　选题的时代背景

法治是国家治理的基本形式，网络平台治理是国家治理的重要内容，推进国家治理现代化，必须优化立法以建构科学完备的网络平台治理法律制度体系，加快网络平台治理法治化进程，提高网络平台治理法治化现代化水平。[①] 党的十八大以来，中央高度重视网络社会治理法治建设，明确提出"完善网络社会管理法律法规""依法规范网络行为""建立网络综合治理体系及营造清朗的网络空间"，其提出了包括网络平台在内的网络社会治理法治建设的新时代目标要求。在现代信息技术发展以及其推动的人类生产生活方式急剧变革的今天，技术、信息、资本以及市场的紧密结合，网络社会场域中的技术创新、市场资源优化、经济模式调整、社会结构转型以及政治文化生态文明实现形式的变化都对包括网络平台治理在内的网络社会治理法律制度、理论与实践产生了巨大影响，关注网络平台治理的立法问题，建构科学完备的网络平台治理法律制度体系，提高网络平台治理法治化现代化水平迫在眉睫。劳伦斯·莱斯格（Lawrence Lessig）指出："法律和政策的制定者是在塑造而不是发现网络空间的属性，在一定程度上，他们（法律和政策的制定者）的选择将决定网络空间的发

---

① 参见徐汉明、张新平《提高社会治理法治化水平》，《人民日报》2015 年 11 月 23 日，第 7 版。

展。"① 国家治理体系和治理能力现代化语境中，优化立法以建立科学完备的网络平台治理法律制度体系无疑至关重要。网络社会急剧变革和国家顶层制度设计重视网络平台治理法治建设，既是科学完备的网络平台治理法律制度体系建构的基本依据，也是网络平台治理立法研究展开的基本时代背景。

（一）人类身处急剧变革的网络社会

互联网技术是人类 20 世纪最伟大的发明，以互联网为代表的现代信息技术成为人类认识和改造世界最重要的武器。综合中国网络空间研究院、麦肯锡全球研究院和素有"互联网女皇"之称的 Mary Meeker 发布的数据，中国在互联网用户数量、移动支付、共享经济及其增长率等多项关键指标方面均居全球前列。② 伴随互联网技术的普及应用和创新发展，中国正在成为现代信息技术革命的"引领者"。随着智能手机、智能电视、计算机、智能机器人，以及电子音视频、数据存储、即时通信等新事物在我国的出现、应用及普及，以互联网为代表的现代信息技术深刻影响并改变了人们的生产生活方式。时至今日，国人使用频次最高且通信最便捷的手机是内置微信、支付宝、微博、QQ 等软件的互联网（智能）手机，打开的电视是内存大量可供选择节目的互联网（智能）电视，打开的报纸发布了各种"大数据""云计算""互联网 +"的网络资讯和信息。当然可能年青一代已经不再读纸质报，网络社会高效便捷的电子媒介（电子版报纸、App、门户网站、公众号等）的广泛运用与普及、丰富的现代信息资讯、快节奏的生活方式以及人力资本活力的竞相迸发使得人们更愿意选择在手机、计算机上浏览各类信息，选择通过网络建立与世界的联系。

随着网络社会的快速发展和创新进步，互联网技术已经在电子商务、交通地理、气象水利、企业工商、公共事务、健康医疗等行业和领域被广泛运用并不断革新，甚至产生了颠覆性影响，物联网、大数据、云存储、云计

---

① 转引自刘品新《网络法学》，中国人民大学出版社，2015，第 1 页。
② 参见卓尚进《有效保障中国数字经济"快车"行稳致远》，《金融时报》2017 年 12 月 29 日，第 4 版。

算、云通信、人工智能等相继出现，以互联网为代表的信息技术革命大大提升了人类认识世界和改造世界的能力。行政学家何明升教授指出：人类历经的每一次重大技术革命都是其肢体、心智的延伸和体力、脑力的增强。① 人类社会发展至今，在历经从采食捕猎走向栽种畜养增强生存能力的农业革命，从个体工场手工生产走向大规模工厂化生产拓展体能的工业革命后，正在经历以增强自我脑力为表征的信息革命。② 依据人类社会发展理论的一般论断，人类历经的每一次技术革命既带来自身摆脱自然界束缚的质的飞跃，又是人类继续延伸肢体和开发心智并增强体力和脑力再次向前发展的基础，这种交互渐进式的推动与发展使不同形态的社会存在得以确立。人类社会已经进入互联网时代，其在一定程度上就是网络社会。只不过，与农业社会的"地域性"熟人社会和工业社会的"中心—边缘结构"陌生人社会相比，网络社会是通过数字信息和通信技术实现各种社会关系整合、再造而成的特殊社会关系格局，是这种社会结构形态交互渐进推动和人类社会发展规律作用之下社会存在的产物，是彻底打破边界的"去中心"脱域化社会，且正在突破领域、族域的限制。③

"每一种技术或科学的馈赠都有其黑暗面。"④ 网络社会技术、信息、资本和市场要素的流动配置、密切融合及其创新发展也带来了前所未有的法律挑战副产品。物联网、大数据、云存储、云计算、云通信的出现及机器人的大量使用，急剧变革的现代网络社会，信息技术的创新发展和社会进步，给既有法律体系带来了网络黑客攻击、网络病毒入侵、网络信息泛滥与垄断、网络司法管辖、网络证据使用、网络成瘾矫治等诸多新情况、新问题和新挑战。其中有的问题正在发生，如互联网电子商务平台治理中出现的虚假宣传、刷单炒信、虚假荣誉、网络水军等电商企业恶性竞争问

---

① 何明升：《中国网络治理的定位及现实路径》，《中国社会科学》2016 年第 7 期。
② 参见习近平《在网络安全和信息化工作座谈会上的讲话》，《人民日报》2016 年 4 月 26 日，第 2 版。
③ 参见张康之、向玉琼《网络空间中的政策问题建构》，《中国社会科学》2015 年第 2 期。
④ 〔美〕尼古拉·尼葛洛庞帝：《数字化生存》，胡泳、范海燕译，海南出版社，1997，第 267 页。

题，互联网信息搜索服务平台治理中出现的虚假广告、竞价排名问题，互联网打车服务平台治理中出现的滴滴、优步网约车劳务纠纷问题，公民隐私权、名誉权、虚拟财产权、著作权保护问题，以及网络色情、网络暴力、网络跨境犯罪问题，等等。北京大学法学院朱苏力教授认为，网络社会场域法律规制的特点之一是虽基于过去但会趋于未来、预测未来并掌控未来，基于这一视角考量网络可能会改变法学传统的特点，使之变得更社会化、科学化，而不是人文化。他指出："大数据会给整个现代法律体系带来根本性挑战，算法的精确和灵活可能引发一些领域内作为规则的法律衰落，而作为算法的法律会兴起。"朱苏力教授以波斯纳倡导论证的实用主义和后果主义司法作据，指出网络社会场域下程序正义一定不够，实质正义一定是更关键、更普遍的关注。其还指出《财产法》也可能会发生重大变化，与此相关的大陆法系的重要概念"物"可能消失变成更抽象的"property"（性质，属性）。①

　　网络社会对整个法律制度的影响程度是否会如朱苏力教授所言仍需要实践去检视，但其已经给人们生产生活和既有法律体系带来了全方位、多层次的深刻影响，这是不争的事实。以互联网为代表的信息技术革命在不断引领生产崭新变革、创造人类生活崭新空间和拓展国家治理崭新领域。② 在推动网络社会迅速向更广、更深向度发展并彻底改变人类生产生活方式的今天，网络平台治理问题正在受到重视且已然成为一个世界性难题。同时，法律的稳定性目标追求、法律规范本身必然受到其他社会规范以及社会条件和环境的制约等，决定了社会进步需要对既有网络平台治理法律法规进行调整细化、修改完善，甚至需要重新制定规则，优化立法以建构科学完备的网络平台治理法律制度体系。

---

① 参见朱苏力《法学研究的问题意识——人工智能将改造我们对制度的诉求》，https://baijiahao.baidu.com/s? id = 1584025376475238485&wfr = spider&for = pc，最后访问日期：2018 年 1 月 5 日。
② 参见习近平《在第二届世界互联网大会开幕式上的讲话》，《人民日报》2015 年 12 月 17 日，第 2 版。

### （二）顶层制度设计历来重视网络平台治理法治化问题

我国历来重视网络平台治理法治化问题。2014 年 2 月 27 日在中央网络安全和信息化领导小组第一次会议上，习近平总书记明确指出："要抓紧制定立法规划，完善互联网信息内容管理、关键信息基础设施保护等法律法规，依法治理网络空间，维护公民合法权益。"① 梳理重要官方文件可以发现（见表 0 - 1），自 1994 年中科院计算机网络中心到美国加州 64Kbps 卫星专线的开通，我国被国际上承认为第 77 个真正拥有全功能 Internet 的国家以来，党和国家顶层制度设计日益重视网络平台治理及其法治建设，尤其是党的十八大以来，新一届党中央高度重视依法治网，确保互联网在法治轨道上有序健康运转。十八大报告提出："加强网络社会管理，推进网络依法规范有序运行。"② "网络社会管理"一词首次在国家官方文件中被提及。十八届三中全会通过的《中共中央关于全面深化改革若干重大问题的决定》指出："坚持积极利用、科学发展、依法管理、确保安全的方针，加大依法管理网络力度，加快完善互联网管理领导体制，确保国家网络和信息安全。"③ 十八届四中全会通过的《中共中央关于全面推进依法治国若干重大问题的决定》明确提出："加强互联网领域立法，完善网络信息服务、网络安全保护、网络社会管理等方面的法律法规，依法规范网络行为。"④ 十九大报告"加强互联网内容建设，建立网络综合治理体系，营造清朗的网络空间"的提出，标志着包括网络平台在内的网络社会治理法治化命题已然成为国家顶层设计层面的制度安排。

---

① 罗丹阳、邹春霞：《习近平：抓紧制定互联网立法规划》，央视网，2014 年 2 月 28 日，http：//news. cntv. cn/2014/02/28/ARTI1393530385838600. shtml。
② 《胡锦涛在中国共产党第十八次全国代表大会上的报告》（2012 年 11 月 8 日），人民网，2013 年 4 月 3 日，http：//theory. people. com. cn/n/2013/0403/c359820 - 21013407. html。
③ 《中共中央关于全面深化改革若干重大问题的决定》。
④ 《中共中央关于全面推进依法治国若干重大问题的决定》。

表 0 - 1　主要论述一览

| | 具体内容 | 所属主题 | 关键词 |
|---|---|---|---|
| 十六大报告 | 新闻出版和广播影视必须坚持正确导向，互联网站要成为传播先进文化的重要阵地。 | 六、文化建设和文化体制改革 | 互联网站 |
| 十七大报告 | 加强网络文化建设和管理，营造良好网络环境。 | 七、推动社会主义文化大发展大繁荣 | 网络文化 |
| 十八大报告 | 建设下一代信息基础设施，发展现代信息技术产业体系，健全信息安全保障体系，推进信息网络技术广泛运用。 | 四、加快完善社会主义市场经济体制和加快转变经济发展方式 | 信息基础设施、信息安全 |
| | 加强和改进网络内容建设，唱响网上主旋律。加强网络社会管理，推进网络依法规范有序运行。 | 六、扎实推进社会主义文化强国建设 | 网络内容、网络社会管理 |
| | 高度关注海洋、太空、网络空间安全，积极运筹和平时期军事力量运用，不断拓展和深化军事斗争准备，提高以打赢信息化条件下局部战争能力为核心的完成多样化军事任务能力。 | 九、加快推进国防和军队现代化 | 网络空间安全 |
| | 粮食安全、能源资源安全、网络安全等全球性问题更加突出。 | 十一、继续促进人类和平与发展的崇高事业 | 网络安全 |
| 十八届三中全会决定 | 通过建立健全代表联络机构、网络平台等形式密切代表同人民群众联系。 | 八、加强社会主义民主政治制度建设 | 网络平台 |
| | 健全民主监督、法律监督、舆论监督机制，运用和规范互联网监督。 | 十、强化权力运行制约和监督体系 | 互联网监督 |
| | 健全基础管理、内容管理、行业管理以及网络违法犯罪防范和打击等工作联动机制，健全网络突发事件处置机制，形成正面引导和依法管理相结合的网络舆论工作格局。 | 十一、推进文化体制机制创新 | 网络违法犯罪、网络突发事件、依法管理、网络舆论 |
| | 坚持积极利用、科学发展、依法管理、确保安全的方针，加大依法管理网络力度，加快完善互联网管理领导体制，确保国家网络和信息安全。 | 十三、创新社会治理体制 | 依法管理网络、领导体制、网络和信息安全 |
| 十八届四中全会决定 | 加强互联网领域立法，完善网络信息服务、网络安全保护、网络社会管理等方面的法律法规，依法规范网络行为。 | 二、完善以宪法为核心的中国特色社会主义法律体系，加强宪法实施 | 立法、网络信息、网络安全、网络社会管理、依法规范网络行为 |
| | 推进政务公开信息化，加强互联网政务信息数据服务平台和便民服务平台建设。 | 三、深入推进依法行政，加快建设法治政府 | 互联网政务信息数据服务平台 |
| | 依法强化危害食品药品安全、影响安全生产、损害生态环境、破坏网络安全等重点问题治理。 | 五、增强全民法治观念，推进法治社会建设 | 网络安全 |

续表

|  | 具体内容 | 所属主题 | 关键词 |
|---|---|---|---|
| 十八届五中全会决定 | 实施网络强国战略，实施"互联网＋"行动计划，发展分享经济，实施国家大数据战略。 | 坚持创新发展……让创新贯穿党和国家一切工作，让创新在全社会蔚然成风 | 网络强国战略、"互联网＋" |
| 《国家网络空间安全战略》 | 全面推进网络空间法治化，坚持依法治网、依法办网、依法上网，让互联网在法治轨道上健康运行。 | 三、原则 | 网络空间法治化、依法治网、法治轨道 |
|  | 加快构建法律规范、行政监管、行业自律、技术保障、公众监督、社会教育相结合的网络治理体系，推进网络社会组织管理创新，健全基础管理、内容管理、行业管理以及网络违法犯罪防范和打击等工作联动机制。 | 四、战略任务 | 网络治理体系、网络社会、网络违法犯罪 |
| 十九大报告 | 公共文化服务水平不断提高，文艺创作持续繁荣，文化事业和文化产业蓬勃发展，互联网建设管理运用不断完善，全民健身和竞技体育全面发展。 | 一、过去五年的工作和历史性变革 | 互联网建设管理运用 |
|  | 推动互联网、大数据、人工智能和实体经济深度融合，在中高端消费、创新引领、绿色低碳、共享经济、现代供应链、人力资本服务等领域培育新增长点、形成新动能。 | 五、贯彻新发展理念，建设现代化经济体系 | 互联网、大数据、深度融合 |
|  | 为建设科技强国、质量强国、航天强国、网络强国、交通强国、数字中国、智慧社会提供有力支撑。 | 五、贯彻新发展理念，建设现代化经济体系 | 科技强国、网络强国 |
|  | 加强互联网内容建设，建立网络综合治理体系，营造清朗的网络空间。 | 七、坚定文化自信，推动社会主义文化繁荣兴盛 | 内容建设、综合治理、网络空间 |
|  | 恐怖主义、网络安全、重大传染性疾病、气候变化等非传统安全威胁持续蔓延，人类面临许多共同挑战。 | 十二、坚持和平发展道路，推动构建人类命运共同体 | 网络安全 |
|  | 善于运用互联网技术和信息化手段开展工作。 | 十三、坚定不移全面从严治党，不断提高党的执政能力和领导水平 | 互联网技术 |

　　资料来源：党的十六大报告、十七大报告、十八大报告、十八届三中全会决定、十八届四中全会决定、十八届五中全会决定、十九大报告和《国家网络空间安全战略》全文。

　　党的十八大以来，关于网络社会发展及其治理法治建设的宏观战略部署相继确立，特别是十八届五中全会和十九大提出了"网络强国"战略，以及十八大、十八届三中全会、十八届四中全会和十九大分别提出了"加强网络社会管理""加大依法管理网络力度""完善网络社会管理法律法规""建立网络综合治理体系及营造清朗的网络空间"明确的任务要求。这些包括网络平台治理立法在内的网络社会治理法治建设战略要求是确保我国网络平台经济健康发展、技术创新进步、安全风险防控、秩序稳定维护的基本遵循，也是实现我国网络平台"安全有序、技术创新、平等开放、健康发展"治理目标的基本要求，更是优化立法以建立科学完备的网络平台治理法律制度体系，推进网络平台治理法治化进而提升国家治理体系和治理能力法治化现代化水平的基本指针。

## 二　研究的重要价值

网络平台治理立法问题研究的展开既是建立在急剧变革网络时代我国顶层制度设计重视互联网发展与治理时代背景之上的，又是建立在中国特色社会主义法治理论和治理理论基础之上的。网络社会场域中的技术创新、市场资源优化、经济模式调整、社会结构转型以及政治文化生态文明实现形式的变化都对网络社会治理法律制度、理论与实践产生了深刻影响。关注并研究网络平台治理立法问题，旨在建构科学完备的网络平台治理法律制度体系，运用法治思维和法治方式开展网络平台治理实践并确保其在法治轨道上健康运转。研究网络平台治理立法问题对加快网络平台治理法治建设进程，提高网络平台治理法治化现代化水平，推进国家治理体系和治理能力现代化具有重要价值。

（一）理论价值

第一，为网络平台治理立法优化提供新思路。自 20 世纪 90 年代以来，伴随互联网技术发展创新和治理理论的兴起，网络社会治理领域出现了不同的治理学说、范型和模式。包括网络平台在内的网络社会治理理论受到了网络空间最初理论者及美国电子前线基金会发起人约翰·佩里·巴洛（John Perry Barlow）、斯坦福大学法律系教授劳伦斯·莱斯格、信息法学家约耳·芮登博格（Joel Reidenberg）、威廉·米切尔（Willian Mitchell）、伊娃·索伦森（Eva Sorensen）、马克·斯蒂菲克（Mark Stefik）、达雷尔·门特（Darrel Menthe）

和联合国、欧盟、中国、美国等学者、组织和国家的关注，其"主权说""全球公域说""新主权说"和"多利益攸关方治理模式""民主治理模式""多层级治理模式""主权治理模式""自由主义模式""社群主义模式""协商民主模式"理论的提出、争鸣、完善和推动取得了重大发展。然而我国网络平台法治治理理论的研究是主要围绕"实践问题出现"→"实践问题被关注"→"法律制度构建"→"治理某类型（领域）问题"的"被动型""跟进式"立法模式和"应急性""问题导向式"治理范型，这对热点、突出问题单向领域治理作用明显，具有明显的治理效能，但基于长远考量，这种"被动型""跟进式"立法模式和"应急性""问题导向式"治理范型因为缺乏系统性、科学性而不断被人诟病。现代网络平台治理研究中信息技术、物理安全和内容建设一般原理和核心理论在立法领域没有受到足够重视。因此本书试图借助包括信息技术、物理安全和内容建设理论在内的网络社会治理理论研究成果，依据一般法治理论及制度体系设计思路展开研究，为网络平台治理立法优化提供了新思路。

第二，拓宽网络平台治理立法研究新视野。以往的网络平台治理立法研究的理论成果关注点更多在于制度框架下的平台权利、责任等具体要素的探讨以及域外立法经验的镜鉴视角上，更关注网络平台治理立法涉及的具体平台治理内容、要素和局域问题。"不谋全局者，不足谋一域"，究其根本，网络平台法治治理的实现和法治化水平的提高前提是有法可依，科学完备的法律制度体系的建立是网络平台法治治理理论和实践的基本保障。本书以技术系统、法治原理与一般立法原则为遵循，提出基于统一宏观制度体系设计进行立法优化，建构科学完备的网络平台治理法律制度体系，为网络平台治理立法研究提供一个全新的视角。

第三，为网络平台治理立法实践提供理论指导。本书通过对网络平台治理立法实践阶段进程的考察和制度规范的分析，探讨网络平台治理立法实践总体特征及演变趋势，并通过研究该领域相关立法之不适应、不协调、不匹配、不完善问题及原因，对其进行系统化梳理和类型化归纳，以甄别影响建立现代网络平台治理法律制度体系的结构性因素，揭示网络平台发展及其治理规律并提出优化方案和建构设想，以丰富、完善我国网络平台治理立法理论，为网络平台治理立法实践提供理论指导。

（二）实践价值

第一，有利于网络平台治理法律法规的完善。本书基于网络平台治理立法实践的法律法规的系统梳理，对网络平台治理法治实践的基本经验和现实问题进行反思，深入分析和系统研究网络平台治理立法面临的内容、范围、程序、层级以及评估方面的问题，进而提出具体的立法优化建议，其最重要的实践价值之一就是为立法提供决策支持，进而完善网络平台治理法律法规，建构科学完备的网络平台治理法律制度体系。

第二，有利于提高网络平台治理法治化现代化水平。法治是国家治理的基本形式，有法可依是实现法治的基本前提。网络平台治理作为国家治理的重要组成部分，在推进国家治理体系和治理能力现代化过程中，必须优化立法，建立科学完备的网络平台治理法律制度体系，以实现有法可依。法治是规则之治，只有将法治作为治理现代化的核心内容才能保证国家和网络平台治理的规范性、科学性、稳定性。这要求在推进国家治理现代化中提高网络平台治理法治化水平，用法治精神引领网络平台治理，用法治思维谋划网络平台治理，用法治方式调节网络平台关系、维护平台秩序、规范平台行为，在法治轨道上维护网络平台秩序、解决网络平台问题、协调各种网络平台利益关系、推动各项网络平台事业发展。立法、执法、司法和守法的法治实践中，立法是前提和基础。网络平台治理法治建设是全面依法治国的重要内容，其法治治理的推进和法治化水平的提高所依赖的首要条件是科学完备的法律制度体系的创建。因此，优化立法，实现运用法治思维和法治方式开展网络平台治理实践并确保其在法治轨道上健康运转的有章可循、有规可遵，必将有利于网络平台安全有序、稳定发展和信息自由流动、技术创新发展，也将有利于推进网络平台治理法治建设进程，提高网络平台治理法治化现代化水平。

第三，有利于促进网络平台的繁荣健康发展。法律是治国之重器，国家治理现代化内在地包含网络平台治理法治化。探究网络平台治理立法理论问题，尝试建立科学完备的网络平台治理法律制度体系，实现运用法治思维和法治方式开展网络平台治理实践，确保一切网络平台治理活动在法治轨道上健康运转，既为网络平台发展创造了安全有序、健康和谐的运行环境，也为其营造了技术创新、平等开放的社会氛围，不仅有利于加快网络平台治理法治建设进程，提高网络平台治理法治化现代化水平，也有利于促进网络平台的繁荣健康发展。

## 三  现有研究之综述

### （一）研究现状

#### 1. 关于治理理论的研究

##### （1）西方关于治理理论的研究

网络平台治理立法问题研究是基于治理理论展开的。其中，"治理"一词源于拉丁文和古希腊语，原意是指控制、引导和操纵。① 1989 年世界银行首次提出并使用了"治理危机"（crisis of governance）一词。② 20 世纪 90 年代以来，经由詹姆斯·N. 罗西瑙（James N. Rosenau）③、马克·怀特黑德（Mark Whitehead）④、罗伯特·罗茨（R. Rhodes）⑤、格里·斯托克（Gerry Stoker）⑥、弗朗西斯·福山（Francis Fukuyama）⑦ 以及全球治理委员会（Commission on Global Governance）⑧ 等学者和组织的关注、争论和深入推动，加之西方福利国家管理危机、市场配置资源失灵、等级机制管理效率低下、社会分层加速、社会互动沟通协调机制缺失、经济全球化视域下现代信

① 俞可平：《论国家治理现代化》，社会科学文献出版社，2014，第 17 页。
② P. Landell-Mills, R. Agarwala, S. Please, *Sub-Saharan Africa*：*From Crisis to Sustainable Growth*, Washington, DC：The World Bank, 1989, p. 60.
③ 参见〔美〕詹姆斯·N. 罗西瑙主编《没有政府的治理——世界政治中的秩序与变革》，张胜军、刘小林等译，江西人民出版社，2001，第 5 页。
④ Mark Whitehead, "'In the Shadow of Hierarchy'：Meta-governance, Policy Reform and Urban Regeneration in the West Midlands," *Area* 3 （2003）：6 - 14.
⑤ R. Rhodes, "The New Governance：Governing without Government," *Political Studies* 44 （1996）.
⑥ 参见〔英〕格里·斯托克《作为理论的治理：五个论点》，转引自俞可平主编《治理与善治》，社会科学文献出版社，2000，第 34~47 页。
⑦ Francis Fukuyama, "What Is Governance?" *Government* 26, 3 （2003）：347 - 368.
⑧ The Commission on Global Governance, *Our Global Neighborhood*：*The Report of the Commission on Global Governance*, Oxford University Press, 1995, pp. 2 - 3.

息技术的高速发展，政府组织和普通公民相对距离缩短，同时社会组织和公民信息知识拥有量增加，传统政府优势大大削弱，[①] 西方学术界兴起了以"治理"为研究对象的热潮。

（2）中国关于治理理论的研究

我国对西方治理理论的引入和中国化的阐释始于 20 世纪 90 年代末 21 世纪初。学者毛寿龙、李梅、陈幽泓于 1998 年最早将"Governance"译成"治道"。[②] 著名政治学家俞可平教授于 1999 年在《治理和善治引论》中最先将"Governance"译成"治理"，并提出"善治"（Good Governance）概念。[③] 经由何增科教授、魏礼群教授、罗豪才教授、姜明安教授、宋功德教授、张文显教授、王振海教授、徐汉明教授、李林教授、朱景文教授、钱弘道教授、江必新教授、王利明教授、吴群刚教授、孙志祥教授、许义平教授、李慧凤教授、王杰教授、蔡拓教授等一大批学者的深入研究和大量成果的面世，一系列探索实现"良法善治"的治理理论不断涌现。如俞可平教授的著作《治理与善治》《论国家治理现代化》及论文《全球治理引论》[④]《治理和善治引论》，毛寿龙、李梅、陈幽泓的著作《西方政府的治道变革》，张文显教授的论文《法治与国家治理现代化》[⑤]，江必新教授的著作《国家治理现代化》及论文《论国家治理商数》《论社会治理创新》[⑥]，姚莉教授的《法院在国家治理现代化中的功能定位》[⑦]，李龙教授的《建构法治体系是推进国家治理现代化的基础工程》[⑧]，吴汉东教授的《国家治理现代化的三个维度：共治、善治与法治》和《国家治理能力现代化与法治化问

---

① 参见麻宝斌等《公共治理理论与实践》，社会科学文献出版社，2013，第 3~4 页。
② 毛寿龙、李梅、陈幽泓：《西方政府的治道变革》，中国人民大学出版社，1998，第 2 页。
③ 俞可平：《治理和善治引论》，《马克思主义与现实》1999 年第 5 期。
④ 俞可平：《全球治理引论》，《政治学》2002 年第 3 期。
⑤ 张文显：《法治与国家治理现代化》，《中国法学》2014 年第 4 期。
⑥ 江必新等：《国家治理现代化》，中国法制出版社，2014；江必新、邵长茂：《论国家治理商数》，《中国社会科学》2015 年第 1 期；江必新、李沐：《论社会治理创新》，《新疆师范大学学报》（哲学社会科学版）2014 年第 2 期。
⑦ 姚莉：《法院在国家治理现代化中的功能定位》，《法制与社会发展》2014 年第 5 期。
⑧ 李龙：《建构法治体系是推进国家治理现代化的基础工程》，《现代法学》2014 年第 3 期。

题研究》①，徐汉明教授的《提高社会治理法治化水平》和《推进国家与社会治理法治化现代化》②，以及周红云教授的著作《社会治理》③，等等。这些关于治理理论的研究成果特别是其中有关社会治理及法治建设的理论探索与制度建构研究，为网络平台治理的立法优化、中国特色社会主义网络平台治理法律制度和理论体系建构奠定了坚实的研究基础。

2. 关于网络平台治理立法理论的研究

（1）西方网络平台治理立法的相关研究

网络平台治理立法实践及其理论研究的展开起始于最早出现因特网的美国等西方发达国家。西方网络平台治理法治理论研究经由约翰·佩里·巴洛、弗兰克·H. 伊斯特布鲁克（Frank H. Easterbrook）、约耳·芮登博格、劳伦斯·莱斯格、达雷尔·门特等主要研究者的关注，历经了网络空间是否需要法律、网络法是不是独立的法律部门以及网络空间是特殊的法律调整对象的变迁，对应的代表性观点有约翰·佩里·巴洛的"网络需不需要法律"④、弗兰克·伊斯特布鲁克的"马法非法"⑤，以及劳伦斯·莱斯格的"网络空间是特殊的法律调整对象，需要法律、道德、市场与结构四种机制进行规范与调整"⑥。自世界上最早的隐私保护法《数据保护法》于 1970 年在德国黑森州颁布，到 1974 年美国《个人数据法》的通过，再到 1978 年美国佛罗里达州（Florida）出台法案（*Computer Crime Act*）首次将计算机犯罪分为侵犯知识产权罪、侵犯计算机装置和设备罪、侵犯计算机用户罪三种类型，西方

---

① 吴汉东：《国家治理现代化的三个维度：共治、善治与法治》，《法制与社会发展》2014 年第 5 期；吴汉东：《国家治理能力现代化与法治化问题研究》，《法学评论》2015 年第 5 期。

② 徐汉明、张新平：《提高社会治理法治化水平》，《人民日报》2015 年 11 月 23 日，第 7 版；徐汉明：《推进国家与社会治理法治化现代化》，《法制与社会发展》2014 年第 5 期。

③ 周红云：《社会治理》，中央编译出版社，2015。

④ John Perry Barlow，*A Declaration of the Independence of Cyberspace*，https：//www.eff.org/cyberspace‐independence.

⑤ Frank H. Easterbrook，"Cyberspace and the Law of the Horse," *University of Chicago Legal Forum* (1996).

⑥ Lawrence Lessig，"The Law of the Horse：What Cyberlaw Might Teach," *Harvard Law Review* 113，501（1999）.

国家不断探索网络平台治理立法经验。[①] 时至今日，美国、俄罗斯、澳大利亚、新加坡、日本等国纷纷针对本国互联网的宏观制度规范体系以及微观行业繁荣发展、权利保护救济、犯罪打击与预防等方面展开立法实践探索，制定了一系列法律，形成了包括网络平台治理立法在内的各国独具特色的网络社会治理法律制度体系。据中央网络安全和信息化领导小组办公室、国家互联网信息办公室政策法规局统计，美国建构起了包括《电信法》（1996）、《互联网免税法》（1998）、《数字千年版权法》（1998）、《统一电子交易法》（1999）、《电子隐私权法》（1999）、《反网络域名抢注消费者保护法》（1999）、《青少年互联网保护法》（2000）、《互联网虚假身份证明防范法》（2000）、《反垃圾邮件法》（2003）、《互联网博彩管理法》（2007）在内的网络社会治理法律制度体系。俄罗斯主要的法律法规文件有《俄罗斯联邦大众传媒法》《俄罗斯联邦安全局法》《俄罗斯联邦外国投资法》《关于信息、信息技术和信息保护法》《俄罗斯联邦个人信息法》《关于对俄罗斯联邦刑法和其他法规的修正案》《关于〈含有禁止在俄罗斯联邦境内传播的信息的互联网站域名、网页索引及网址的统一名册〉的规定》《关于保护儿童免受对其健康和发展有害的信息干扰法》《俄罗斯联邦〈关于信息、信息技术和信息保护法〉修正案及个别互联网信息交流规范的修正案》《俄罗斯联邦个别法律法规修正案》《就"进一步明确互联网个人数据处理规范"对俄罗斯联邦系列法律的修正案》。澳大利亚主要有《电信法》（1997）、《反垃圾邮件法》（2003）、《垃圾邮件管理法规》（2004）、《通信和媒体管理局法》（2005）、《刑法〈自杀资料犯罪〉修正案》（2005）、《〈电信法〉修正案》（2008）、《网络犯罪修正案》（2012）。新加坡主要有《广播电视法》、《电影法》、《国家安全法》、《报纸与出版法》、《官方秘密法》、《垃圾邮件控制法》、《2012 年个人信息保护法》、《一个议案》和《2013 年新加坡媒体发展管理局新闻网站许

---

① 参见杨坚争《世界各国的计算机立法进程》，《郑州大学学报》（哲学社会科学版）1999 年第 5 期。

可证制度》。①

（2）中国网络平台治理立法的相关研究

我国亦不例外，网络平台治理的立法实践及相关理论研究也伴随网络社会发展步伐而起步并不断发展。近 20 年来，我国网络社会、网络平台治理立法理论研究紧跟技术创新进步和网络社会向更广、更深向度发展而不断深入，尤其是近 5 年来包括网络平台立法优化在内的网络社会治理法治化问题俨然成为法学理论研究中最为热门的领域之一。

1999 年王迁在《法律科学》刊发的《论 BBS 的法律管制制度》是我国法学研究领域网络平台治理立法理论研究的开创性之作，文章指出对 BBS 这一新型信息交流场所通过立法进行法律管制已成为法学研究的重要课题，基于对 BBS 运作机制与传统传媒区别的分析以及美国立法司法实践，王迁提出 BBS 法律管制的对象应是 BBS 经营者，应建立起一种新型的 BBS 法律管制机制。② 2000 年中国社会科学院郑成思和薛虹合作完成的《各国电子商务立法状况》③《国际上电子商务立法状况》④《我国电子商务立法的核心法律问题》⑤ 三篇文章分别在《法学》《科技与法律》《知识产权》刊发，更是奠定了我国网络平台治理领域电子商务平台立法的理论之基。同年吴弘、陈芳在《华东政法学院学报》发表《计算机信息网络立法若干问题研究》，文章基于对计算机信息网络立法意义的分析提出迫切需要立法的十个问题，并对立法模式的选择以及网络特点适应、网络规律遵循、信息自由与公共利益相结合等立法原则进行了阐释。⑥ 中国人民大学景岗于 2000 年在《法学家》发表《域名法律问题思考》，重点探讨了网络域名治理的立法问题。⑦

① 参见中央网络安全和信息化领导小组办公室、国家互联网信息办公室政策法规局编《外国网络法选编》第 1～4 辑，中国法制出版社，2015～2017。
② 王迁：《论 BBS 的法律管制制度》，《法律科学》1999 年第 1 期。
③ 郑成思、薛虹：《各国电子商务立法状况》，《法学》2000 年第 12 期。
④ 郑成思、薛虹：《国际上电子商务立法状况》，《科技与法律》2000 年第 3 期。
⑤ 郑成思、薛虹：《我国电子商务立法的核心法律问题》，《知识产权》2000 年第 5 期。
⑥ 吴弘、陈芳：《计算机信息网络立法若干问题研究》，《华东政法学院学报》2000 年第 1 期。
⑦ 景岗：《域名法律问题思考》，《法学家》2000 年第 3 期。

这一年北京大学法学院陈俊还对作为我国科技、智力资源最密集的地区和高新科技创新龙头的中关村科技园区授权立法进行了研究，并在法学权威期刊《中国法学》刊发了题为《中关村科技园区授权立法问题研究》的文章。[①]随着许多学者基于不同视角对这一领域进行深入细致的研究，近年来我国又形成了一大批具有重要价值的理论成果。如中国社科院周汉华教授的《论互联网法》和《互联网对传统法治的挑战》[②]，中国人民大学王利明教授的《论互联网立法的重点问题》[③]，北京大学吴志攀教授的《"互联网＋"的兴起与法律的滞后性》[④]，清华大学张明楷教授的《网络时代的刑事立法》[⑤]，以及中国人民大学刘品新教授的著作《网络法学》，中国政法大学网络研究中心主任于志刚教授和郭旨龙博士合著的《网络刑法的逻辑与经验》[⑥]，浙江理工大学于志强博士主编的《中国网络法律规则的完善思路·民商法卷》和《中国网络法律规则的完善思路·行政法卷》[⑦]，胡凌的著作《探寻网络法的政治经济起源》[⑧]，夏燕的著作《网络空间的法理研究》[⑨] 等。

梳理我国关于网络平台治理立法实践及立法研究相关文献资料发现，研究内容主要集中在阐述电子商务平台和网络平台安全、平台信息和个人数据保护单独立法的意义、立法目的、立法原则和技术路线等问题上，更多关注既有立法在平台虚拟财产保护与继承、网络平台产品服务提供管理、平台知识产权保护、网络平台犯罪打击与预防等方面存在的问题及完善路径，以及网络平台治理语境下的民事、刑事、行政立法的完善和应对，也有一些研究

---

① 陈俊：《中关村科技园区授权立法问题研究》，《中国法学》2000 年第 6 期。
② 周汉华：《论互联网法》，《中国法学》2015 年第 3 期；周汉华：《互联网对传统法治的挑战》，《法学》2001 年第 3 期。
③ 王利明：《论互联网立法的重点问题》，《法律科学》2016 年第 5 期。
④ 吴志攀：《"互联网＋"的兴起与法律的滞后性》，《国家行政学院学报》2015 年第 3 期。
⑤ 张明楷：《网络时代的刑事立法》，《法律科学》2017 年第 3 期。
⑥ 于志刚、郭旨龙：《网络刑法的逻辑与经验》，中国法制出版社，2015。
⑦ 于志强主编《中国网络法律规则的完善思路·民商法卷》《中国网络法律规则的完善思路·行政法卷》，中国法制出版社，2016。
⑧ 胡凌：《探寻网络法的政治经济起源》，上海财经大学出版社，2016。
⑨ 夏燕：《网络空间的法理研究》，法律出版社，2016。

是基于习近平总书记网络社会治理法治思想和中外网络平台治理立法比较与经验借鉴展开的。

关于电子商务平台治理立法研究的代表性成果有沈木珠的《电子商务立法的问题与思考》①，张楚的《关于电子商务立法的环顾与设想》②，高富平的《从电子商务法到网络商务法——关于我国电子商务立法定位的思考》③，李适时的《关于我国电子商务立法的思考》④，薛虹的《电子商务立法研究》⑤，以及高富平的著作《中国电子商务立法研究》⑥；关于网络平台安全立法研究的代表性成果有沈木珠的《网络安全立法问题与对策》⑦，陆冬华和齐小力的《我国网络安全立法问题研究》⑧，孙佑海的《论我国网络安全面临的十大问题和立法对策》⑨，以及徐汉明主编的《网络安全立法研究》⑩；关于网络平台信息治理立法研究的代表性成果有甘伟淑的《信息网络立法刍议》⑪，郑成思的《个人信息保护立法——市场信息安全与信用制度的前提》⑫，乔生的《信息网络传播权立法评价与完善》⑬，张瑾和申华的《关于应对计算机信息犯罪国际合作及有关国家立法》⑭，张新宝和林钟千的

① 沈木珠：《电子商务立法的问题与思考》，《法商研究》2001 年第 1 期。
② 张楚：《关于电子商务立法的环顾与设想》，《法律科学》2001 年第 1 期。
③ 高富平：《从电子商务法到网络商务法——关于我国电子商务立法定位的思考》，《法学》2014 年第 10 期。
④ 李适时：《关于我国电子商务立法的思考》，《中国法学》2003 年第 3 期。
⑤ 薛虹：《电子商务立法研究》，《环球法律评论》2001 年第 1 期。
⑥ 高富平：《中国电子商务立法研究》，法律出版社，2015。
⑦ 沈木珠：《网络安全立法问题与对策》，《法学杂志》2001 年第 3 期。
⑧ 陆冬华、齐小力：《我国网络安全立法问题研究》，《中国人民公安大学学报》（社会科学版）2014 年第 3 期。
⑨ 孙佑海：《论我国网络安全面临的十大问题和立法对策》，《中国信息安全》2014 年第 10 期。
⑩ 徐汉明主编《网络安全立法研究》，法律出版社，2016。
⑪ 甘伟淑：《信息网络立法刍议》，《国家检察官学院学报》2002 年第 3 期。
⑫ 郑成思：《个人信息保护立法——市场信息安全与信用制度的前提》，《中国社会科学院研究生院学报》2003 年第 2 期。
⑬ 乔生：《信息网络传播权立法评价与完善》，《中国法学》2004 年第 4 期。
⑭ 张瑾、申华：《关于应对计算机信息犯罪国际合作及有关国家立法》，《政治与法律》2004 年第 3 期。

《互联网有害信息的依法综合治理》①，张平的《大数据时代个人信息保护的立法选择》②，以及唐汇西的著作《网络信息政府监管法律制度研究》③；关于网络平台犯罪规制与刑事立法应对完善研究的代表性成果有齐文远和杨柳的《网络平台提供者的刑法规制》④，赵秉志和阴建峰的《侵犯虚拟财产的刑法规制研究》⑤，皮勇的《我国网络犯罪刑法立法研究——兼论我国刑法修正案（七）中的网络犯罪立法》⑥，于志刚的《网络犯罪与中国刑法应对》和《网络"空间化"的时代演变与刑法对策》⑦，刘艳红的《网络时代言论自由的刑法边界》⑧，孙道萃的《网络刑法知识转型与立法回应》⑨；关于网络平台立法中外比较研究的代表性成果有刘颖的《支付命令与安全程序——美国〈统一商法典〉第4A编的核心概念及对我国电子商务立法的启示》⑩，王静静的《美国网络立法的现状及特点》⑪，刘金瑞的《美国网络安全立法近期进展及对我国的启示》⑫，皮勇的《论欧洲刑事法一体化背景下的德国网络犯罪立法》⑬，邢璐的《德国网络言论自由保护与立法规制及其对我国的启示》⑭，夏燕的《"被遗忘权"之争——基于欧盟个人数据保护

---

① 张新宝、林钟千：《互联网有害信息的依法综合治理》，《现代法学》2015年第2期。
② 张平：《大数据时代个人信息保护的立法选择》，《北京大学学报》（哲学社会科学版）2017年第3期。
③ 唐汇西：《网络信息政府监管法律制度研究》，武汉大学出版社，2015。
④ 齐文远、杨柳：《网络平台提供者的刑法规制》，《法律科学》2017年第3期。
⑤ 赵秉志、阴建峰：《侵犯虚拟财产的刑法规制研究》，《法律科学》2008年第4期。
⑥ 皮勇：《我国网络犯罪刑法立法研究——兼论我国刑法修正案（七）中的网络犯罪立法》，《河北法学》2009年第6期。
⑦ 于志刚：《网络犯罪与中国刑法应对》，《中国社会科学》2010年第3期；于志刚：《网络"空间化"的时代演变与刑法对策》，《法学评论》2015年第2期。
⑧ 刘艳红：《网络时代言论自由的刑法边界》，《中国社会科学》2016年第10期。
⑨ 孙道萃：《网络刑法知识转型与立法回应》，《现代法学》2017年第1期。
⑩ 刘颖：《支付命令与安全程序——美国〈统一商法典〉第4A编的核心概念及对我国电子商务立法的启示》，《中国法学》2004年第1期。
⑪ 王静静：《美国网络立法的现状及特点》，《传媒》2006年第7期。
⑫ 刘金瑞：《美国网络安全立法近期进展及对我国的启示》，《暨南学报》（哲学社会科学版）2014年第2期。
⑬ 皮勇：《论欧洲刑事法一体化背景下的德国网络犯罪立法》，《中外法学》2011年第5期。
⑭ 邢璐：《德国网络言论自由保护与立法规制及其对我国的启示》，《德国研究》2006年第3期。

立法改革的考察》①，以及王孔祥的著作《互联网治理中的国际法》②；关于习近平总书记互联网治理思想及治理法治化研究的代表性成果有周汉华的《习近平互联网法治思想研究》③，徐汉明的《习近平社会治理法治思想研究》④，张文显的《习近平法治思想研究（下）》⑤；等等。

（二）研究述评

网络是全球互通的，但网络平台治理的立法及其法律制度架构和运行体制机制是有别的。综观网络平台治理立法研究已有文献资料，可以清晰直观地看到，治理理论和互联网平台技术发轫于西方，但其并非西方所独有。现代信息技术革命语境下伴随技术创新、市场资源优化、经济模式调整、社会结构转型以及全球化语境下各国政治文化生态文明实现形式之转变，网络平台治理正在成为世界难题，同时基于优化立法以建构科学完备的网络平台治理法律制度体系进而推进其在法治轨道上有序健康运转已成为必然趋势，世界各国也都在积极实践并展开立法探索以建构符合本国实际的网络平台治理法律制度体系，希冀实现本国网络平台治理之安全有序和创新发展目标的衡平。考虑到本书研究对象为中国网络平台治理的立法问题，旨在建构中国特色网络平台治理法律制度体系，加快网络平台治理法治建设进程进而提高其治理法治化现代化水平，即研究的展开是基于"中国问题"之分析提出"中国方案"，遵循"中国理论"之引领建构"中国模式"，因此文献成果的梳理述评及研究的结构设计、章节安排、数据样本采集、内容确立以及分析工具选择等都更多关注中国本土实际，始终紧紧围绕中国问题、中国方案、中国道路而展开。

1. 研究的成绩

既有研究既取得了巨大成绩，也有诸多不足。其中成绩主要表现为：首

---

① 夏燕：《"被遗忘权"之争——基于欧盟个人数据保护立法改革的考察》，《北京理工大学学报》（社会科学版）2015 年第 2 期。
② 王孔祥：《互联网治理中的国际法》，法律出版社，2015。
③ 周汉华：《习近平互联网法治思想研究》，《中国法学》2017 年第 3 期。
④ 徐汉明：《习近平社会治理法治思想研究》，《法学杂志》2017 年第 10 期。
⑤ 张文显：《习近平法治思想研究（下）》，《法制与社会发展》2016 年第 4 期。

先，通过立法确保网络平台在法治轨道上有序健康运转已经成为共识，运用法治方式治理网络平台的理念取得一致认可并正在成为现代国家的基本遵循和必由之路；其次，网络平台治理立法理论研究不断深入，各国基于理论指引都在一定程度上展开了网络平台治理的立法理论研究与实践探索，取得了一定的治理效用；最后，中国特色网络平台治理立法理论研究正在向更深向度展开。近20年来，我国所处的时代是市场要素配置优化、社会制度转型、经济模式变化以及治理体制快速变革的时代，也是互联网技术创新、网络平台治理实践探索加速的时代，更是网络平台治理立法理论研究的鼎盛时期，一大批高质量网络平台治理立法理论研究成果的产出，意味着网络平台治理立法研究正在由数量向质量跨越，尤其是以党的十八届四中全会明确提出"完善网络社会管理法律法规"为标志，其打开了我国网络平台治理立法研究新的加速之门，中国特色网络平台治理立法理论体系正在成型。

**2. 研究的不足**

综合已有研究成果，网络平台治理立法研究的不足主要表现在以下几个方面。

首先，理论研究明显滞后。各国网络平台治理立法理论研究和体系建构都处于初创时期，网络平台的飞速发展和广泛应用以及技术的创新进步迫使网络平台治理立法实践和制度安排做出回应，各国也纷纷制定了具有针对性的法律规范，但理论研究一定程度上存在被动跟进，有的甚至未及时跟上的问题，造成实践中立法的滞后和法律制度运行的混乱无序，无法发挥理论引领网络平台治理立法实践之效用，网络平台治理立法理论研究一定程度上滞后于实践。

其次，系统性研究较少。既有理论研究中，各国往往针对网络平台治理中出现的具体问题展开立法的理论争鸣，研究更多关注现实中已经发生的微观问题和技术进路，缺乏基于网络平台整体考量做出立法回应和科学制度安排的系统理论研究。这一问题形成的重要原因之一在于信息技术革命语境下的网络社会、网络平台产生和发展历史都相对较短，技术却持续创新、急剧变革，网络平台飞速发展，理论研究无法迅速做出反应，致使立法滞后于实践，出现法律漏洞，因而无法有效应对并做到适当超前。同时正是由于技术持续创新、网络平台发展不断加速，立法理论研究需要基于宏观层面整体把握网络平台发展和技术创新规律，统筹网络平台治理立法理论和制度体系宏观建构，侧重于整体规律的把握和制度建构以面向网络平台治理未来、应对未来。

最后，中国本土理论建构不足。虽然互联网技术全球互联互通，但网络平台治理立法回应和法律制度安排差异明显。不同法系、不同国家甚至是同一国家不同地区的立法安排和制度建构都可能明显不同。中国特色社会主义制度之下的理论研究和制度建构都必须遵循我国实际，从客观情况出发，借鉴既有先进治理理论成果和法治文明成果，取其精华，去其糟粕。因此，我国网络平台治理立法既需要基于比较研究视角汲取域外经验，也需要且必须遵循我国理论研究实际，遵循社会主义一般法治精神。同时，互联网技术虽发轫于西方，但我国正在赶超并在移动支付、共享经济等领域呈现明显的优势，这一定程度上需要理论研究开创时代之先河，构建中国本土独具特色且具有旺盛生命力的理论体系。网络平台治理立法存在什么样的问题？优化立法的举措与建议又该是怎样的？这是破解我国网络平台治理现存立法难题、建构中国特色网络平台治理法律制度体系、推进包括网络平台治理在内的国家治理体系和治理能力法治化现代化必须面对的两大核心问题。当前我国关于网络平台治理的立法理论研究也主要集中在这两个问题上，中国特色网络平台治理立法理论研究已有不少成果，制度体系架构虽然已有雏形、正处于建构的前夜，但其与一般立法理论的区别并不明显，中国本土法治理论研究成果较少，与我国网络平台快速发展和技术创新相比，研究成果的数量、本土化特色明显存在不足。

综上所述，我国网络平台治理的立法探索和科学完备的法律制度体系建构研究尚处于起步阶段。已有网络平台治理立法理论研究因缺乏整体宏观的统筹部署，没有破解网络社会治理立法之调整范围模糊、层级位阶偏低等整体性分析问题与解决问题的理论框架，因而也无法建构科学系统的社会主义网络平台治理立法的理论体系和法律制度体系，提出有效解决方案，从根本上破解网络平台治理立法难题。

## 四　研究思路与方法

### （一）研究思路

本研究旨在探究网络平台治理立法中存在的问题并试图寻找立法优化的路线和方案，全书立足中国实际，遵照"问题提出"→"问题分析"→"问题解决"传统研究思路而展开，即基于技术运行、网络平台发展及平台治理规律遵循和现代法治文明、立法一般理论之指引，从我国网络平台治理立法实践探索和制度现状出发，透视我国网络平台治理立法实践存在的现实不足之处，进而提出网络平台治理立法优化的具体建议。研究以立法之民主性、科学性为标准，具备尊重历史、基于现实、面向未来的研究视野，围绕网络平台治理立法优化之"中国问题"提出"中国方案"，旨在优化立法以建构科学完备的网络平台治理法律制度体系，推进网络平台治理法治化现代化。

研究之基本思路见图 0 - 1，具体有以下几点。

#### 1. 实践现状

坚持以问题为导向是研究的基本遵循，围绕问题展开研究首先就需要基于历史考察，弄清其"前世今生"，即研究要尊重历史、基于现实、面向未来，第一章立法实践探索研究的展开是基于我国网络平台治理立法探索之阶段进程的准确把握，在透视网络平台治理立法现状的基础上对其进行基本特点的分析，为后文问题分析奠定基础。

#### 2. 问题分析

网络平台治理立法研究旨在破解网络平台治理立法存在的实践难题，以建构科学完备的网络平台治理法律制度体系，实现网络平台在法治轨道上健康运转的于法有据，推进其治理体系和治理能力法治化现代化。第二章问题分析部分紧紧围绕问题之具体表现、可能后果和成因分析三维视角展开深入研究，精准把握和分析网络平台治理立法现实困境是破解立法滞后难题，寻求立法优化和科学完备的法律制度体系建构之进路。

3. 问题解决

解决问题是研究的目的，文章的后四部分从网络平台治理立法优化的正当基础、理念指引、路径选择和立法评估四个层面提出摆脱立法困境的必要性和具体举措，目的在于优化立法以建立科学完备的网络平台治理法律制度体系，确保网络平台在法治轨道上有序健康运转，提高网络平台治理法治化水平，推进网络平台治理体系和治理能力现代化。

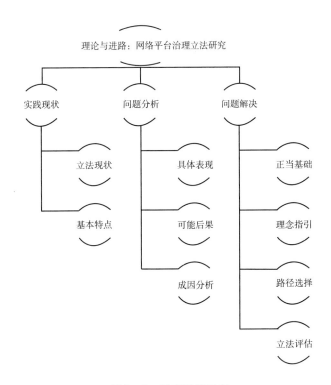

**图 0 - 1　研究思路示意**

（二）研究方法

研究方法是研究必不可少的工具和手段。科学的研究方法是研究者在长期的研究活动中反复概括提炼升华而得到的，对研究具有重要的指导作用。马克思主义法学方法论作为科学的方法论，是法学研究所必须遵循的根本方法。马克思主义法学方法论由研究方法和叙述方法两个方面构成，其中在"从具体到抽象"的研究方法中，马克思主义经典作家从辩证唯物主义和历史唯物主义的科学世界观出发，指出人们关于法的现象的思想、观念、意识的产生，是直接与人们的物质交往及其活动交织在一起的，是物质关系的产物。① 我国网络平台治理的立法研究建立在网络平台发展的物质基础之上且是以马克思主义法学方法论为根本指导，同时运用了科际整合研究法、系统分析法、历史研究法、过程分析法、文献研究法等科学的研究方法。

1. 科际整合研究法

所谓科际整合研究法是指在展开网络平台治理立法研究时，立足法学学科特别是立法学的基本理论，整合社会学、信息工程学、管理学、经济学和政治学相关原理，形成网络平台治理立法的基本原理和制度建构。网络平台治理立法研究必然涉及信息工程学、社会学、管理学、法学、经济学和政治学多学科知识，一定程度上，网络平台以及治理理论本身就是横跨多学科而存在的，因此运用科际整合研究法开展研究是网络平台治理立法研究的基本遵循。运用交叉学科视角、跨学科方法和多学科文献资料，整合多个学科展开研究既是网络平台治理立法理论研究科学性的体现，也是把握其内在规律性以实现对问题有效根治的必然选择。

2. 系统分析法

网络平台作为网络社会发展进步的产物，对其立法相关理论进行研究需要将其作为一个系统进行展开，将网络平台置于网络社会语境之下，对网络平台系统的各个要素展开综合分析，把握立法存在的问题并找出立法优化的可行性举措。系统分析法在本书中的使用特别体现在网络平台治理的立法范围明确划定方面，将网络平台作为一个系统，将其立法的调整范围划定为最低物理层、中间技术层、最高内容层，分别对应平台关键信息基础设施、网络平台运行和网络平台内容建设三层，进而实现不同层的法律规范与治理。当然，其他地方也有多处运用了系统分析法，如在阐释网络平台法治治理基

---

① 张文显：《法理学》，高等教育出版社、北京大学出版社，2011，第42页。

本原理时，明确网络平台法治治理是一个系统工程，需要将网络平台治理要素、治理结构、治理程序、治理功能纳入法治范围及运行轨道并使其协调统一。

### 3. 历史研究法

把握历史发展脉络是弄清事情原委的重要环节，本书中历史研究法的使用特别体现在第一章和第二章。其中，第一章网络平台治理立法探索阶段进程的分析，旨在从宏观上把握我国网络平台治理立法实践探索的历史脉络，准确把握我国网络平台治理立法现状，这既是我国网络平台发展和平台治理立法实践的基础，也是后文弄清当前我国网络平台治理立法实践有什么特点、存在什么有益经验的前提，更是第二章分析我国网络平台治理立法探索存在问题的前提。把握历史是分析现在、面向未来开展研究的一项基础性工作，除此之外，本研究是基于社会主义基本遵循和马恩经典作家关于社会管理和法治建设一般原理基础而展开，无论是问题分析抑或是问题解决，都无不是在基于历史、透视现在进而面向未来的基调中展开的。

### 4. 过程分析法

网络平台治理立法是一个不断推进的过程，对其立法所涉问题的研究需要对其中的每个阶段、不同环节逐一进行分析，寻找立法优化的关键节点和重要环节，唯有如此才能提出更具有可行性、可信度的优化举措和建议。网络平台治理的立法优化除了从整体上进行立法体系设计和内容上进行优化调整，还需要立法程序的公开和民主，因此需要从立法提案、立法规划编制、立法草案起草、立法建议听取、立法论证、立法听证、征求意见稿发布、立法公开宣传不同过程、不同层面推动程序公开，拓宽公众参与渠道。

### 5. 文献研究法

网络平台治理立法研究的展开首先需要厘清网络平台治理及其相关概念，准确把握治理理论和梳理既有网络平台治理立法研究的理论成果，对这些理论文献进行大量阅读和细致梳理是本研究所必须进行的基础性工作，其不仅能为研究提供充足的资料和理论储备，更是解决研究基本问题的必经环节。本书纸质文献主要来源有：中南财经政法大学图书馆、湖北省图书馆。电子文献主要来源有：中国知网（CNKI）、"北大法宝"数据库、"万方"数据库、"无讼"法规数据库、国家互联网信息办公室统计数据、Westlaw 和 Academic Research 以及 Academic Search Premier（ASP）等。此外，还通过 Wikipedia 信息搜索、Google 学术搜索、Baidu 搜索等搜索引擎获取相关学术性、时政性资料。可以说，问题的提出和研究的展开正是建立在既有文献成果的阅读、分析和启发之上的。

除主要运用了上述科际整合研究法、系统分析法、历史研究法、过程分析法、文献研究法外，本书还适用了概念分析法、比较研究法、语义分析法、价值分析法、案例分析法等一般理论研究方法。

## 五　研究的创新之处

网络平台治理立法研究旨在完善既有立法滞后之不足，发挥法治应有之治理功效和制度理性之效用，实现网络平台在法治轨道上有序健康运转。本书在研究方法适用、研究视角选择及研究内容突破三个层面都有所创新，其中，研究方法适用和研究视角选择具有一定的新意，研究内容相对于既有研究有一定的突破。

### （一）研究方法的创新

研究方法有所创新主要体现在研究方法的适用具有一定的新意。本书除了坚持以马克思主义法学方法论为指导，采用较为传统的语义分析法、案例分析法、历史研究法、文献研究法、价值分析法、比较研究法等研究方法外，还运用了科际整合研究法、系统分析法、过程分析法等具有一定新颖性的研究方法。如科际整合研究法，网络平台治理立法研究必然涉及法学、信息工程学、社会学、管理学、经济学和政治学等多个学科，本研究充分整合吸收了法学、社会学、信息工程学、管理学、经济学和政治学等多学科理论养分。一定程度上，科际整合研究法、系统分析法、过程分析法等方法的运用使网络平台治理的立法弊病分析和优化建议更具有科学性，使得研究结论更具有可信度。

（二）研究视角的创新

研究视角有所创新主要体现在视角的选择具有一定的新意，这表现在以下几个方面。

1. 基于治理的视角

网络社会作为继工业革命后的一种崭新的社会存在形式，其虽然发展迅速且影响力巨大，但在漫长的人类历史长河中仍是新生事物。自 1969 年互联网（阿帕网）首次在美国出现，迄今不过几十年，理论研究自 1991 年荷兰学者简·范戴克（Jan van Dijk）提出"网络社会"一词，至今不过二十几年。在我国，"网络社会管理"一词首次出现的官方文件是 2012 年 11 月 8 日胡锦涛同志在中国共产党第十八次全国代表大会上所作的《坚定不移沿着中国特色社会主义道路前进　为全面建成小康社会而奋斗》。该报告指出："加强和改进网络内容建设，唱响网上主旋律。加强网络社会管理，推进网络依法规范有序运行。"因此不论是网络社会本身，还是作为网络社会一部分的网络平台治理研究都是较为前沿的学术研究领域，本书将网络平台置于治理理论范型和制度模式下展开研究，既紧贴理论前沿又回归中国现实。

2. 技术的视角和社会学的视角

在法学理论研究特别是立法研究领域，学者们一般较多关注规则本身，正如上文所述，网络社会发展历史较短却复杂无序，尤其是技术持续创新、更新换代，这与法的指引、教育作用和稳定性、权威性等基本法治理念格格不入。网络平台治理是现实急迫解决的理论难题，不仅在于其历史较短、研究基础薄弱，更在于其复杂烦琐、跨越技术领域和社会学等多个学科。本研究基于技术和社会学的视角，对网络社会本质进行抽象分析和深刻把握，指出网络平台匿名、开放、高度自治等内在特点和网络社会利己主义无行为规范与现实社会中集体主义成熟的行为规范系统形成鲜明的对比，以及网络平台虚拟参与者摆脱传统社会角色、社会地位、社会责任关系束缚成为可能。此外，互联网技术的多点快速、互联互通、交互连接等，使得网络平台治理法律关系的主体更加多元、法律关系的内容日趋复杂、法律关系保护的客体更加多元、法律行为的形式更加多样等。总之，基于技术的视角和社会学的视角分析网络平台治理问题，更有利于增强其立法研究的科学性。

（三）研究内容的创新

研究内容有所创新主要体现在对既有研究的相对突破上，这主要表现在以下几个方面。

**1. 厘清了网络平台的相关概念**

首先，本书借鉴信息工程学有关网络理论的研究成果将"网络社会"概括为：公民、法人及其他组织以网络拓扑结构交互联通为基础，通过数字信息和通信技术实现各种社会关系整合、再造而形成的一种特殊的社会结构形态，是一个国家或地区占有一定网络资源、机会的社会成员的组成方式及其网络关系格局。其次，网络平台是网络社会发展进步的产物，其概念可做广义和狭义之分，广义的网络平台是指以网络拓扑结构交互联通为基础，通过数字信息和通信技术介质实现产品服务提供、信息流动传播、符号交易和监督管理功能的系统，包括网络媒介平台、网络交易平台和网络管理平台；狭义的网络平台是指基于数字信息和通信技术介质提供产品和服务的网络媒介平台和网络交易平台。与广义的网络平台相比，狭义的网络平台不包括更多用于组织内部管理监督的网络监管平台。本书使用的是狭义上的网络平台概念。网络平台治理是指政府、网络平台提供者、公民及其他社会组织综合运用法律、技术、道德、政策及其他社会规则规范，对网络平台提供产品和服务活动的全部环节和一切过程进行规范与调整。网络平台治理立法是指拥有立法权的立法机关依据一定程序进行制定或修改网络平台治理法律法规的活动，旨在以宪法基本精神以及相关规定为基础，创建由法律、行政法规、地方性法规、规章等规范协调配套构成的网络平台治理法律制度体系。

本书还明确指出，在网络平台治理与法治的关系中：作为规则之治的法治是手段，"安全有序、技术创新、平等开放、健康发展"网络平台治理目标的实现是目的，运用法治思维和法治方式依法治理网络平台并将其运行全部环节和一切过程纳入法治轨道是适用法治手段实现网络平台治理目的的过程。

**2. 分析了我国网络平台治理的立法现状**

梳理回顾我国网络平台治理立法探索的阶段进程和把握网络平台治理立法现状是分析网络平台治理立法实践困境的必经环节。网络平台治理立法现状分析遵循"历史进程→制度现状→实践特点"研究逻辑，通过梳理我国网络平台治理立法实践的萌芽、发展和转型三大阶段进程，从宏观上把握立法实践之脉络，进而透视我国网络平台治理的立法现状，总结立法实践呈现立法数量逐年上升、阶段性明显、以地方性法规和规章为主的实践特点，形成了始终坚持从实际出发、以问题为导向、安全与发展并重的基本经验，同时指出其在内容、范围、程序、位阶、评估等方面存在不足。

**3. 指出了我国网络平台治理立法实践存在的弊病**

精准把握和剖析立法实践存在的问题是找寻解决问题举措和技术线路的关键。网络平台治理立法问题研究建立在对网络平台治理立法实践的反思、网络平台发展实际和法治理论发展及研究现状整体把握的基础上，明确指出我国网络平台治理立法实践存在立法碎片化、立法调整范围模糊、立法程序公开欠缺、立法层级位阶偏低、立法评估制度缺失五大问题，并通过具体表现、可能后果、成因分析三个维度对我国网络平台治理立法实践存在的问题进行深入剖析，旨在找准问题症结之所在，精准诊断我国网络平台治理立法存在的弊病。

**4. 阐释了网络平台治理立法优化的"技术归化"理论**

"技术归化"一词最早由何明升教授在《中国网络治理的定位及现实路径》（《中国社会科学》2016 年第 7 期）一文中提出，旨在回应当前网络社会治理中存在的"技术中立"理论，强调各种新技术必须得到转化，从陌生的、可能有危险的东西转化成能够融入社会文化和日常生活之中的驯化之物。本书进一步提出网络社会与农业社会和工业社会的最大不同在于其是人脑心智与计算机性能良好嵌合的"人—机"共在社会，在长期的认识世界和改造世界活动中，人类通过"代码"这一网络内在生存密码和存在逻辑，首次通过心智与技术的良好契合，实现人类社会生产力的又一次质的飞跃，进而构成人类历史发展阶段中独特的网络社会。因此，依托互联网技术而首次实现人类脑力增强的网络社会的独特性和技术的社会工具性，决定了技术归化是网络平台治理及其立法优化的必然要求和核心内容，通过技术归化理论的指引，展开立法优化以建构科学完备的网络平台治理法律制度体系是实现对其有效治理的必然选择。

**5. 论述了我国网络平台治理立法优化的理念指引和具体建议**

本书明确指出网络平台治理立法应从理念指引、范围明晰、体系设计、层级优化、程序公开、审查监督和立法评估等层面进行改进完善。其中，立法优化的理念指引层面，强调网络平台治理立法必须坚持以党的领导、人民利益至上、从实际出发和法制统一根本指导思想为引领，追求网络平台运行安全有序、技术创新进步、参与平等开放、健康稳定发展治理目标的实现，秉持公权与私权、实体正义与程序正义的统一并重理念，坚守和遵循技术归化、安全与发展并重、技术创新以及权利保障基本原则；立法优化的具体建议层面，紧紧围绕网络平台治理立法存在的调整范围模糊、层级位阶偏低、碎片化和程序公开欠缺等问题，提出明确划定立法调整范围、优化立法层级、科学设计立法体系以及推动立法程序公开与审查监督等。

**6. 明确了网络平台治理立法的调整范围**

本书将网络平台治理立法所应调整的范围清晰划定为最低物理层、中间技术层、最高内容层三层。其中，调整范围之物理层主要针对网络平台基础设施保护进行立法，以确保网络平台运行安全和网络平台信息安全，强调网络平台的安全保障；调整范围之技术层主要针对网络平台运行发展进行立法，以确保网络平台有序规范提供服务，促进网络平台的技术创新和繁荣发展，强调发展创新；调整范围之内容层主要针对网络平台上的内容管理进行立法，强调网络平台内容建设的规范有序，由于网络平台的多种多样、技术本身的不断创新发展、经济模式变革、网络的交错纵横和互联互通，网络平台内容层既复杂多样又瞬息万变，本书也指出了内容层立法的最大特点是相对抽象和概括。

### 7. 提出了网络平台治理立法体系设计的基本框架

依据一般法治理论及立法体系设计宏观思路和相关理论研究，特别是立法可能实现的调整范围的划定，提出网络平台治理立法应以物理层网络平台安全保护、技术层网络平台提供者创新发展和内容层网络平台内容管理为基本出发点，建构以宪法基本精神及其有关规定为基础，以物理层网络平台安全保护法、技术层网络平台提供者发展促进法和内容层网络平台内容管理法为主干，由若干网络平台治理行政法规、地方性法规、规章等协调配套构成的网络平台治理法律制度体系。

### 8. 勾勒出网络平台治理立法评估制度建构的基本轮廓

网络平台治理立法评估制度建构的基本轮廓包括评估原则指导下的指标设计、评估内容、考评标准、分值安排、具体考评步骤设计等。研究指出网络平台治理立法评估应遵循全面与特色相结合、客观与主观相结合、科学与简便相结合、实用性与适用性相结合、可计量与可比较相结合五大基本原则，经过目标规划、分类设计、科学设定关键绩效指标（KPI）三个环节，围绕"可测度、可操作、可量化"思路设计网络平台治理立法评估之"必要性""合法性""合理性""可操作性""地方立法特色性""技术性"六个一级指标及其具体指标内容和考评标准，按照"评估目标规划—具体实施—效果总结"步骤要求展开立法评估。

# 第一章 我国网络平台治理立法的
实践探索

## 第一节 核心概念之厘定

### 一 网络社会

进行网络平台治理的立法优化研究首先需要厘清网络社会这一核心概念。古希腊诗人海希奥德（Hesiod）指出："野兽、鱼和鸟之所以相互捕杀，乃是因为他们不知道法律；而奥林匹斯山众神之首的宙斯却把法律作为他最伟大的礼物赐予了人类。"① 正如伟大思想家弗里德里希·威廉·尼采（Friedrich Wilhelm Nietzsche）所言："当我们言及希腊人时，我们实际上是不由自主地谈论现在与过去。"自古希腊以来，世界所有的民族和国家在其历史发展的不同阶段都形成了独特的法律制度和思想观念。古罗马法学家盖尤斯（Gaius）在《法学阶梯》中认为："任何民族为自己制定的任何法律都是该国所特有的法律；它被称为市民法（jus civile），因为它是这个国家特定的法律。"② 历经从采食捕猎走向栽种畜养增强生存能力的农业革命和从个体工场手工生产走向大规模工厂化生产拓展体力的工业革命后，人类正

---

① 转引自〔美〕E. 博登海默《法理学：法律哲学与法律方法》，邓正来译，中国政法大学出版社，1998，第3~4页。

② 转引自〔美〕E. 博登海默《法理学：法律哲学与法律方法》，第16页。

在历经以增强自我脑力为表征的信息技术革命。在依托现代信息技术而急剧变革的网络社会时代，互联网技术正在打破人群分割的边界，信息可以穿过网络终端所及之处的一切边界，彻底改变工业社会权力和知识附属于地域的"硬件"时代，人们的生活从物理空间扩展到电子空间、数字空间、虚拟空间。① 人类社会已经进入互联网时代，人类社会在一定程度上就是网络社会。② 一方面，网络平台治理法律制度创制之重要性不断凸显。劳伦斯·莱斯格指出："法律和政策的制定者是在塑造而不是发现网络空间的属性，在一定程度上，他们（法律和政策的制定者）的选择将决定网络空间的发展。"③ 另一方面，国家从顶层制度设计层面也明确指出要加强互联网领域立法，完善网络社会管理法律法规，依法治理网络，依法规范网络行为。④然而何为"网络社会"？网络社会概念的缘起是什么？网络社会经历了什么样的发展过程？网络社会的本质是什么？平台作为网络社会最重要的载体，是网络社会语境下市场经济和技术元素融合发展的产物，因此上述问题是展开网络平台治理立法研究前所必须解决的前提性问题。

（一）网络社会概念的缘起

"网络社会"（Network Society）一词最早由荷兰学者简·范戴克于1991年在 *The Network Society* 一书中提出并使用。⑤ 其后，社会学家曼纽尔·卡斯特（Manuel Castells）于1996年出版的 *The Information Age* 中大量使用了网络社会这一概念，曼纽尔·卡斯特认为旧有的社会是由团体、组织与社群聚集而成，但网络社会却是由点与点联结而构成。网络社会是以互联网为代表的信息技术革命高速发展和广泛普及应用的产物，这一概念较早被接受并引起关注始于曼纽尔·卡斯特1996年出版的《网络社会的崛起》（*The Rise of Network Society*）一书，该书中文版于2001年由社会科学文献

① 参见张康之、向玉琼《网络空间中的政策问题建构》，《中国社会科学》2015年第2期。
② 徐汉明、张新平：《网络社会治理的法治模式》，《中国社会科学》2018年第2期。
③ 转引自刘品新《网络法学》，第1页。
④ 参见《中共中央关于全面深化改革若干重大问题的决定》《中共中央关于全面推进依法治国若干重大问题的决定》。
⑤ 参见谢耘耕、陈虹主编《新媒体与社会》（第8辑），社会科学文献出版社，2014，第91页。

出版社出版。① 随着互联网技术日益普及和广泛应用，网络社会概念及相关理论研究逐渐成熟，不同学者从社会形式、社会关系结构、社会系统、社会形态等不同角度尝试对"网络社会"概念进行界定和探究。曼纽尔·卡斯特在《网络社会的崛起》一书中指出，网络社会的特征在于其社会形态胜于社会行动，从更广的历史角度来说，网络社会代表了人类经验的性质变化，是一种历史趋势。他认为，网络构建了我们社会的新社会形态，而网络化逻辑的扩散实质地改变了生产、经验、权力与文化过程中的操作结果，网络化逻辑会导致较高层级的社会决定作用甚至经由网络表现出来的特殊社会利益；流动的权力优先于权力的流动。在我国，学界围绕"网络社会"范畴做出多种界定与阐释，代表性的学者有郑中玉、何明升、熊光清、童星、戚攻。何明升教授认为，网络社会存在机制实质上是一种新质的共在模式，它实现了"人—机"交互的生存方式，使人的心智与计算机的高性能得到了良好的嵌合。② 戚攻教授认为，网络社会是一种数字化的社会结构、关系、资源和环境，网络社会的关系网具有虚拟特征，但最终是一种客观现实，是一种新的、虚拟的人类生存状态与环境。③

随着网络社会概念的产生、发展及相关理论研究的深入和学术对话的开展，不同学者从不同角度对网络社会概念做出了不同的界定。当前，关于网络社会概念及其判断标准的主流观点有二，一种观点是把网络社会与农业社会、工业社会相对应，将其界定为一种新的社会形态。比如，卡斯特在《网络社会的崛起》一书中指出，网络社会是指一个社会中关键的社会结构和社会行动都围绕电子信息网络而展开的社会形式，网络社会的新社会秩序对大部人来说都越来越像是后设的社会秩序。卡斯特将网络社会定义为由信息时代支配性功能与过程日益以网络组织起来的一种新的社会形态。④ 童星

---

① 〔美〕曼纽尔·卡斯特：《网络社会的崛起》，夏铸九、王志弘等译，社会科学文献出版社，2001。

② 何明升：《中国网络治理的定位及现实路径》，《中国社会科学》2016年第7期。

③ 戚攻：《网络社会的本质：一种数字化社会关系结构》，《重庆大学学报》（社会科学版）2002年第1期。

④ 参见赵然《网络社会中集体记忆研究的回顾与反思》，《新闻研究导刊》2017年第1期。

主张把网络社会界定为"通过网络联系在一起的各种关系聚合的社会系统",其与虚拟社会、信息社会的区别在于：虚拟社会是网络社会中的一部分，信息社会的含义比较广泛，网络社会是其中的一部分，网络社会有着与以前所有社会都不相同的特点，这些特点足以使之成为有别于以前所有社会形态的一种新的社会形态。[①] 另一种观点是把网络社会与现实社会相对应，将其界定为一种特殊的社会结构形态或者是一种社会形态中的特定空间（互联网空间）。例如，戚攻主张网络社会是现实社会的延伸并依存于现实社会，相对于现实社会结构而言，网络社会是一种中观的技术结构，是人类生活和工作的"另类空间"。[②] 郑中玉、何明升认为，所谓的网络社会并不代表一种单一网络形式的社会和高度整合的社会状态，只是一种社会结构形态，它是信息化社会的超文化和制度的基本结构逻辑和关键特色之一。[③] 这些对网络社会概念的界定，为理论与实践中分析和研究网络社会中的社会活动，确认他人在这一社会结构中的地位和作用提供了智力支持和现实指导。但对网络社会"新的社会形态"和"一种社会形态的特定空间"概念界定的不一，直接导致研究和实践中对同一"网络社会"术语的异义适用，致使相关理论研究无法深入，有效学术对话无法展开。

（二）网络社会概念的澄清

网络社会概念的清晰界定是网络平台治理法治化及相关理论研究和学术对话的基点。内涵是指网络社会质的规定性，是本体论问题；外延用来区分网络社会与传统社会，是判断标准问题。二者是网络社会概念厘定的两个核心问题。[④] 网络平台治理法治化的理论基础及制度建构建立在清晰厘定"网络社会"概念的基础之上，因此，研究和实践中存在的网络社会概念不清、不一问题需要且必须被关注，并尽可能得到解决。

---

① 童星、罗军：《网络社会：一种新的、现实的社会存在方式》，《江苏社会科学》2001 年第 5 期。
② 参见戚攻《网络社会在社会结构中的"位置"》，《社会》2004 年第 2 期。
③ 参见郑中玉、何明升《"网络社会"的概念辨析》，《社会学研究》2004 年第 1 期。
④ 参见魏屹东《语境同一论：科学表征问题的一种解答》，《中国社会科学》2017 年第 6 期。

问题形成是历史的偶然与社会进步趋势和事物发展规律的必然的结果和外在表现，经济技术发展、现代社会变革、治理制度演进、思维逻辑调整等都是其重要因素。网络平台治理概念不清问题有其深刻的历史诱因，厘清其概念需要把握其产生、形成和发展的历史过程，并从中找到解决办法。

首先，"网络社会"概念界定不清和混用既有其自身的历史根源，也是学界长期忽视对其构成与划界问题的研究所致。每一次技术革命既带来人类摆脱自然界束缚的质的飞跃，又是人类继续延伸肢体和心智，并增强体力和脑力，再次向前发展的前置基础，这种交互渐进的推动与发展确立了社会存在的不同形式。① 网络社会是继工业社会后的一种社会存在形式，工业社会固有的坚实物质基础推动了网络社会的产生、发展和相关理论研究的展开，同时，旧有经济基础与理论范式的惯性也在一定程度上阻碍了包括网络社会概念在内的相关基础理论的研究。自 1969 年互联网（阿帕网）首次在美国出现，迄今不过 51 年，理论研究自 1991 年荷兰学者简·范戴克提出"网络社会"一词，至今不过 29 年。一方面，历经 51 年实践发展和不足 30 年的研究进程的以互联网为代表的信息技术革命却对人类生产生活产生了深刻广泛的影响，这足以证明信息技术革命对社会生产力的巨大推动作用。另一方面，互联网技术的快速发展和广泛运用无法超越其客观的发展历程和研究历史，新质的社会生产变革、短暂的发展阶段、固有的经济物质基础以及现存的理论研究惯性都决定了"网络社会"概念及相关理论研究还有巨大空间。同时，20 世纪 90 年代以来，与"网络社会"意思相近的"信息社会""数字社会""虚拟社会"等名称或术语的出现，在一定程度上模糊了"网络社会"概念，致使名称混淆。

其次，哲学社会科学的"网络社会"概念根植于理工学科有关网络理论的研究和创建。其中，对网络范畴的研究、界分以及相关逻辑体系的建构就发端于理工科的理论体系，理工科理论体系认为网络一般是指由多个节点

---

① 参见何明升《中国网络治理的定位及现实路径》，《中国社会科学》2016 年第 7 期。

和链接构成的网状系统。① 理科学者认为，网络是一种图（一般认为专指加权图），用带箭头的连线表示从一个节点到另一个节点存在某种顺序关系，网络是从同类问题中抽象出来的用数学中的图论来表达并研究的一种模型。工科学者界定：网络是从某种相同类型的实际问题中抽象出来的模型。② 如，"在电的系统中，由若干元件组成的用来使电信号按一定要求传输的电路或这种电路的部分，叫网络"。③ 信息工程学者认为，互联网基础结构历经了从单个网络即阿帕网（ARPANET）向互联网发展、建成三级结构的互联网、逐渐形成了多层次互联网服务提供商（ISP）结构的互联网三个发展阶段。以因特网（Internet）为代表的计算机网络已从最初的仅供美国人使用的免费教育科研网络，逐步发展成为供全球使用的商业网络，成为全球最大的和最重要的计算机网络。但信息工程学者关于计算机网络的精准定义并未统一，经典的定义有两个：一个是谢希仁教授编著的"十二五"本科国家级规划教材《计算机网络》（第7版）的观点，即计算机网络主要是由一些通用的、可编程的硬件互联而成的，而这些硬件并非专门用来实现某一特定目的（例如传送数据或视频信号），这些可编程的硬件能够用来传送多种不同类型的数据，并能支持广泛的和日益增长的应用；④ 另一个是徐红云教授主编的"十一五"国家规划教材《大学计算机基础教程》（第2版）的观点，即计算机网络是指把分布在不同地点且具有独立功能的多个计算机系统通过通信设备和线路连接起来，在网络软件的支持下实现彼此之间数据通信和资源共享的系统。⑤ 计算机信息工程学有关网络理论的创建，为社会科学领域相关网络社会理论的研究提供了理论资源。理工学科有关网络理论的创建，为人文社会科学领域相关网络社会理论的研究提供了借鉴，尤其是互联网技术诞生后，为人文社会科学学者适应在传统社会向网络社会、

---

① 转引自李怀《基于规模经济和网络经济效益的自然垄断理论创新——辅以中国自然垄断产业的经验检验》，《管理世界》2004年第4期。

② 《中国大百科全书》（简明版），中国大百科全书出版社，1998，第4985页。

③ 江天、李建唐、张红星主编《逆序现代汉语词典》，辽宁大学出版社，1986，第446页。

④ 参见谢希仁编著《计算机网络》（第7版），电子工业出版社，2017，第1~19页。

⑤ 参见徐红云主编《大学计算机基础教程》（第2版），清华大学出版社，2014，第246页。

信息时代跨越的大背景下开展相关网络平台治理理论研究开辟了新视野，提供了新方法，也为人文社会科学领域对网络社会、网络平台治理、网络平台治理立法等相关理论的研究和法律制度体系的构建提供了条件和可能。

综上，借鉴信息工程学有关网络理论的研究成果可将"网络社会"概括为：公民、法人及其他组织以网络拓扑结构交互联通为基础，通过数字信息和通信技术实现各种社会关系整合、再造而形成的一种特殊的社会结构形态，是一个国家或地区占有一定网络资源、机会的社会成员的组成方式及其网络关系格局。

（三）网络社会的本质

在网络社会里，基于互联网技术而形成了不同的新的社会关系，但其质的规定性并未改变。本质上，网络社会是公民、法人及其他组织等主体之间的各种关系基于互联网技术产生聚合而形成的新的社会关系格局和结构形态，是现实经济、政治、文化、社会、生态领域各种关系的单一或综合反映、延伸和表达。网络社会实质上是一种数字化的社会结构、社会关系和社会资源的整合形态，其关系网具有虚拟特征，但事实上网络社会是一种客观存在。[1] 把网络社会与农业社会、工业社会相对应，将其界定为"一种新的社会形态"的观点，忽略了网络社会的这一本质属性。

马克思在分析社会的本质时指出，社会"是人们交互活动的产物"，即社会是人们相互交往的结果，是人们之间普遍联系的表现，无论社会表现为何种形式，它的这种本质不会改变。[2] 网络空间是虚拟的，但运用网络空间的主体是现实的。[3] 亦如马克思分析人的本质时所言，"因为人的本质是人的真正的社会联系，所以人在积极实现自己本质的过程中创造、生产人的社

---

① 熊光清：《推进中国网络社会治理能力建设》，《社会治理》2015 年第 2 期。
② 《马克思恩格斯选集》第 4 卷，人民出版社，2012，第 408 页。
③ 习近平：《在第二届世界互联网大会开幕式上的讲话》，《人民日报》2015 年 12 月 17 日，第 2 版。

会联系、社会本质"。① 网络社会表面上是无数终端的连接，从而形成的多点快速、互联互通的网状结构，其实连接的是生产、运用、管理信息的"人"，而作为网络空间主体的人却是现实的。因此，网络社会的本质属性并未超越经典作家关于社会和人的本质论断。网络社会的客观存在属性将其与纯粹的虚拟社会区分开来。② 与农业社会绝对的地域性熟人社会和工业社会因城市化、工业化而打破地域限制人们开始流动的陌生人社会相比，网络社会是一种新质的"人—机"共在模式，它通过网络技术使一切关系超越地理空间的限制，实现真正意义上的"脱域化"。

具体而言，网络社会中人脑借助计算机进行数值、逻辑计算和存储记忆，使计算机按照程序自动、高速、有序地处理海量数据，实现了人类心智与计算机高性能的嵌合。这种良好的嵌合使得大数据的产生和处理得以实现。网络社会是信息以"爆炸式"方式存在的社会，同时，信息又借助于互联网技术的互联互通、交互联结而实现自身的多点快速传播、瞬间交流互动，信息被循环不断地"制造—传播—再制造"并以"散射状"形式彼此间交叉互动地辐射开来。网络社会里，"信息的发布者与接受者概念的区分被参与者的概念所取代……每一个人都可以成为信息的创造者，而每一个人又同时是信息的消费者和传播者。网络上的'自媒体'创造了一个互动的世界，在人际互动中，那些重大的、急迫的社会问题被遴选了出来，并成为一种巨大的舆论（场）"。③ 这既是网络社会区别于工业社会、农业社会的体现，也是网络平台治理规则可介入（信息可控）的理论前提。因而，信息社会、数字社会、大数据时代等名称或术语，只不过是对网络社会的一个侧面的概括或某一个显著特征的描述，其都被囊括在网络社会的范围内。同时，网络社会是"一种社会形态中各种关系基于互联网技术产生聚合而形成的特定空间"，这一客观存在本质也决定了其同现实社会一样，应该且必然选择法治治理方式，实现网络平台治理法治化。而作为网络社会的重要组

---

① 马克思：《1844 年经济学哲学手稿》，人民出版社，2000，第 170 页。
② 参见熊光清《推进中国网络社会治理能力建设》，《社会治理》2015 年第 2 期。
③ 张康之、向玉琼：《网络空间中的政策问题建构》，《中国社会科学》2015 年第 2 期。

成部分的网络平台也毫不例外，应该且必然选择法治治理方式，实现网络平台治理的法治化。

## 二　网络平台

### （一）网络平台概念之争

"网络平台"是什么？这是相关立法研究首先需要解决的问题。综观网络平台治理有关研究成果，清晰厘定网络平台概念或将网络平台概念作为研究主题的较少，在"中国知网数据库"直接将"网络平台""互联网平台"等关键词用于标题中的文献较少，主要有段文奇、于林海的《网络平台再设计的动机、战略和措施研究》[①]，张江莉的《互联网平台竞争与反垄断规制——以 3Q 反垄断诉讼为视角》[②]，周利华的《网络平台演化机制研究》[③]等，这些大多是对某一类平台的构建和治理展开研究。网络平台是技术、信息、资本和市场要素重新配置、密切融合、创新发展的产物，实践中网络平台多种多样。截至 2017 年 12 月，中国网络即时通信平台用户规模达 7.20亿人，占网民总数的 93.3%；网络购物用户规模达 5.33 亿人，占网民总数的 69.1%；网上支付平台用户规模达 5.31 亿人，使用率达 68.8%；网络直播平台用户规模达 4.22 亿人，较 2016 年增长 22.6%。[④] 具体而言，这些平台主要包括两类，一类是网络监管平台、教育平台、政务平台、医院以及各类企业内部管理平台等；另一类是电子商务平台、搜索引擎、网络社交平台等。法学理论领域的研究主要集中在后一类型平台的法律规制问题。目前学界没有一个统一明确的网络平台概念，不同学者基于不同视角对网络平台下了不同的定义。

学者段文奇、于林海认为，网络平台是一个网络系统，由基础设施、组

---

①　段文奇、于林海：《网络平台再设计的动机、战略和措施研究》，《图书馆学研究》2009 年第 9 期。

②　张江莉：《互联网平台竞争与反垄断规则——以 3Q 反垄断诉讼为视角》，《中外法学》2015 年第 1 期。

③　周利华：《网络平台演化机制研究》，硕士学位论文，浙江师范大学，2013。

④　参见中国互联网信息中心《第 41 次中国互联网络发展状况统计报告》。

件通信协议和平台用户之间的交互规则构成。网络平台在社会经济运行中处于枢纽位置，已经成为人们日常生活和社会经济中不可缺少的一部分。[①] 学者周利华认为，网络平台作为网络产业中的一种平台化经营模式，是由专业的平台开发商或运营商以互联网为基础，以网络技术为依托构建一个平台架构，为网络用户提供集认证、支付、物流、客服于一体的一站式服务，吸引买卖双方参与到平台中来达成交易的一种商业模式。[②] 法学家杨立新教授认为，互联网企业提供的网络平台可分为交易平台和媒介平台，属于交易平台的，消费者在交易中受到网店的销售者或者服务者造成的损害，交易平台提供者应当依法承担赔偿责任；属于媒介平台的，用户发布信息等侵害了他人民事权益，在法定条件下，网络媒介平台提供者应当承担侵权责任。这些研究的展开和深入都为网络平台的概念及相关理论研究提供了重要参考。

与"网络平台"紧密相关的另一个概念是"网络服务提供者"。所谓网络服务提供者，简言之就是运用计算机技术提供各类产品和服务的法人组织。但这一概念对理论研究意义不大，和网络平台一样，网络服务提供者也是一个新型术语，学界关于其概念同样没有一个共识性的统一界定。学者申屠彩芳指出："目前我国对于网络服务提供者的内涵和分类并无统一的说法，究其原因有二：一是由于网络服务提供者是随着网络技术的发展而产生的，人们对它的分类取决于对技术内容的理解；二是由于当今互联网技术的日新月异，各种新型网络服务提供者不断涌现，导致网络服务提供者内涵的不断更新。"[③] 刑法学家齐文远教授等也认为网络服务提供者是一个较为笼统的概念，网络服务提供者性质不同则其法律意义上承担的责任相应不同，他在《网络平台提供者的刑法规制》一文中指出，作为相对笼统的概念，网络服务提供者大致包括接入服务、网络空间、搜索引擎服务、传

---

①　段文奇、于林海：《网络平台再设计的动机、战略和措施研究》，《图书馆学研究》2009 年第 9 期。

②　周利华：《网络平台演化机制研究》，硕士学位论文，浙江师范大学，2013。

③　申屠彩芳：《网络服务提供者侵权责任研究》，浙江大学出版社，2014，第 1 页。

输通道服务、内容服务等五大服务提供者。<sup>①</sup> 学者张玲认为："网络服务提供者（Internet Server Provider，ISP）一般是指以互联网为基础提供服务的个人、经济组织或其他单位。"网络服务提供者有广义和狭义之分，我国是在广义上划分的。按照我国现行司法解释规定，根据提供的服务性质不同可以将网络服务提供者分为因特网接入服务供应商（Internet Access Provider，IAP）、网络平台服务提供者（Internet Platform Provider，IPP）和因特网联机信息服务供应商（Internet Content Provider，ICP），因特网联机信息服务供应商是指提供内容服务的网络服务提供者。<sup>②</sup>

在我国，官方关于网络服务提供者的表述也存在争议，《最高人民法院关于审理涉及计算机网络著作权纠纷案件适用法律若干问题的解释》第4条规定的是"提供内容服务的网络服务提供者"，《信息网络传播权保护条例》第23条规定的是"为服务对象提供搜索或链接服务"的网络服务提供者。对网络平台、网络服务提供者概念的界定目前没有达成共识，并且随着网络社会发展和技术的创新进步，网络服务新方式不断出现，网络服务提供者的涵盖范围必然不断扩大，新型网络平台必然不断出现。

（二）网络平台概念的厘定

毫无疑问，伴随网络社会技术、信息、资本和市场要素的重新配置、密切融合及其持续不断的创新发展，新型网络平台必然会不断涌现，网络平台提供者提供产品和服务的范围也必然变大，但其仍然是网络社会发展进步的产物，其平台的媒介载体的本质属性不会变。如图1-1所示，在网络社会、网络平台、网络服务提供者三者关系中，网络社会包含网络平台和网络服提供者。

从功能层面看，网络平台除了包括提供产品和服务的平台外，其至少还包括管理平台这一含义，比如各种基于信息技术的企事业单位为了便捷高效地进行管理而搭建的网络综合办公平台，或者单一的政务、医疗、教学、科研、人事、财会系统管理平台，以及各类监督管理平台等。同时，网络平台

---

① 齐文远、杨柳：《网络平台提供者的刑法规制》，《法律科学》2017年第3期。
② 张玲：《MP3搜索引擎服务商侵权责任案例研究》，硕士学位论文，上海交通大学，2012，第2页。

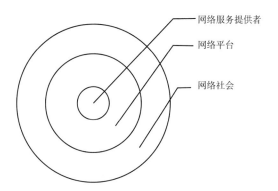

图1-1　网络平台范围示意

可以分为交易平台、媒介平台和管理平台（见图1-2）。其中，网络交易平台强调基于平台实现各类交易的完成，如电子商务平台等；网络媒介平台强调基于网络平台实现信息流动和传播，如搜索引擎、直播平台、微信公众平台、门户网站等；网络管理平台强调通过平台实现对组织的监督管理，如单一型的网络政务、医疗、教学、科研、人事、财会系统管理平台和综合型的网络办公系统，以及用于监督管理的各类数据平台等。网络交易平台提供者和网络媒介平台提供者都属于网络服务提供者范畴，相对于网络管理平台往往用于内部监督管理而言，包含交易平台和媒介平台的网络服务提供者外部性明显，更多地出现在现实社会中，尤其是共享经济发展场域里。

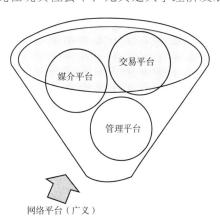

图1-2　网络平台各子平台的包含关系

本质上，网络平台是网络社会场域下共享经济发展的必然结果。网络平台依托互联网数字通信技术细化产权，不断优化交易关系使交易成本最小化。从信息经济学视角来看，网络平台通过技术缓解信息不对称，破解市场要素负效应，实现资源优化共享，提高效率。[①] 正如彭岳所言："在一定程度上，共享经济的勃兴再次印证了科斯交易成本理论的解释力，即随着交易成本的降低，现有的交易模式和制度将会经历一次震荡，直到再次达到'帕累托最优'。"[②] 网络平台是科斯交易成本理论在现代网络社会的崭新印证，网络社会中不同类型网络平台的存在和应用使得现代市场经济环境中产权更加细化明确，信息获得、符号交易和监督管理的成本大大降低，人们通过网络平台实现交易、交流、信息管理和信息获取使用，最大限度实现资源配置的优化。

综上所述，网络平台概念有广义和狭义之分，广义的网络平台是指以网络拓扑结构交互联通为基础，通过数字信息和通信技术介质实现产品服务提供、信息流动传播、符号交易和监督管理功能的系统，包括网络媒介平台、网络交易平台和网络管理平台；狭义的网络平台指以网络拓扑结构交互联通为基础，通过数字信息和通信技术介质实现产品服务提供、信息流动传播、符号交易功能的系统，主要是指基于平台提供产品和服务的网络媒介平台和网络交易平台。与广义的网络平台相比，狭义的网络平台不包括更多用于组织内部管理监督的网络监管平台，一定意义上等同于网络服务提供者。本书使用的网络平台概念为狭义的网络平台，特指通过数字信息和通信技术介质提供产品和服务的网络媒介平台和网络交易平台。

狭义的网络平台，即网络媒介平台和网络交易平台，具有鲜明的外部性、双边或多边性、交叉性、技术性和非对称性等特征。首先，网络媒介平

---

① 参见谢志刚《"共享经济"的知识经济学分析——基于哈耶克知识与秩序理论的一个创新合作框架》，《经济学动态》2015 年第 12 期。

② 彭岳：《共享经济的法律规制问题——以互联网专车为例》，《行政法学研究》2016 年第 1 期，第 117 页。

台、网络交易平台与网络管理平台相比，有明显的外部性和内部性区分。管理监督平台往往不对用户开放，一般用于组织的管理和监督，表现出明显的内部性，而作为网络社会主流平台的网络媒介平台和网络交易平台都对用户开放，依赖于用户，表现出鲜明的外部性。其次，与网络管理平台相比，网络媒介平台、网络交易平台有明显的双边或多边性、交叉性、技术性和非对称性等特征。用于组织内部管理监督的网络监督平台往往不对用户开放，更侧重于组织经验管理，表现出鲜明的单边性，而网络媒介平台、网络交易平台在网络社会运行中处于枢纽地位，其不仅对用户开放，且高度依赖用户。在网络社会共享经济的发展中，网络媒介平台、网络交易平台借助技术在线上与线下的互动交流不断实现现代服务交易市场的"帕累托最优"。所谓帕累托最优（Pareto Optimality），也称为帕累托效率（Pareto Efficiency），是指资源分配的一种理想状态，假定有固有的一群人和可分配的资源，从一种分配状态到另一种状态的变化中，在没有使任何人境况变坏的前提下，使得至少一个人变得更好。帕累托最优状态就是没有更多的帕累托改进余地的状态；换句话说，帕累托改进是达到帕累托最优的路径和方法，帕累托最优是公平与效率的"理想王国"。因此，狭义的网络平台（网络媒介平台和网络交易平台）还具有鲜明的双边或多边性、交叉性、技术性和非对称性等特征。

## 三　网络平台治理

### （一）治理理论

网络平台治理的重要理论渊源之一是治理理论。中国古代，"治理"一词最早可见于《左传·庄公九年》，"鲍叔曰：管夷吾治于高傒，使相可也"，[1] 即鲍叔认为管仲治理政事的才能强于敬仲（高傒）。西方"治理"一词源于拉丁文和古希腊语，原意是指控制、引导和操纵。[2] 1989 年世界银

---

① 杨伯峻编著《春秋左传注》（修订本）第 1 册，中华书局，1995，第 180 页。
② 俞可平：《论国家治理现代化》，第 17 页。

行在讨论非洲发展时首次提出了"治理危机"（crisis of governance），这一概念被用于评估发展落后国家之治理能力。① 20 世纪 90 年代以来，由于詹姆斯·罗西瑙、马克·怀特黑德、罗伯特·罗茨、格里·斯托克、弗朗西斯·福山以及全球治理委员会等学者和组织的关注和深入研究，加之西方福利国家管理危机、市场配置资源市场失灵、等级机制管理效率低下、社会分层加速、社会互动沟通协调机制缺失，特别是经济全球化视域下现代信息技术的高速发展，使得政府组织和普通公民相对距离缩短，同时社会组织和公民信息知识拥有量增加，传统政府优势地位大大削弱②，西方学术界兴起了以"治理"为研究对象的热潮。

西方治理理论的发展。治理理论研究先驱者之一詹姆斯·罗西瑙认为，"治理"是一系列活动领域中的管理机制，"治理"基于共有活动目标支持实现，明显区别于"统治"的单一政府主体，且需要依赖国家强力实施。③英国学者马克·怀特黑德认为，治理是一种依靠正式治理结构进行的治理过程，其不再聚焦公共部门治理形式（议会、市政厅、公务员）的政治领域，更多的是不断吸纳从私人部门到市民社会的一系列利益关联者。④ 弗朗西斯·福山则强调治理是政府制定或执行规则、提供服务的能力，与其是否民主无关。⑤ 罗伯特·罗茨运用了国家管理、公司管理、新公共管理、善治、控制论、自组织网络 6 种视角对"治理"内涵进行了界定，他认为，"治理"意味着"统治"的含义有变化，意味着一种新的统治过程，意味着有序统治的条件已经不同于前，或是以新的方法来统治社会。从国家管理视角界定，他认为作为最小化国家的管理活动的治理，指的是国家削减公共开

---

① P. Landell-Mills, R. Agarwala, S. Please, *Sub-Saharan Africa：From Crisis to Sustainable Growth*, Washington, DC：The World Bank, 1989, p. 60.

② 参见麻宝斌等《公共治理理论与实践》，第 3 ~ 4 页。

③ 参见〔美〕詹姆斯·N. 罗西瑙主编《没有政府的治理——世界政治中的秩序与变革》，第 5 页。

④ Mark Whitehead, "'In the Shadow of Hierarchy'：Meta-governance, Policy Reform and Urban Regeneration in the West Midlands," *Area* 3 (2003)：6 - 14.

⑤ Francis Fukuyama, "What Is Governance?" *Governance：An International Journal of Policy and Administration* 26, 3 (2013)：347 - 368.

支，以最小的成本取得最大的效益；从公司管理视角界定，他认为作为公司管理的治理，指的是指导、控制和监督企业运行的组织体制；从新公共管理视角界定，他认为作为新公共管理的治理，指的是将市场的激励机制和私人部门的管理手段引入政府的公共服务；从善治视角界定，他认为作为善治的治理，指的是强调效率、法治、责任的公共服务体系；从控制论视角界定，他认为作为社会控制体系的治理，指的是政府与民间、公共部门与私人部门之间的合作与互动；从自组织网络视角界定，他认为作为自组织网络的治理，指的是建立在信任与互利基础上的社会协调网络。① 格里·斯托克通过对治理的主体、界限和责任、路径依赖、结构、效用五大要素的概括对"治理"的内涵进行界定，他将西方流行的治理理论综合概括为：治理的主体包括一系列来自政府但又不限于政府的社会公共机构和行为者；治理的界限和责任在为社会和经济问题寻求解决方案的过程中存在模糊性；治理的路径依赖明确肯定了在涉及集体行为的各个社会公共机构之间存在权力依赖；治理的结构包括参与者最终将形成一个自主的网络；治理的效用为办好事情的能力并不仅限于政府的权力，不限于政府的发号施令或运用权威。② 全球治理委员会在《我们的全球之家》的研究报告中从方式总和、持续过程和制度安排三个维度对治理的内涵做出了明确界定，并归纳出治理的四个特征。③

　　中国治理理论的引入。我国对西方治理理论的引入和中国化的阐释始于 20 世纪末 21 世纪初。学者毛寿龙、李梅、陈幽泓于 1998 年最早将"Governance"译成"治道"，在《西方政府的治道变革》一书中毛寿龙等学者指出，"治道是在市场经济条件下政府如何界定自己的角色、如何运用市场方法管理公共事务的道理"，并在此基础上提出"治道学"即"有关

---

① R. Rhodes，"The New Governance：Governing without Government，"*Political Studies* 44（1996）.

② 参见〔英〕格里·斯托克《作为理论的治理：五个论点》，转引自俞可平主编《治理与善治》，第 34 ~ 47 页。

③ The Commission on Global Governance，*Our Global Neighborhood：The Report of the Commission on Global Governance*，Oxford University Press，1995，pp. 2 – 3.

'治道'的学问"。他们认为"治道"是关于治理公共事务的效能，是驾驭经济发展的能力，"治道"研究的是"有关治理的模式"。① 著名政治学家俞可平教授于 1999 年最先在《治理和善治引论》中将"Governance"译成"治理"，并提出"善治"（Good Governance）的概念。俞可平教授指出，"所谓社会治理是指权力机关、社会组织、公众基于一定的价值理念和目标取向，通过政府主导、社会组织自治、政社合作共治、公众参与等途径对公共事务及社会事务进行协同管理的活动及其过程。"② 其后，俞可平教授深入阐释了"治理"与"统治"的区别，相较于"统治"而言，治理更强调主体的多元、主体间的合作和主体客体地位的转化等。③

　　法治是国家治理的基本形式，网络社会治理是国家治理的重要内容。近年来，我国官方也高度重视治理理念的创新，将"社会管理"转变为"社会治理"。党的十八届四中全会通过的《中共中央关于全面推进依法治国若干重大问题的决定》明确强调，坚持系统治理、依法治理、综合治理、源头治理，提高社会治理法治化水平。从"管理"到"治理"，从"社会管理"到"社会治理"，从"提高社会治理水平"到"提高社会治理法治化水平"，反映了我们党对社会建设规律认识的深化，这对于指导和推动包括网络社会治理在内的社会建设具有重大意义。当前，加强网络平台治理，必须以法治精神为引领，以法律手段破解难题，充分发挥法治的保障、服务和促进作用；提高治理主体运用法治思维和法治方式促进网络平台"安全有序、技术创新、发展健康、平等尊重"的能力和水平；确保所有网络平台治理活动都秉持法治精神，按照法治原则、规范、程序进行；树立法治权威，推动网络平台依法治理。④ 一系列探索实现"良法善治"的治理理论在我国的不断涌现，尤其是基于网络平台治理的现实挑战而展开的理论探索与制度建构研究，为我国网络平台治理立法优化和建立中国特色社会主义网络

---

① 毛寿龙、李梅、陈幽泓：《西方政府的治道变革》，第 2 页。
② 俞可平：《全球治理引论》，《马克思主义与现实》2002 年第 1 期，第 4 页。
③ 俞可平：《治理和善治引论》，《马克思主义与现实》1999 年第 5 期。
④ 徐汉明、张新平：《提高社会治理法治化水平》，《人民日报》2015 年 11 月 23 日，第 7 版。

平台治理法治理论与制度体系奠定了基础。

（二）网络平台治理

联合国互联网管理工作组（WGIG）认为，网络平台治理是政府、平台自身和民间社会根据各自的作用，制定和实施的旨在规范互联网平台发展和运用的共同原则、规范、规则、决策程序和方案。[①] 我国有关网络平台治理的界定因为学者研究视角不同而存在差异，可综述概括为"实践说"、"工具说"和"治理说"等。"实践说"认为网络平台治理是在借鉴并适当沿用现代社会治理的理念制度和手段方式等基础上，以互联网和网络平台为主要指涉对象，由政府、平台自身、社会组织以及个人等多方主体和多种社会力量参与其中，彼此通过协同努力来实施的社会治理的一种现实实践类型；[②] "工具说"认为网络平台治理在微观形态上表现为网民生活样态的范式化，在宏观形态上表现为网络合作关系的模式化，而其历史形态则是自由与秩序的网络均衡，是一种形成范式模式和实现自由秩序的工具；[③] "治理说"认为网络平台治理是指以网络平台为对象，通过借鉴治理的价值理念、制度架构和手段方式，由政府、网络平台提供者、社会组织以及公民个人等多种社会力量共同参与、协同实施的治理。[④] 这些学说从不同角度对网络平台治理进行了阐释，对进一步明确网络平台的特点、形态、治理主体、治理范围等提供了一定的理论依据。这些关于网络平台治理概念的界定，虽然表述不同，但正如 WGIG 所界定的那样，网络平台治理由政府、平台自身和民间社会多元主体运用多种方式进行是基本共识。网络平台治理的主体是政府、网络平台提供者、公民和其他组织，治理对象是网络平台事务，治理目标是实现网络平台安全有序、技术创新、平等开放、健康发展。

---

① Working Group on Internet Governance, "Report from the Working Group on Internet Governance," Document WSIS-II/PC – 3/DOC/5 – E , 2005.

② 参见李一《网络社会治理的逻辑起点、运作机制和界域指向》，《中共杭州市委党校学报》2015 年第 3 期。

③ 参见何明升《虚拟社会治理的概念定位与核心议题》，《湖南师范大学社会科学学报》2014年第 6 期。

④ 参见熊光清《中国网络社会治理与国家政治安全》，《社会科学家》2015 年第 12 期。

首先，政府主导治理。网络平台治理是社会治理的重要组成部分，须在我国"政府主导式"治理结构中运转。网络平台的政府主导治理基本要求是充分发挥政府治理网络平台的主导作用，既要求政府在职权职责范围内依法履职，依法监管和规范网络平台、提高服务提供水平、预防和化解平台治理矛盾、保障平台安全，又要求政府规范自身治理行为，在发挥政府主导牵引作用的同时，全面推进网络平台治理的良性互动与合作共治。[①] 一方面要改进网络平台治理方式，激发网络社会组织活力，推动治理由"强政府、弱社会"向"强政府、强社会"转变；另一方面要进一步确立法治在网络平台治理中的保障地位，形成以法治为基本导向的网络平台发展模式，确保网络平台治理在法治的轨道上协调规范、有序健康运行，推进网络平台治理法治化、现代化。[②]

其次，网络平台提供者自治。在网络"信源→信道→信宿"结构关系中，网络平台对应的是"信道"这一网络信息传输中具有中枢地位和作用的信息桥梁和通道。网络平台的重要价值在网络社会发展进步中日益凸显，无论是 Google、Facebook、腾讯、百度、阿里巴巴，还是新生代滴滴打车、共享单车、支付宝等互联网企业，其本质上都是网络平台提供者。吕忠梅教授指出，"我们看到一种新的形势，各公司不再局限于自身向消费者提供服务，而是采取开放战略，把自身流量和技术服务资源都开放给众多第三方的开发者，原来是竞争的企业，现在都在联手在共同平台上积累消费者，并且探索更好的创新模式。"[③] 网络社会正在进入平台引领型发展模式，对其进行有效治理以根治大规模侵权等网络社会顽疾迫在眉睫。随着信息技术的应用、扩张和创新突破，电子商务平台、电子游戏平台、即时通信平台等不同类型的网络平台如雨后春笋般在网络社会出现，相应地，平台经营者

---

[①] 徐汉明、张新平：《社会治理法治建设指标体系的设计、内容及其评估》，《法学杂志》2016 年第 6 期。

[②] 徐汉明、张新平：《提高社会治理法治化水平》，《人民日报》2015 年 11 月 23 日，第 7 版。

[③] 吕忠梅：《平台时代关于大规模网络侵权治理的思考》，中国法学会网，2016 年 11 月 18 日，https://www.chinalaw.org.cn/portal/article/index/id/20383/cid/228.html。

们通过网络平台提供的产品和服务也更加多样。某种程度上，受技术的复杂性、市场的灵活性以及网络的虚拟性等因素制约，对某一类型网络平台展开有效的法律治理都非轻而易举之事，更何况对提供多样产品和服务的各式网络平台展开治理。此外，网络平台企业的瞬间销声匿迹，也增加了对其进行有效治理的难度，在信息技术加速换代革新的网络社会，一家网络平台企业一夜走红、一夜消失早已不是新鲜事。因此，网络平台治理不仅需要政府主导，更需要网络平台提供者充分利用其技术优势和监管优势积极自治。

最后，公民和其他组织参与治理。中国特色社会主义语境下的网络平台治理主体力量始终是人民群众，公民和社会组织参与网络平台治理，积极运用数量和参与优势判断是非，用道德约束和权利义务关系衡量对错，既严格自治又发挥监督效用，自觉成为网络平台治理的建设者和推动者。同时，法律的权威源自人民的内心拥护和真诚信仰，网络平台治理法治建设需要增强全民法治观念，大力弘扬社会主义法治精神，使社会主义法治文化得到充分发展，使网络平台治理所有参与者厉行法治的积极性和主动性增强，形成守法光荣、违法可耻的网络平台治理氛围，使全体人民和网络平台治理组织都成为网络平台治理法治的忠实崇尚者、自觉遵守者、坚定捍卫者。①

综上所述，网络平台治理是指政府、网络平台提供者、公民及其他社会组织综合运用法律、技术、道德、政策及其他社会规则规范，对网络平台提供产品和服务活动的全部环节和一切过程进行规范与调整，旨在维护网络平台安全、推动平台技术创新、保障合法权益，实现网络平台安全有序与健康发展的衡平。与"管理"侧重于单向行政性相比，网络平台治理更加鼓励和支持网络平台提供者、公民和其他社会组织等多元主体的参与，强调更好地运用互联网企业、公民、各类组织等多种力量，运用法律、政策、道德、技术、行业公约等方式展开治理，而不仅仅是政府运用行政手段进行管控。

---

①　徐汉明、张新平：《提高社会治理法治化水平》，《人民日报》2015 年 11 月 23 日，第 7 版。

某种程度上，治理更加强调制度建设，网络平台治理的内涵包括运用法治思维和法治方式规范网络平台运行，使网络平台在法治的轨道上运转。

## 四　网络平台治理立法的含义

### （一）网络平台治理立法的理论基础

网络平台的法治治理是网络平台治理立法的理论之基。法治是国家治理的基本形式，法治治理是网络平台治理的必由之路。正如上文所述，网络平台治理是指政府、网络平台提供者、公民及其他社会组织综合运用法律、技术、道德、政策及其他社会规则规范，对网络平台安全有序运转、技术创新、合法权益保护及治理活动展开进行规范与调整。一定程度上，法治内嵌于网络平台治理理论体系之中，同时网络社会中人脑心智与计算机性能良好嵌合的"人—机"共在模式决定了其治理模式的选择既要汲取已有模式的有益成果，又要体现网络社会技术归化的独特性。法治作为规则之治、良法之治，是现代文明国家治理的最佳选择和基本形式。① 在依托数字信息和通信技术而存在的网络社会里，有序既是计算机技术系统建设和运行的基本要求，也是法的价值目标之一。就技术自身代码体系的建构和程序系统的运行而言，有序是指程序执行的顺序须按照代码的先后顺序执行。可以说，网络社会要实现安全稳定运行，首先要求信息技术内部能安全有序运转，包括代码语言设计的有序、程序系统执行的有序等。安全、秩序等法的价值目标是人对法的期望、追求、信仰，是一种理想状态，其源自现实又高于现实。不论是工业社会还是网络社会，社会形态的变化并没有改变人们对安全、稳定、有序、健康的社会生活的追求。可以说，安全、有序是技术运行的基本要求和法的价值目标，更是网络社会技术发展进程中，社会选择、技术引领和秩序再造的目标。法治治理作为现代文明中社会价值共识的最大公约数和最大保险系数，是保障技术应用所进行的社会选择在有序的轨道上运转，实

---

① 参见徐汉明、张新平《社会治理法治建设指标体系的设计、内容及其评估》，《法学杂志》2016 年第 6 期。

现网络平台治理技术归化，推进网络平台治理体系和治理能力现代化的最佳选择和必由之路。

网络平台的法治治理强调运用法治思维和法治方式依法规范网络平台产品和服务提供行为，实现对网络平台物理安全、技术安全、信息安全、网络平台产品服务提供行为，以及网络平台内容建设的有效治理。规则之治是法治首要的特点，[①] 在法治和网络平台的关系中，规则之治是治理手段，稳定、有序和可预期的网络平台的建立是目的，运用法治思维和法治方式依法规范网络平台产品、服务提供和网络平台内容建设行为是使用法治治理手段实现网络平台治理目的的过程。促成安全有序、技术创新、平等开放、健康发展的网络平台治理格局，运用法治思维和法治方式依法规范网络平台产品、服务提供和平台内容建设行为并将其全部环节和一切过程纳入法治轨道是网络平台治理的必然要求和核心内容。

法治化是网络平台治理现代化的必然要求。法治是国家治理的基本形式，实现网络平台治理现代化，必然要运用法治思维和法治方式依法规范网络平台产品和服务提供行为，实现网络平台治理法治化。[②] 法律是治国之重器，网络平台治理现代化内在地包含网络平台治理法治化。法学家张文显教授指出，"国家治理现代化的过程就是国家治理法治化的过程，国家治理法治化包括治理体系'法制化'和治理能力'法治化'两个基本面向"。[③] 法学家吴汉东教授也认为，"法治化不仅是国家治理现代化的核心内容，也是国家治理民主化、科学化、文明化的重要保障"。[④] 法学家汪习根教授指出，所谓"一体"即无论何种形式和场域的治理，均必须以法治为起点、载体和依据，法治化是治理一体化的引发点和集结点。[⑤] 网络平台治理作为国家治理的重要组成部分，其法治化是国家治理现代化的重要内容，运用法治思

---

① 参见朱景文《论法治评估的类型化》，《中国社会科学》2015 年第 7 期。
② 徐汉明、张新平：《提高社会治理法治化水平》，《人民日报》2015 年 11 月 23 日，第 7 版。
③ 张文显：《法治化是国家治理现代化的必由之路》，《法制与社会发展》2014 年第 5 期；张文显：《法治与国家治理现代化》，《中国法学》2014 年第 4 期。
④ 吴汉东：《国家治理能力现代化与法治化问题研究》，《法学评论》2015 年第 5 期。
⑤ 汪习根、何苗：《治理法治化的理论基础与模式构建》，《中共中央党校学报》2015 年第 2 期。

维和法治方式依法规范网络平台产品、服务提供行为和内容建设行为，实现网络平台治理法治化，既是网络平台治理现代化的必然要求，也是网络平台治理一体化的引发点和集结点。

治理现代化内在地包含治理法治化，就网络平台治理而言，其法治治理是指坚持运用法治思维和法治方式，将网络平台治理要素、治理结构、治理程序、治理功能纳入法治范围及运行轨道协调统一的有机综合体及其理论、制度与实践。在理论层面，要基于我国网络平台发展和法治建设的制度和实践，通过科学阐释网络平台的内涵与外延，探究网络平台法治治理的正当性和可行性，以推进我国网络平台治理现代化法治化为目标，构建集中体现人民意志和社会主义属性的中国特色网络平台治理模式及理论。在制度安排层面，中国特色网络平台法治治理的制度要素包括：完备的网络平台治理法律规范体系，高效的网络平台治理法治实施体系，严密的网络平台治理法治监督体系，有力的网络平台治理法治保障体系。在实践层面，公民、法人及其他社会组织基于法治治理理论指引和制度规范，通过法律规范、行政监管、行业自律、技术保障、公众监督、社会教育等规则体系的实施与运行，运用网络技术，依托社会规则规范，对网络平台物理安全、技术安全、信息安全、网络平台产品、服务提供行为以及网络平台内容建设进行规范调整，使一切网络平台治理活动在法治的轨道上有序健康运行。

（二）网络平台治理立法的界定

所谓网络平台治理立法，是指国家权力机关按照法定程序制定或修改网络平台治理法律法规的活动。具体而言，网络平台治理立法是指拥有立法权的立法机关依据一定程序，以宪法基本精神以及相关规定为基础，创制由网络平台治理法律、行政法规、地方性法规、规章等规范协调配套构成的规范体系。网络平台治理立法是中国特色社会主义法治体系建设的一部分。

在立法、执法和司法活动中，民主立法，建立科学完备的法律制度体系是执法和司法的基本前提。网络平台治理法治实践中，公民、平台自身及其他社会组织基于法治治理理论指引和制度规范，特别是通过立法实现网络平台治理法律规范与行政监管、行业自律、技术保障、公众监督、社会教育等规则体系的衔接和适用，通过对网络平台运行安全和产品、服务提供行为进行规范调整，使一切网络平台治理活动在法治的轨道上有序健康运转。因此，在中国特色社会主义法治理论体系中，网络平台治理立法的优化和不断完善既是建立科学完备的网络平台治理法律制度体系的必然要求，也是实现网络平台法治治理实施高效、法治监督严密和法治保障有力的前提条件。

优化立法，建立科学完备的网络平台治理法律制度体系，运用法治思维和法治方式在法律制度范围内依法对网络平台进行"监管、运营、使用、维护"并将其全部环节和一切过程纳入法治轨道是网络平台治理的必然要求和核心内容。其一，依法"监管平台"，要求网络平台治理立法严格落实《立法法》规定，坚持立改废释并举，完善网络平台监管法律、行政法规、规章制定程序，健全网络平台立法立项、起草、论证、协调、审议机制，增强网络平台立法精细性、及时性、系统性、针对性、有效性，严守"法定职责必须为、法无授权不可为"的原则，建立监管平台权力清单、责任清单、负面清单制度并实行动态管理，将政府网络平台监管的法律依据、实施主体、职责权限、管理流程、监督方式等事项以权力清单的形式向社会公开，推进政府网络平台监管机构、职能、权限、程序、责任法定化。① 其二，依法"运营平台"，不仅要求网络生产、运营、服务组织者在提供网络设施设备、技术平台及产品、服务的过程中，必须具有与现实社会公司法人相同的适格法定从业资质、能力、条件（专利技术、场地、资金）等，接受行政许可审批、遵守法定义务、遵循市场规则，而且要求其所构建的网络平台虚拟空间及其提供的产品、服务必须符合国家法律法规，不得违反公序良俗，其经营活动应始终在法律制度的范围内进行。其三，依法"使用平台"，要求所有参与者在网络平台依法、依规、依章行使知情权、表达权、参与权、监督权，网络平台消费者、销售者或服务者应当依法使用网络平台，遵守公序良俗的基本原则，网络平台销售者或服务者应依法提供优质、安全、健康的网络产品和服务，网络平台消费者则依法享

---

① 参见《中共中央关于全面推进依法治国若干重大问题的决定》。

有使用网络平台的权利，履行法定义务。其四，依法"维护平台"，要求全社会自觉树立法律观念和诚信意识，网络平台参与者自觉肩负起保护网络平台安全，营造健康发展环境，共建良好网络平台秩序的神圣使命，形成良好的社会风气。

网络平台治理立法包含三个要素：其一，始终坚持法治为核心，自觉把网络平台治理法治理念贯彻到制度研究、制度建设、制度运行的全过程；其二，坚持规则治理，明确赋予各参与方相应的权、责、利，科学诠释网络平台法律关系的主体、客体、内容、性质、特征、结构形态及运行，强调网络平台治理法律规则的制定、遵守、执行和适用，以确保一切治理活动在规则的范围内和轨道上有序健康运行；其三，遵循发展与安全并重的治理原则，强调立法既要尊重网民交流思想、表达意愿的自由与权利，也要依法构建良好的网络平台秩序，坚持网络平台创新发展与安全有序保障并重。

## 第二节　网络平台治理立法探索的阶段进程

新中国成立以来，我国经济社会发生了巨大而深刻的变化，社会治理体制也在不断调整和变革之中。[①] 1994 年 4 月 20 日我国被国际上承认为第 77 个真正拥有全功能 Internet 的国家，正式进入网络时代以来，网络平台在我国迅速发展起来。截至 2017 年 12 月，中国网民规模达到 7.72 亿人，相当于欧洲人口总数。其中，即时通信平台用户规模达 7.20 亿人，占网民总数的 93.3%；网络购物用户规模达 5.33 亿人，占网民总数的 69.1%；网上支付平台用户规模达 5.31 亿人，占网民总数的 68.8%；网络直播平台用户规模达 4.22 亿人，较 2016 年增长 22.6%。[②] 伴随网络平台的发展，我国踏上了曲折的网络平台治理的立法实践探索之路。[③] 截至 2017 年 12 月 31 日，我

---

① 参见李培林《创新社会管理是一项社会体制改革》，《学习时报》2011 年 12 月 5 日，第 10 版。
② 参见中国互联网络信息中心《第 41 次中国互联网络发展状况统计报告》。
③ 参见王绍光《中国公共政策议程设置的模式》，《中国社会科学》2006 年第 5 期。

国出台了有关网络平台治理的主要法律法规文件共计 46 件,包括法律 9 件、行政法规 2 件、地方性法规 14 件、规章 11 件(部门规章 6 件、地方政府规章 5 件)、司法解释 10 件(见图 1-3)。笔者对北大法宝法律数据库、无讼法规数据库、国家互联网信息办公室统计数据等进行了多次筛选比对,并甄别、筛选、比对其他相关数据,多次添增、删减,最终得出这一结果。需要说明的是,本书所有数据资料在统计、整理、筛选和比对研究过程中,虽力求客观、全面、准确,但仍有出现错误的可能。除此之外,还有条文零散、内容庞杂、数量巨大的涉及网络平台治理的规则条款散见于相关规范性文件之中。我国网络平台治理立法实践是以传统电信、邮电、邮政、广播、电视事业时代社会管理的实践为基础,历经产生和快速发展阶段后,现正处于跨越转型的崭新阶段。概括起来,以 1994 年我国进入网络社会为起点,我国网络平台治理法制实践的进程可分为萌芽、发展和转型三个阶段。

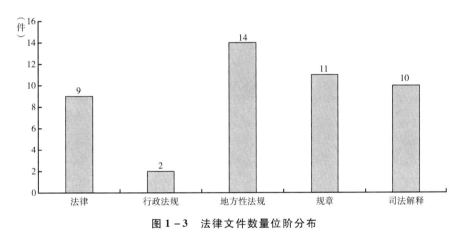

**图 1-3 法律文件数量位阶分布**

资料来源:"北大法宝"数据库、"无讼"法规数据库、国家互联网信息办公室统计数据等。

## 一 立法实践探索的萌芽阶段(1994~1999年)

我国网络平台治理立法的实践探索是在传统电信、邮电、邮政、广播、电视事业"多元主体、上下统一、集中管控"管理体制的基础上开始的。1949 年《中央人民政府组织法》规定设立邮电部,国家对邮电等采取"统一领导，分业管理，垂直系统"的管理体制①，电信、邮电、邮政、广播、电视行业顺应时代潮流，围绕国民经济三年恢复计划以及"一五""二五"国民经济及社会发展计划的实施而逐步发展起来。"文化大革命"期间，管理体制实行高度集中的行政管控模式，电信管理法律法规基本空白。② 改革开放后，为适应"以经济建设为中心"的要求，国家对邮政、电信、广播、电视等行业实行"分业管理、条块结合"管理体制和运行模式。这一阶段相继颁布的规范性文件有：《关于建立电影放映网与电影工业的决定》（1954）、《关于地方人民广播电台管理办法的规定》（1955）、《关于设置和使用无线电台的管理办法》（1963）、《关于严格禁止国际电话与专线台设在一起的通知》（1974）、《外事电信通信组织管理有关规定》（1977）、《电信通信指挥调度制度》（1979）、《关于保护通信线路的规定》（1982）、《关于加强查处破坏邮政通信案件工作的通知》（1983）、《邮政法》（1986）、《广播电视设施保护条例》（1987）、《关于严防发生爆炸破坏案件保卫邮电通信安全的通知》（1989）、《卫星电视广播地面接收设施管理规定》（1993）等。这些法律制度的颁行使我国网络社会治理法治建设以及网络平台治理立法的萌芽和发展成为可能。

这一阶段是我国网络平台治理立法探索的萌芽阶段，也是我国网络治理立法实践探索的起步阶段，这一阶段没有专门的关于网络平台治理的法律文件出台。随着互联网技术的普及和发展，网络治理问题不断凸显，网络治理法律制度建设问题开始被关注和重视起来。针对互联网领域网络犯罪活动猖獗、计算机病毒频发、盗版软件充斥市场、垃圾信息泛滥、广播电视传输设施被侵占破坏、电信垄断、隐私侵权等问题，国家先后出台了10件法律法规文件对其进行规范与治理（见表1－1）。这些文件包括《计算机信息系统安全保护条例》《计算机信息网络国际联网管理暂行规定》等行政法规4件，《电子出版物管理暂行规定》《计算机信息网络国际联网出入口信道管

---

① 参见王鸥《中国电信业的发展与体制变迁（1949~2000）》，博士学位论文，中国社会科学院研究生院，2001。
② 参见尔泰《中国广播电视管理史概说》，《视听界》1989年第1期。

理办法》等6件部门规章。在惩治和预防网络犯罪方面，针对计算机犯罪日趋严重的情况，全国人大通过《刑法》（1997年修订），[1] 明确对侵入计算机信息系统，故意制作、传播计算机病毒等破坏性程序的罪名及犯罪的刑事责任，从保障网络安全，维护社会主义市场经济秩序和社会管理秩序，保护公民、法人和其他组织的合法权益等方面明确了利用互联网实施违法行为的法律责任。[2]

表1-1　萌芽阶段法律法规一览

| 序号 | 名　称 | 创制部门 | 发布日期 | 效力级别 |
|---|---|---|---|---|
| 1 | 《计算机信息系统安全保护条例》 | 国务院 | 1994年2月18日 | 行政法规 |
| 2 | 《计算机信息网络国际联网管理暂行规定》 | 国务院 | 1996年2月1日 | 行政法规 |
| 3 | 《电子出版物管理暂行规定》（失效） | 新闻出版署 | 1996年3月20日 | 部门规章 |
| 4 | 《计算机信息网络国际联网出入口信道管理办法》 | 邮电部 | 1996年4月9日 | 部门规章 |
| 5 | 《中国公用计算机互联网国际联网管理办法》 | 邮电部 | 1996年4月9日 | 部门规章 |
| 6 | 《国务院关于修改〈中华人民共和国计算机信息网络国际联网管理暂行规定〉的决定》 | 国务院 | 1997年5月20日 | 行政法规 |
| 7 | 《计算机信息网络国际联网安全保护管理办法》 | 国务院批准公安部发布 | 1997年12月11日 | 行政法规 |
| 8 | 《电子出版物管理规定》（失效） | 新闻出版署 | 1997年12月30日 | 部门规章 |
| 9 | 《计算机信息系统保密管理暂行规定》 | 国家保密局 | 1998年2月26日 | 部门规章 |
| 10 | 《金融机构计算机信息系统安全保护工作暂行规定》 | 公安部、中国人民银行 | 1998年8月31日 | 部门规章 |

资料来源："北大法宝"数据库、"无讼"法规数据库等。

---

[1] 王汉斌：《关于〈中华人民共和国刑法（修订草案）〉的说明》，《人大工作通讯》1997年第Z1期。

[2] 杨景宇：《关于〈关于维护网络安全和信息安全的决定（草案）〉的说明》，《中华人民共和国全国人民代表大会常务委员会公报》2001年第1期。

## 二 立法实践探索的发展阶段（2000～2011年）

以2000年"互联网服务提供单位（ISP）"首次出现在部门规章《教育网站和网校暂行管理办法》中为标志，我国网络平台治理立法进入快速发展阶段。这一阶段也是我国网络社会治理立法实践的快速发展阶段，以全国人民代表大会常务委员会于2000年颁布并施行《全国人民代表大会常务委员会关于维护互联网安全的决定》为标志，我国网络平台治理立法实践探索进入快速发展阶段。《全国人民代表大会常务委员会关于维护互联网安全的决定》是我国首部关于网络社会治理的专门性法律规范，至今仍然有效，对我国网络社会治理影响深远。

这一阶段是我国网络社会问题大规模出现和相关法律规范制定最多的阶段。信息技术的飞速发展继续给经济社会注入活力的同时也带来了网络社会安全风险加剧等诸多挑战。针对网络文化管理、网络著作权保护、安全保护技术、网络金融安全保障、个人信息安全保护、网络安全应急等突出问题，我国相继颁布的专门性法律法规文件多达62件。其中法律2件、行政法规7件、部门规章31件、司法解释7件，以及《互联网骨干网间互联服务暂行规定》等其他规范性文件15件。在预防和惩治网络犯罪方面，全国人大常委会2009年通过了《刑法修正案（七）》，明确规定非法获取计算机信息系统数据、非法控制计算机信息系统，提供侵入、非法控制计算机信息系统程序、工具等犯罪行为的刑事责任，为预防和惩治网络犯罪提供了刑事法律保障。

具体到网络平台治理，这一阶段针对网站媒介平台、网络著作权、技术保护，立法机关先后共出台了与网络平台有关的法律法规18件（见表1-2），包括法律3件、行政法规1件、地方性法规5件、规章5件、司法解释4件。其中的3件法律，尤其是2009年12月26日发布的《中华人民共和国侵权责任法》第36条，更是奠定了我国网络平台侵权责任相关规范的基石，其对网络平台治理中出现的侵权责任的明确、划分和认定具有重要意义。这些制度安排对网络平台治理中出现的教育网站管理、计算机网络著作权纠纷、网络音乐发展和管理、侵权责任明晰和认定、处置等进行规范与调整，在当时对保障我国网络平台安全和规范运行起到了显著作用。这一阶段我国初步构建了覆盖平台信息网络建设、平台应用管理、平台安全保障和平台权利保护的网络平台安全和信息化法律体系，这为其后我国的网络平台治理立法实践探索的跨越和转型奠定了基础，创造了良好的制度条件和法治环境。

表 1 - 2　发展阶段法律法规一览

| 序号 | 法律法规文件名称 | 时间（发布日期） | 效力 | 效力级别 |
|---|---|---|---|---|
| 1 | 《教育网站和网校暂行管理办法》 | 2000 年 7 月 5 日 | 现行有效 | 部门规章 |
| 2 | 《全国人民代表大会常务委员会关于维护互联网安全的决定》 | 2000 年 12 月 18 日 | 现行有效 | 法律 |
| 3 | 《最高人民法院关于审理涉及计算机网络著作权纠纷案件适用法律若干问题的解释》 | 2000 年 12 月 19 日 | 失效 | 司法解释 |
| 4 | 《最高人民法院关于审理涉及计算机网络著作权纠纷案件适用法律若干问题的解释》（2004 年修正） | 2004 年 1 月 2 日 | 失效 | 司法解释 |
| 5 | 《电子签名法》 | 2004 年 8 月 28 日 | 现行有效 | 法律 |
| 6 | 《最高人民法院对〈山东省高级人民法院关于济宁之窗信息有限公司网络链接行为是否侵犯录音制品制作者权、信息网络传播权及赔偿数额如何计算问题的请示〉的答复》 | 2005 年 6 月 2 日 | 失效 | 司法解释 |
| 7 | 《互联网安全保护技术措施规定》 | 2005 年 12 月 13 日 | 现行有效 | 部门规章 |
| 8 | 《信息网络传播权保护条例》 | 2006 年 5 月 18 日 | 现行有效 | 行政法规 |
| 9 | 《文化部关于网络音乐发展和管理的若干意见》 | 2006 年 11 月 20 日 | 现行有效 | 部门规章 |
| 10 | 《最高人民法院关于审理涉及计算机网络著作权纠纷案件适用法律若干问题的解释》（2006 年修正） | 2006 年 11 月 22 日 | 失效 | 司法解释 |
| 11 | 《山西省计算机信息系统安全保护条例》 | 2008 年 9 月 25 日 | 现行有效 | 地方性法规 |
| 12 | 《浙江省著作权管理办法》 | 2008 年 11 月 4 日 | 现行有效 | 地方政府规章 |
| 13 | 《深圳市互联网软件知识产权保护若干规定》 | 2009 年 6 月 30 日 | 现行有效 | 地方政府规章 |

续表

| 序号 | 法律法规文件名称 | 时间（发布日期） | 效力 | 效力级别 |
|---|---|---|---|---|
| 14 | 《宁夏回族自治区计算机信息系统安全保护条例》 | 2009 年 7 月 31 日 | 现行有效 | 地方性法规 |
| 15 | 《中华人民共和国侵权责任法》 | 2009 年 12 月 26 日 | 现行有效 | 法律 |
| 16 | 《重庆市未成年人保护条例》 | 2010 年 7 月 23 日 | 现行有效 | 地方性法规 |
| 17 | 《宁夏回族自治区实施〈中华人民共和国禁毒法〉办法》 | 2011 年 1 月 7 日 | 现行有效 | 地方性法规 |
| 18 | 《南京市知识产权促进和保护条例》 | 2011 年 10 月 13 日 | 现行有效 | 地方性法规 |

资料来源："北大法宝"数据库、"无讼"法规数据库等。

### 三　立法实践探索的转型阶段（2012年至今）

党的十八大以来，我国网络社会治理全局性、根本性立法开始启动，如《网络安全法》的出台以及《电信条例》《电子商务法》等的统筹规划及其立法进程的推进，以党的十八大报告明确将加强网络社会治（管）理和网络依法规范有序运行内容写入党的规范性文件为标志，我国网络社会治理法治建设步入崭新阶段。与此同时，网络平台在"互联网＋"背景下的"大众创业、万众创新"时代浪潮中继续向更深、更广向度发展，我国网络平台治理立法探索、法律制度体系建设更加受到关注和重视，网络平台治理立法实践也步入运用法治思维和法治方式治理的跨越转型新阶段。

伴随互联网走向广泛应用、深度融合的崭新阶段，网络平台的高速发展以及技术创新进步在给国民经济社会带来诸多发展机遇的同时，也带来了许多新的现实挑战及难以预见的风险。这一阶段针对网站媒介平台、网络著作权、技术保护，立法机关先后共出台了与网络平台有关的法律法规 28 件（见表 1-3），包括法律 6 件、行政法规 1 件、地方性法规 9 件、规章 6 件、司法解释 6 件。其中《全国人民代表大会常务委员会关于加强网络信息保护的决定》、《消费者权益保护法》、《刑法修正案（九）》、《反恐怖主义法》、《慈善法》和《网络安全法》6 件法律对网络平台做出了相关规定。尤其是《消费者权益保护法》第 44 条，更是奠定了我国网络平台赔偿责任相关规范之基石，对网络平台治理中消费者权利救济具有重要意义。这一阶段，针对平台犯罪新形式及其危害的惩治与预防，我国修订《刑法》（2015）、《反不正当竞争法》（2017）等相关法律条款。其中，新修订的《反不正当竞争法》明确对网络电子商务平台出现的虚假宣传、虚假交易、刷单炒信、虚假荣誉以及网络水军等进行惩处；2015 年全国人大通过了《刑法修正案（九）》，界定网络平台提供者不履行安全管理义务、侵犯公民个人信息、破坏计算机信息系统等犯罪行为的刑事责任，从刑事法律规范层面为预防和惩治网络平台犯罪提供了刑事法律保障。同时，为应对新时期包括网络平台在内的网络社会治理领域新问题，根据我国网络社会法治建设实践探索的实际情况，党中央从国家安全和长远发展出发，成立了旨在制定网络安全和信息化发展战略、宏观规划和重大政策，推动国家网络安全和信息化法治建设的中央网络安全和信息化领导小组，这为新时期我国网络平台治理提供了坚实有力的制度保障。

**表 1－3　转型阶段法律法规一览**

| 序号 | 法律法规文件名称 | 时间（发布日期） | 效力 | 效力级别 |
|---|---|---|---|---|
| 1 | 《浙江省著作权管理办法》（2012 年修正） | 2012 年 4 月 2 日 | 现行有效 | 地方政府规章 |
| 2 | 《贵阳市计算机信息网络安全保护管理办法》 | 2012 年 5 月 25 日 | 现行有效 | 地方政府规章 |
| 3 | 《最高人民法院关于审理侵害信息网络传播权民事纠纷案件适用法律若干问题的规定》 | 2012 年 12 月 17 日 | 现行有效 | 司法解释 |
| 4 | 《全国人民代表大会常务委员会关于加强网络信息保护的决定》 | 2012 年 12 月 28 日 | 现行有效 | 法律 |
| 5 | 《河北省食品安全监督管理规定》 | 2013 年 1 月 18 日 | 现行有效 | 地方政府规章 |
| 6 | 《信息网络传播权保护条例》（2013 年修订） | 2013 年 1 月 30 日 | 现行有效 | 行政法规 |
| 7 | 《海南省信息化条例》 | 2013 年 9 月 25 日 | 现行有效 | 地方性法规 |
| 8 | 《辽宁省计算机信息系统安全管理条例》 | 2013 年 9 月 27 日 | 现行有效 | 地方性法规 |
| 9 | 《中华人民共和国消费者权益保护法》（2013 年修订） | 2013 年 10 月 25 日 | 现行有效 | 法律 |
| 10 | 《最高人民法院关于审理利用信息网络侵害人身权益民事纠纷案件适用法律若干问题的规定》 | 2014 年 8 月 21 日 | 现行有效 | 司法解释 |
| 11 | 《互联网危险物品信息发布管理规定》 | 2015 年 2 月 5 日 | 现行有效 | 部门规章 |
| 12 | 《关于加强互联网禁毒工作的意见》 | 2015 年 4 月 14 日 | 现行有效 | 部门规章 |

续表

| 序号 | 法律法规文件名称 | 时间（发布日期） | 效力 | 效力级别 |
|---|---|---|---|---|
| 13 | 《中华人民共和国刑法修正案（九）》 | 2015 年 8 月 29 日 | 现行有效 | 法律 |
| 14 | 《南京市未成年人保护条例》 | 2015 年 12 月 16 日 | 现行有效 | 地方性法规 |
| 15 | 《中华人民共和国反恐怖主义法》 | 2015 年 12 月 27 日 | 现行有效 | 法律 |
| 16 | 《上海市禁毒条例》 | 2015 年 12 月 30 日 | 现行有效 | 地方性法规 |
| 17 | 《中华人民共和国慈善法》 | 2016 年 3 月 16 日 | 现行有效 | 法律 |
| 18 | 《最高人民法院关于人民法院网络司法拍卖若干问题的规定》 | 2016 年 8 月 2 日 | 现行有效 | 司法解释 |
| 19 | 《公开募捐平台服务管理办法》 | 2016 年 8 月 30 日 | 现行有效 | 部门规章 |
| 20 | 《银川市智慧城市建设促进条例》 | 2016 年 9 月 2 日 | 现行有效 | 地方性法规 |
| 21 | 《最高人民法院、最高人民检察院、公安部关于办理刑事案件收集提取和审查判断电子数据若干问题的规定》 | 2016 年 9 月 9 日 | 现行有效 | 司法解释 |
| 22 | 《新疆维吾尔自治区电话和互联网用户真实身份信息登记管理条例》 | 2016 年 9 月 29 日 | 现行有效 | 地方性法规 |
| 23 | 《中华人民共和国网络安全法》 | 2016 年 11 月 7 日 | 现行有效 | 法律 |
| 24 | 《新疆维吾尔自治区防范和惩治网络传播虚假信息条例》 | 2016 年 12 月 1 日 | 现行有效 | 地方性法规 |
| 25 | 《最高人民法院、最高人民检察院、公安部关于办理电信网络诈骗等刑事案件适用法律若干问题的意见》 | 2016 年 12 月 19 日 | 现行有效 | 司法解释 |
| 26 | 《最高人民法院、最高人民检察院关于办理侵犯公民个人信息刑事案件适用法律若干问题的解释》 | 2017 年 5 月 8 日 | 现行有效 | 司法解释 |
| 27 | 《北京市旅游条例》 | 2017 年 5 月 26 日 | 现行有效 | 地方性法规 |
| 28 | 《安徽省禁毒条例》（2017 年修订） | 2017 年 5 月 31 日 | 现行有效 | 地方性法规 |

资料来源："北大法宝"数据库、"无讼"法规数据库等。

# 第三节　网络平台治理的立法现状

## 一　网络平台治理立法数量概况

我国网络平台治理的立法实践探索历经萌芽、发展和转型三大阶段，初步建立起了一套涵盖法律、行政法规、规章和司法解释的法律规范制度体系。经对北大法宝法律数据库、无讼法规数据库、国家互联网信息办公室统计数据以及其他数据资料多次进行比对、甄别、筛选发现，经过不断删减、添增，截至 2017 年 12 月 31 日，我国关于网络平台治理的 46 件法律法规文件中，除去已经失效的 4 件外，现行有效的网络平台治理法律法规共计 42 件。从比例上看，有效性法律法规文件 42 件，占比 91%；失效法律法规文件 4 件，占比 9%（见图 1 - 4）。其中，现行有效的 42 件法律法规文件包括法律 9 件、行政法规 2 件、地方性法规 14 件、规章 11 件（部门规章 6 件、地方政府规章 5 件）、司法解释 6 件。

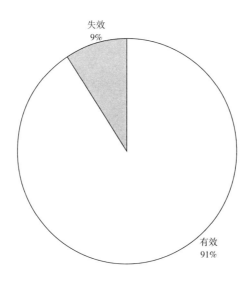

**图 1 - 4　有效、失效法律法规文件比例分布**

资料来源："北大法宝"数据库、"无讼"法规数据库、国家互联网信息办公室统计数据等。

从现行有效网络平台治理法律法规创制的年份分布看，自 1994 年我国进入网络社会开始，为了保护计算机信息系统的安全，促进计算机的应用和发展，保障社会主义现代化建设的顺利进行，国务院专门出台了行政法规《计算机信息系统安全保护条例》。1994～1999 年是我国网络平台治理立法探索的萌芽阶段，这一阶段虽然没有专门的关于网络平台治理的法律法规文件，但与之相关的立法文本有 10 件；2000～2011 年是我国网络平台治理立法探索的发展阶段，网络平台治理立法文件数量自 2000 年开始增长，2009 年为 3 件；我国网络平台治理立法转型阶段的 2012 年至今，始终处于稳定增长期，自 2012 年开始整体呈现明显增长趋势，2016 年，立法文本数量高达 9 件（见图 1－5）。

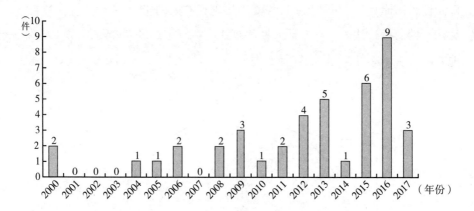

**图 1－5　2000～2017 年现行有效法律法规文件分布**

资料来源："北大法宝"数据库、"无讼"法规数据库、国家互联网信息办公室统计数据等。

## 二　网络平台治理立法具体内容

内容上，现行有效的 9 件网络平台治理立法文件主要包括《刑法修正案（九）》《侵权责任法》《消费者权益保护法》《全国人民代表大会常务委员会关于加强网络信息保护的决定》《反恐怖主义法》等。从条文具体规定看，它们分别对网络平台信息网络安全管理义务、平台侵权法律规制、平台赔偿法律规制、平台公开其收集使用信息及停止传输保存记录、平台信息内容监督和平台的安全技术防范做出规定，这些立法共同构成了我国网络平台治理法律位阶层面的制度规范（见表 1－4）。

表1-4　主要条款内容一览

| 名称 | 主要条款 | 备注 |
|------|---------|------|
| 《中华人民共和国刑法修正案(九)》 | 网络服务提供者不履行法律、行政法规规定的信息网络安全管理义务,经监管部门责令采取改正措施而拒不改正,有下列情形之一的,处三年以下有期徒刑、拘役或者管制,并处或者单处罚金:(一)致使违法信息大量传播的;(二)致使用户信息泄露,造成严重后果的;(三)致使刑事案件证据灭失,情节严重的;(四)有其他严重情节的。 | 平台信息网络安全管理义务 |
| 《中华人民共和国侵权责任法》 | 网络用户利用网络服务实施侵权行为的,被侵权人有权通知网络服务提供者采取删除、屏蔽、断开链接等必要措施。网络服务提供者接到通知后未及时采取必要措施的,对损害的扩大部分与该网络用户承担连带责任。 | 侵权法律规则 |
| 《中华人民共和国消费者权益保护法》 | 消费者通过网络交易平台购买商品或者接受服务,其合法权益受到损害的,可以向销售者或者服务者要求赔偿。网络交易平台提供者不能提供销售者或者服务者的真实名称、地址和有效联系方式的,消费者也可以向网络交易平台提供者要求赔偿;网络交易平台提供者作出更有利于消费者的承诺的,应当履行承诺。网络交易平台提供者赔偿后,有权向销售者或者服务者追偿。<br>网络交易平台提供者明知或者应知销售者或者服务者利用其平台侵害消费者合法权益,未采取必要措施的,依法与该销售者或者服务者承担连带责任。 | 赔偿法律规则 |
| 《全国人民代表大会常务委员会关于加强网络信息保护的决定》 | 网络服务提供者和其他企业事业单位在业务活动中收集、使用公民个人电子信息,应当遵循合法、正当、必要的原则,明示收集、使用信息的目的、方式和范围,并经被收集者同意,不得违反法律、法规的规定和双方的约定收集、使用信息。<br>网络服务提供者和其他企业事业单位及其工作人员对在业务活动中收集的公民个人电子信息必须严格保密,不得泄露、篡改、毁损,不得出售或者非法向他人提供。<br>网络服务提供者和其他企业事业单位应当采取技术措施和其他必要措施,确保信息安全,防止在业务活动中收集的公民个人电子信息泄露、毁损、丢失。在发生或者可能发生信息泄露、毁损、丢失的情况时,应当立即采取补救措施。<br>网络服务提供者应当加强对其用户发布的信息的管理,发现法律、法规禁止发布或者传输的信息的,应当立即停止传输该信息,采取消除等处置措施,保存有关记录,并向有关主管部门报告。<br>网络服务提供者为用户办理网站接入服务,办理固定电话、移动电话等入网手续,或者为用户提供信息发布服务,应当在与用户签订协议或者确认提供服务时,要求用户提供真实身份信息。<br>公民发现泄露个人身份、散布个人隐私等侵害其合法权益的网络信息,或者受到商业性电子信息侵扰的,有权要求网络服务提供者删除有关信息或者采取其他必要措施予以制止。<br>有关主管部门依法履行职责时,网络服务提供者应当予以配合,提供技术支持。 | 公开其收集、使用规则 |

续表

| 名称 | 主要条款 | 备注 |
|---|---|---|
| 《中华人民共和国反恐怖主义法》 | 电信业务经营者、互联网服务提供者应当为公安机关、国家安全机关依法进行防范、调查恐怖活动提供技术接口和解密等技术支持和协助。<br>电信业务经营者、互联网服务提供者应当依照法律、行政法规规定，落实网络安全、信息内容监督制度和安全技术防范措施，防止含有恐怖主义、极端主义内容的信息传播；发现含有恐怖主义、极端主义内容的信息的，应当立即停止传输，保存相关记录，删除相关信息，并向公安机关或者有关部门报告。<br>电信业务经营者、互联网服务提供者有下列情形之一的，由主管部门处二十万元以上五十万元以下罚款，并对其直接负责的主管人员和其他直接负责人员，处以十万元以下罚款；情节严重的，处五十万元以上罚款，并对其直接负责的主管人员和其他直接负责人员，处十万元以上五十万元以下罚款，可以由公安机关对其直接负责的主管人员和其他直接负责人员，处五日以上十五日以下拘留：(一)未依照规定为公安机关、国家安全机关依法进行防范、调查恐怖活动提供技术接口和解密等技术支持和协助的；(二)未按照主管部门的要求，停止传输、删除含有恐怖主义、极端主义内容的信息，保存相关记录，关闭相关网站或者关停相关服务的；(三)未落实网络安全、信息内容监督制度和安全技术防范措施，造成含有恐怖主义、极端主义内容的信息传播，情节严重的。 | 停止传输保存记录信息内容监督安全技术防范 |

资料来源："北大法宝"数据库、"无讼"法规数据库等。

当前我国网络平台治理立法中的行政法规有 2006 年颁行的《信息网络传播权保护条例》和 2013 年修订的《信息网络传播权保护条例》，这两件行政法规实质上是一件，统计时为了准确把握我国网络平台治理立法实践探索脉络和趋势，笔者对其进行了分开统计。从具体条文看，《信息网络传播权保护条例》明确规定，为扶助贫困，通过信息网络向农村地区的公众免费提供中国公民、法人或者其他组织已经发表的种植养殖、防病治病、防灾减灾等与扶助贫困有关的作品和适应基本文化需求的作品，网络服务提供者应当在提供前公告拟提供的作品及其作者、拟支付报酬的标准。自公告之日起 30 日内，著作权人不同意提供的，网络服务提供者不得提供其作品；自公告之日起满 30 日，著作权人没有异议的，网络服务提供者可以提供其作品，并按照公告的标准向著作权人支付报酬。网络服务提供者提供著作权人的作品后，著作权人不同意提供的，网络服务提供者应当立即删除著作权人的作品，并按照公告的标准向著作权人支付提供作品期间的报酬。同时，著作权行政管理部门为了查处侵犯信息网络传播权的行为，可以要求网络服务提供者提供涉嫌侵权的服务对象的姓名（名称）、联系方式、网络地址等资料。关于网络平台的删除义务和免责内容，《信息网络传播权保护条例》也做出了较为具体的规定。对于网络平台的删除义务，《信息网络传播权保护条例》第15条规定，网络服务提供者接到权利人的通知书后，应当立即删除涉嫌侵权的作品、表演、录音录像制品，或者断开与涉嫌侵权的作品、表演、录音录像制品的链接，并同时将通知书转送提供作品、表演、录音录像制品的服务对象；服务对象网络地址不明、无法转送的，应当将通知书的内容同时在信息网络上公告。对于网络平台免责的具体情形，《信息网络传播权保护条例》第20条、21条、22条分别做出了具体规定。（1）网络服务提供者根据服务对象的指令提供网络自动接入服务，或者对服务对象提供的作品、表演、录音录像制品提供自动传输服务，不承担赔偿责任的情形；（2）网络服务提供者为提高网络传输效率，自动存储从其他网络服务提供者获得的作品、表演、录音录像制品，根据技术安排自动向服务对象提供，不承担赔偿责任的情形；（3）网络服务提供者为服务对象提供信息存储空间，供服务对象通过信息网络向公众提供作品、表演、录音录像制品，不承担赔偿责任的情形。《信息网络传播权保护条例》还对认定网络平台承担共同侵权责任的条件、网络平台无正当理由拒绝提供或者拖延提供涉嫌侵权的服务对象相关资料的处罚等做出了规定。

除此之外，网络平台治理立法文本还有地方性法规14件、规章11件（部门规章6件、地方政府规章5件）、司法解释6件，其内容繁多，涉及网上银行平台业务管理、平台物理安全、平台信息和数据保护、平台电子出版物管理、平台著作权行政保护、网络游戏平台管理、网络交易平台管理、平台信息服务管理等诸多内容。

## 第四节　网络平台治理立法实践的特点与经验

### 一　立法实践的基本特点

历经萌芽、发展和转型三大阶段的立法实践探索，我国网络平台治理立法初步形成了一套涵盖法律、行政法规、规章和司法解释的法律规范制度体系。我国网络平台治理立法实践探索呈现数量整体上升、阶段性明显、以地方性法规和规章为主等特点。

（一）立法数量整体上升

总体而言，我国网络平台治理立法实践持续推进，并在立法文件数量上呈现上升趋势。从法律法规文件制定年份变化趋势看，我国网络平台治理立法数量总体呈现上升态势。如图1-6所示，1994~1999年是我国网络平台治理立法探索萌芽起步阶段，这一时期立法没有专门对网络平台做出规定，与之相关的法律法规文件数量整体增幅不大，5年间共颁行了10件，虽然萌芽阶段没有专门的关于网络平台的立法，但相关法律法规与网络平台法律治理紧密相关，该阶段又是网络平台治理立法实践探索的重要阶段，故本文对该阶段的相关立法数据也进行了统计；2000~2011年是我国网络平台治理立法探索的发展阶段，这一时期立法文件数量呈现上升趋势，从2000年开始数量缓慢增长，2000年和2001年数量分别为2件和1件，2004年、2005年、2006年则分别为2件、2件和3件，后有所回落，到2009年又增长为3件，直至2011年为2件；2012年至今的立法探索转型阶段，我国网络平台治理立法数量稳定增长，自2012年开始整体呈现增长趋势，2016年立法数量高达9件，2016年是我国历史上网络平台治理立法文件出台数量最多的一年。

（二）立法的阶段性明显

我国网络平台治理立法实践具有鲜明的阶段性特征。前文对立法实践探索的萌芽、发展和转型三大阶段展开研究正是基于这一基本特点。从立法数量年份变化趋势也可以直观地看到其呈现明显的三个阶段（见图1-6）。根据立法实践之不同阶段法律法规文件数量分布图（见图1-7）明显看出，网络平台治理立法实践的萌芽阶段，只有与之相关的一些规定，没有专门的关于网络平台的法律法规；发展阶段，相关法律为3件，行政法规为1件，地方性法规为5件，规章为5件，司法解释为4件；转型阶段，相关法律为6件，行政法规为1件，地方性法规为9

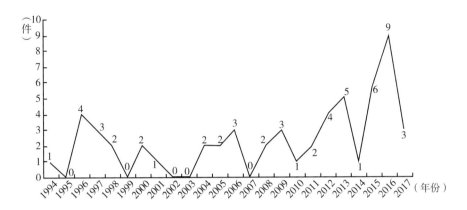

**图 1 - 6　1994 ~ 2017 年立法文件数量变化趋势**

资料来源："北大法宝"数据库、"无讼"法规数据库等。

件，规章为 6 件，司法解释为 6 件，这一阶段不论是法律、行政法规、
地方性法规、规章还是司法解释都是制定数量最多的阶段。一定程度上
这种萌芽、发展和转型的阶段特征符合法治建设基本规律，其既是坚持
从网络平台发展和治理实际出发的必然结果，也是中国特色社会主义法
治建设的规律使然。

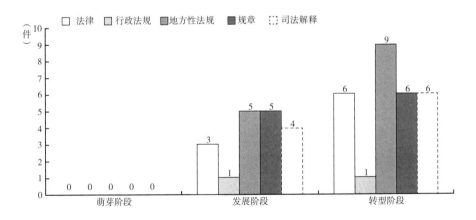

**图 1 - 7　不同阶段法律法规数量分布**

资料来源："北大法宝"数据库、"无讼"法规数据库等。

（三）以地方性法规和规章为主

我国网络平台治理立法实践的又一特点是以部门规章、其他规范性文件为主。从立法文件不同位阶比例图（见图1-8）可以看出，在截至2017年12月31日我国共计出台的关于网络平台治理的46件法律法规中，包括法律9件、行政法规2件、地方性法规14件、部门规章6件、地方政府规章5件、司法解释10件，分别占20%、4%、30%、13%、11%、22%。其中，地方性法规和规章比例最大，分别为30%、24%，其次为司法解释，所占比例为22%。不难看出我国网络平台治理立法以地方性法规、规章为主的特点，这既是我国网络平台立法实践的特点，也是我国网络平台治理立法实践存在的以地方性法规规章为主、位阶偏低等问题的表现。

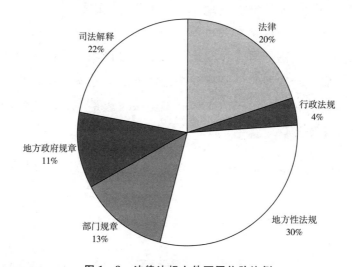

图1-8　法律法规文件不同位阶比例

资料来源："北大法宝"数据库、"无讼"法规数据库等。

二　立法实践的有益经验

纵观27年中国网络平台治理立法的实践探索之路，独具中国特色的网络平台治理法治体系日趋成型，彰显中国特色的网络平台治理立法理论正在形成。中国网络平台治理立法实践形成了始终坚持从实际出发、以问题为导向、安全与发展并重的基本经验。

（一）坚持从国情、实际出发

中国特色社会主义法律制度建构的显著特点之一即实事求是、从国情出发。新中国成立初期，围绕政权建立、国民经济恢复计划以及"一五""二五"国民经济及社会发展计划的实施，新中国的法律制度建设逐步发展起来。"文化大革命"期间，社会主义法律制度建设停滞不前，社会治理法律法规基本空白，行政规章寥寥无几，管理体制实行高度集中的行政管控模式。① 当时，在电信、邮电、邮政、广播、电视管理制度建设方面，为了理顺中央与地方广播电台管理关系，严格管控无线电台的设置和使用，禁止国际电话与专线台混同设置，严格外事电信通信管理，国家先后颁布了关于电影放映、人民广播电台管理、无线电管理、外事电信通信组织管理等的规范性文件。这一阶段，我国相继颁布的有：1954 年政务院颁布的《关于建立电影放映网与电影工业的决定》、1955 年国务院颁布的《关于地方人民广播电台管理办法的规定》、1963 年国务院颁布的《关于设置和使用无线电台的管理办法》、1974 年邮电部颁布的《关于严格禁止国际电话与专线台设在一起的通知》、1977 年邮电部颁布的《外事电信通信组织管理有关规定》等规范性文件。纵观网络平台治理的立法实践历程，我国始终坚持从网络平台治理所面临的世情、国情出发，重视网络平台治理立法工作，以适应信息技术革命后的崭新国际格局，应对网络时代治国理政与经济社会发展的现实风险和挑战。

自 1994 年 4 月 20 日我国被国际上承认为第 77 个真正拥有全功能 Internet 的国家，进入网络时代以来，我国顺应时代潮流，从"以经济建设为中心"的国情和"全球化"的世情出发，学习借鉴发达国家关于网络物理安全、技术安全、运行安全等基础性制度建设及网络社会治理方面的经验，始终关注全球网络法律制度建设的新成果、新制度、新方式，借鉴有关国家网络社会治理先进立法技术和治理成果，先后出台了关于计算

---

① 参见尔泰《中国广播电视管理史概说》，《视听界》1989 年第 1 期。

机信息系统安全保护、计算机信息网络国际联网管理、计算机信息系统保密管理、维护互联网安全、计算机病毒防治管理、互联网上网服务营业场所管理、互联网医疗卫生信息服务管理、网上银行业务管理、计算机软件保护、互联网出版管理、互联网文化管理、网络犯罪预防和惩治的多部法律法规。

在网络平台治理立法探索的萌芽阶段，我国没有专门关于网络平台治理的法律法规出台。针对互联网领域网络犯罪活动猖獗、计算机病毒频发、盗版软件充斥市场、垃圾信息泛滥、广播电视传输设施被侵占破坏、电信垄断、隐私侵权等问题，国家先后出台了 10 件法律法规文件对网络社会出现的各类问题进行规范与治理。在立法探索的发展阶段，信息技术的飞速发展继续给经济社会注入活力的同时也带来了网络安全风险加剧等诸多挑战，针对网络平台治理中出现的教育网站管理、计算机网络著作权纠纷、网络音乐发展和管理、侵权责任明晰和认定、处置等，中央和地方先后制定了《教育网站和网校暂行管理办法》、《全国人民代表大会常务委员会关于维护互联网安全的决定》、《浙江省著作权管理办法》、《侵权责任法》、《深圳市互联网软件知识产权保护若干规定》和《宁夏回族自治区计算机信息系统安全保护条例》等。立法探索的转型阶段，伴随互联网技术走向广泛应用、深度融合的崭新阶段，网络平台的高速发展以及技术创新进步在给国民经济社会带来诸多发展机遇的同时，也带来了许多现实挑战及难以预见的风险。这一时期针对网站媒介平台、网络著作权、技术保护，立法机关先后共出台了与网络平台有关的《全国人民代表大会常务委员会关于加强网络信息保护的决定》、《消费者权益保护法》、《刑法修正案（九）》、《反恐怖主义法》、《慈善法》和《网络安全法》等 28 件法律法规。

（二）坚持以问题为导向

我国网络平台治理立法实践具有鲜明的时代特色。其中，坚持问题导向开展立法及治理是重要特色之一。面对不同时期出现的不同问题，我国网络平台治理立法始终坚持以问题为导向，从问题出发开展治理实践，不断推进网络平台治理法治进程，提高网络社会治理法治化、现代化水平。

网络平台治理立法探索的萌芽阶段，随着互联网技术的普及和发展，包括网络平台在内的网络社会治理问题不断凸显。针对网络犯罪活动猖獗、计算机病毒频发、盗版软件充斥市场、垃圾信息泛滥、广播电视传输设施被侵占破坏、电信垄断、隐私侵权、域名纠纷等问题，国家先后颁布了《计算机信息系统安全保护条例》《计算机信息网络国际联网管理暂行规定》等法律法规对其进行规范与治理。特别是针对计算机犯罪日趋严重的情况，全国人大常委会对《刑法》进行修订，对网络社会出现的网络犯罪问题进行有效惩治和预防。网络平台治理立法探索的发展阶段，围绕网络平台著作权保护、平台安全保护技术、网络金融平台安全保障、平台个人信息安全保护等突出问题，国家先后颁布了《电子银行业务管理办法》《互联网著作权行政保护办法》《文化部信息产业部关于网络游戏发展和管理的若干意见》《信息网络传播权保护条例》《电子出版物管理规定》等相关法律法规。在网络平台治理立法实践的转型阶段，为适应经济全球化、政治多极化、文化多样化、治理多元化、信息现代化交融发展的国际趋势，有效应对国内网络平台假冒伪劣、恶性竞争、侵权泛滥、信息管理风险、平台运行安全问题、交易信用障碍、平台资金安全问题、搜索信息推广等新情况、新问题，国家出台了《网络安全法》等一系列法律法规，以解决现实问题、预防治理风险。坚持问题导向开展网络平台治理及立法是我国网络平台治理立法探索的经验之一。同时，我国正逐步形成从点到面的网络平台治理法律制度体系，立法逐渐从"被动性与跟进式"的规则体系搭建走向立法在一定范围内有预留空间，不断推进我国网络平台治理法治化进程。

（三）坚持安全与发展并重

中共十八届三中全会确立的"积极利用、科学发展、依法管理、确保安全"的互联网发展方针，明确了网络安全与发展的关系，安全与发展二者互为表里、协调一致、齐头并进。这既是对我国网络平台治理的立法实践探索经验的高度凝练与概括，也是对网络平台治理立法实践的深刻反思。

自步入网络社会以来，随着计算机和智能手机的普及和应用，网络已然为现代社会工作和生活所必需。网络无纸化办公、信息零延迟传送、可视化交流等成为现实，互联网领域的 E-mail、微博、微信、QQ、贴吧等得到广泛使用。网络在带给人们低成本、高效率、优质量的服务，推动经济社会快速发展的同时，也带来了网络域名安全、网络金融安全缺乏保障，个人信息安全缺乏保护，国家安全、网络安全应急机制体系尚未完善等突出问题。为此，我国相继颁布《电子签名法》等规范性文件，重点关注包括网络平台安全在内的网络安全保障问题。网络平台治理立法探索的发展阶段，为保障网络平台安全，维护网络空间秩序和社会公共利益，保障公共安全，保护公民、法人和其他组织的合法权益，促进网络平台经济发展与信息技术协调融合，国家专门出台了《网络安全法》，并明确提出国家"坚持网络安全与信息化发展并重"的基本原则，强调网络平台安全与发展的衡平。总之，我国在推进包括网络平台在内的网络社会治理法治建设进程时，始终注重安全与发展的平衡，既注意保护各类主体的合法权利，促进信息依法有序自由流动，促进技术创新进步和经济健康发展，又注意保障网络物理空间安全、运行安全和主权安全，为发展提供良好环境。

纵观我国网络平台治理的立法实践探索的阶段历程，其既是我国基于网络平台发展进步物质基础所做出的制度建构在法律意识形态领域的反映，也是遵循我国法治建设和立法实践规律的结果；其既与我国网络平台发展水平基本同步，又与我国网络平台治理立法实践和立法水平相匹配。我国网络平台治理立法实践历经萌芽、发展和转型三大阶段，初步建立起了一套独具中国特色的法律制度体系，形成了始终坚持从实际出发，以问题为导向，安全与发展并重的基本经验。当然，网络平台治理立法实践也存在碎片化严重、调整范围模糊不清、制定程序公开欠缺、层级位阶偏低、评估制度缺失等诸多不足之处。

# 第二章　我国网络平台治理立法
## 实践的困境检视

## 第一节　立法碎片化

### 一　碎片化的具体表现

立法碎片化是我国网络平台治理立法中存在的最重要的问题之一，其不仅仅存在于网络平台治理的立法实践中。实践中立法碎片化问题由来已久，不同理论研究领域早已有学者对这一问题予以关注并展开研究。民法学家孙宪忠、法学博士吴鹏飞、学者郝永伟分别针对民事立法、儿童福利权保障、地方立法的碎片化问题专门撰文展开研究。如在民事立法领域，中国社会科学院法学研究所孙宪忠教授就曾专门撰文指出："改革开放初期以来，因为客观形势立法采取渐进模式而不是民法典整体推进模式，民法立法逐一制定成为单行法，以至于形成近年来不顾民法体系化和科学性的立法碎片化趋势。"① 在地方立法研究领域，山东省济宁市人大常委会法工委郝永伟也撰文指出："地方立法碎片化和集约化的问题，是地方立法工作中一个十分重要的立法技术问题，直接决定着地方立法的质量。"② 关于网络立法碎片化

---

① 参见孙宪忠《防止立法碎片化、尽快出台民法典》，《中国政法大学学报》2013 年第 1 期。
② 郝永伟：《关于地方立法碎片化现象的思考》，《人大研究》2017 年第 3 期，第 30 页。

问题，也已有学者对其进行了阐释。如在 2015 年中国互联网法律政策论坛上，有专家就指出："互联网创新与现行法律之间的冲突问题依然存在，虽然互联网法律体系已基本形成，但是仍然面临立法层级低、立法碎片化的问题。"①

早在 2011 年，全国人民代表大会常务委员会委员长吴邦国就宣布，我国已经形成以宪法为统帅，以宪法相关法、民法商法等多个法律部门的法律为主干，由法律、行政法规、地方性法规等多个层次的法律规范构成的中国特色社会主义法律体系。截至 2017 年 12 月 31 日，我国共计出台关于网络平台治理的 109 件专门法律规范性文件中，法律 4 件、行政法规 11 件、部门规章 44 件、司法解释 11 件、其他规范性文件 39 件，分别占比约为 4%、10%、40%、10%、36%。其中部门规章占比最大，比例约为 40%。相较于高速发展进步的网络社会而言，当前我国有关网络平台治理法律制度主要涉及的法律、行政法规、地方性法规、部门规章中，依然以部门规章为主，立法碎片化问题严重。如在"北大法宝"数据库中，选择"中央法规司法解释"和"地方法规规章"库，以"网络服务提供""互联网服务提供"为全书关键词进行检索，分别获得初始检索结果 138 条和 81 条，总计 219 条。分析网络平台提供者涉及的主要法律制度可以发现，网络平台提供者提供网络产品和服务过程的规范治理条文内容零散、重复甚至"打架"，碎片化问题明显。

除《刑法》明确规定网络平台提供者的信息网络安全管理义务，《侵权责任法》明确网络平台提供者"通知＋删除"义务以及《全国人民代表大会常务委员会关于加强网络信息保护的决定》规定网络平台提供者收集公民个人电子信息保密、违法信息删除义务，诸多行政立法也从不同角度对重复内容进行了规定。如工业和信息化部在关于《公共互联网网络安全突发事件应急预案》中明确了基础电信企业、域名机构、互联网服务提供者的

---

① 参见任震宇《立法层级低　立法碎片化："互联网＋"面临立法挑战》，《中国消费者报》2015 年 8 月 14 日，第 2 版。

主体责任。国家工商行政管理总局（现改组为国家市场监督管理总局）等部门在《网络市场监管专项行动方案》中明确责令相关互联网服务提供商停止为其提供服务；中央网信办、最高人民法院、最高人民检察院、公安部等联合发布的《中国互联网禁毒公约》和中央宣传部、中央网信办、最高人民法院等发布的《关于加强互联网禁毒工作的意见》也明确了互联网服务提供者的义务和责任，以及《互联网行业"十二五"发展规划》明确了互联网服务提供者保护用户个人数据的义务；工业和信息化部在《移动互联网恶意程序监测与处置机制》中明确了对移动互联网服务提供商及其他合作伙伴的管理；2008 年公安部、信息产业部等在《关于进一步加强违禁品网上非法交易活动整治工作的通知》中也做出了对未落实日志留存记录的互联网服务提供商（ISP）和互联网数据中心（IDC）依法予以处理等规定。

## 二　碎片化的可能后果

网络平台治理立法碎片化对网络平台发展进步、治理创新和法治化水平提高带来的不利影响是多方面的，其产生的直接危害主要包括行政执法混乱、立法资源浪费、损害政府公信力和合作共治机制无法形成几个方面。

### （一）行政执法混乱

立法碎片化带来的直接后果是政府行政执法混乱。网络平台治理行政执法体制是我国行政执法体制的重要组成部分，其治理实践中的具体网络平台监管执法活动是在我国现行法律制度和行政执法体制框架内进行的。行政机关执行网络平台治理法律法规，开展行政执法活动最根本的依据是网络平台治理的立法规则，然而，基于涉及职能机构、主管部门、协助单位的职能分工、职权设定、程序设置、监督制约、协调配合等碎片化立法之规则的执法，往往导致行政执法机关执法活动的混乱无序，出现政府开展网络平台治理、监管网络平台的"九龙治水水成龙"局面。

行政机关基于立法开展网络平台治理执法活动，主导网络平台治理法治实践，立法的碎片化往往意味着执法依据的不清不明、交错综合甚至是对立冲突，其必然带来执法的混乱无序。依据动因可将我国网络平台治理的政府机关分为四大类。一是通信业管理部门，即工业和信息化部及对应地方机关。主要管理网络通信，指导推进包括网络平台在内的网络信息化建设，协调维护国家网络信息安全等。二是网络犯罪打击和安全保护部门，即公安部及对应地方公安机关。主要负责包括网络平台在内的犯罪预防、侦查和惩治，处置重大案件、治安事故和骚乱，指挥防范、打击网络恐怖活动，依法查处危害社会治安秩序的网络行为，保障网络平台安全、国家安全和社会治安等工作顺利进行；内设机构中，公安部内设有公共信息网络安全监察（简称"网监"），地方公安机关内设有网监、网警等专门机构，有专门网络警察负责具体事务。三是网络宣传管理部门，即各级网络安全和信息化领导小组办公室。主要负责创新改进包括网络平台在内的网络宣传，运用网络传播规律弘扬主旋律，传播正能量，大力培育和践行社会主义核心价值观。四是网络平台涉及的不同领域的对应主管部门，如文化和旅游部、教育部等部门及其对应地方机关。主要负责网络平台所涉及的不同具体领域的规范和治理，网络平台行政管理机关有近 20 个。

为应对国际、国内网络治理挑战，我国于 2014 年 2 月 27 日成立了"中央网络安全和信息化领导小组"，明确"统一领导、统分结合、相对集中、职权确定、权责一致"的网络社会治理格局，要求形成"国信办"承担网络信息安全的指导、协调、督促工作；"工业和信息化部"主管互联网行业发展；"公安部"履行查处网络违法犯罪的治理格局。但实践中由于立法碎片化以及我国长期以来的部门林立、分段执法、分兵把口，相互掣肘有余、协调配合不足的行政执法困境尚未得到根本解决。碎片化直接导致网络平台执法出现职权不清、权责模糊、相互推诿、揽功透过等诸多弊病，尤其是在处理涉网重大、紧急、复杂且边界相对模糊的网络平台治理新情况、新问题时，容易出现网络平台治理"各自打扫门前雪，不顾他人瓦上霜"现象，以致"九龙治水水成龙"问题难以有效根治。

（二）立法资源浪费

网络平台治理立法资源是指网络平台治理立法活动中的人力、财力、物力以及机会成本。所谓机会成本，是指在至少两种互斥选项中选择了一种利益而放弃其他利益中价值最大的利益。① 现代社会是市场高度发达的经济社会，社会资源基于发达的市场媒介进行合理配置，以实现有效资源的最大市场价值，某种意义上，网络平台本身的存在就是市场经济资源优化配置的结果。资源优化配置和有效整合是市场经济的第一法则，简言之，以最小的投入获取最大的回报，实现利益最大化，强调的是效率、效益。网络平台治理立法作为一项特殊的社会活动，当然不能完全依照市场规则简单追求效率、效益，公平公正也是其追求的基本价值之一，但是其效率、效益也是包括网络平台治理立法在内的所有立法活动必须且需要考虑的因素，其同样应当考量投入其中的人力、物力、财力和机会成本。网络平台治理立法碎片化是立法结果的表现，这与立法追求的系统科学、完备统一的规范体系相背离。从结果看，网络平台治理立法碎片化直接导致了网络平台治理的执法混乱和法律权威性的弱化，但从立法过程中投入的人力、财力、物力以及机会成本看，网络平台治理立法碎片化大大浪费了立法资源。

　　网络平台治理立法碎片化往往造成规则交叉、重复，既不利于网络平台治理法治建设，更违背了市场经济立法资源优化配置规则，导致立法投入的人力、物力、财力和机会成本的浪费。同时，网络平台治理立法的碎片化也必然致使网络平台治理执法、司法效率大大减损，一定意义上，网络平台治理立法碎片化不仅浪费了立法资源，也间接地造成执法、司法人力、物力、财力和机会成本的浪费。当前我国关于法律资源配置问题中立法、执法资源配置的研究较少，大多集中在司法资源配置问题上。在中国知网学术期刊总库以"立法资源配置"为篇名进行检索，仅有《地方立法资源的配置与利用研究》1 篇专门研究立法资源配置问题。值得注意的是，实践中网络社会发展进步和法律资源有限，现实中包括网络平台在内的行政违法、网络犯罪、诉讼活动的增长使网络社会治理立法资源配置问

---

① What is Opportunity Cost? https：//www. investopedia. com/terms/o/opportunitycost. asp.

题得到关注和重视。如我国第一个互联网专门法院杭州互联网法院的设立，① 预示着网络平台治理立法、执法和司法资源的配置问题则亟待关注和重视。

（三）损害政府公信力

网络平台治理立法碎片化除了造成行政执法混乱、浪费立法资源外，往往还涉及政府机关公信力问题。政府作为代表国家开展公共事务治理的机关，其公信力的强弱直接体现了政府机关治理公共事务的能力和水平。一个丧失公信力的政府注定无法有效有序行使具有高度权威性和有效性的行政权力，其治理社会公共事务的行政目标便也无从谈起。② 尤其是在网络社会场域，政府机关公信力能够为网络平台与社会公众间的良性互动交流奠定基础，为网络平台政府主导、政府与社会公众合作共治机制的形成创造条件，有利于推进网络平台在法治的轨道上有序健康运转。

在实践治理活动中，政府机关基于立法之明文规定依法行政，面向大众履行其经济文化和社会管理职能，实现其服务社会、维护秩序之目的，公共性、中立性和服务性是其鲜明特征，网络平台治理立法碎片化使政府机关开展网络平台治理活动出现"于法多据"或者"于法无据"的混乱局面，必然影响政府网络平台管理职能的履行，损害政府机关公信力。同时，立法碎片化还容易形成行政机关开展网络平台治理活动的部门壁垒，有的甚至形成基于利益考量的选择性行政，必然使政府的中立性、服务性和公共性受到质疑。因此，网络平台治理立法碎片化不仅直接导致政府治理网络平台面临依据交叉或者空白的尴尬局面，损害政府公信力，而且容易诱发政府机关网络平台治理的执法混乱、部门壁垒、选择性行政和利益化、部门化等执法怪象，其长期存在必然影响网络平台的有序健康发展，破坏网络社会治理秩序，大大损害政府公信力。

---

① 参见《习近平主持召开中央全面深化改革领导小组第三十六次会议》，http://news. xinhuanet. com/politics/2017 - 06/26/c_ 1121211704. htm。
② 吴光芸、李建华：《地方政府公信力：影响区域经济发展的重要因素》，《当代经济管理》2009 年第 5 期。

### （四）合作共治机制无法形成

网络平台治理立法碎片化造成的又一后果是网络平台治理合作共治机制无法形成。立法碎片化使执法机关开展执法活动时往往选择有利的法律依据，过分关注行政监管立法依据而非基于合作共治考量开展执法，或者完全忽略合作共治机理，必然使政府与网络平台组织、网民之间的合作共治治理机制不健全、不顺畅。网络平台治理执法过分强调政府行政监管，使行政机关在强大的行政系统中往往滋生执法部门化、利益化问题，致使政府监管的混乱和执法的无序，相反，其也是规则特别是行政性法律法规碎片化问题的重要成因之一。

现行网络平台政社合作共治大多采用传统协作协商的方式，并通过单一政府行政监管"硬约束"方式要求网络平台接受强制性规制，被动承担责任等方式来实现，而少有通过政府与网络平台互信合作机制、网络购买服务、网络协商、网络互动、网络议事、网络要约与承诺等网络合作公约"软约束"方式进行合作共治，表面上看是治理机制不健全、不顺畅所致，从深层次看其依然是立法存在问题所致，尤其是碎片化问题，严重制约合作共治机制的健全。同时，立法碎片化使网络平台行业自治体系难以建立。虽然我国已初步建立以《中国互联网行业自律公约》为主体，以《网络广告自律公约》《电子商务自律公约》等为具体行业规范的自律公约体系，但内容分散、规则碎片化特别是相关立法碎片化，加之约束力缺乏，一些企业组织受利益驱使选择性适用，有的面对利益置自治规范不顾，有的甚至公然违反，表面一套背后一套，自治公约成为废纸甚至是挡箭牌，出现部分"只收费，不负责"互联网平台企业扭曲现象，这些领域成为网络平台治理的"法外之地"，甚至是网络平台执法的"真空"地带。

## 三　碎片化的成因分析

网络平台治理立法碎片化有很多成因，从立法体系设计规划到立法主体，以及执法体制本身的惯性等都可能致使这一问题发生。概括起来，网络平台治理立法碎片化的成因至少包括基于宏观整体把握而系统规划的立法体系设计规划缺失，行政立法主体各自为政以及僵化的行政执法体制下的长期法治实践惯性使然三个方面。

（一）立法体系设计规划缺失

规划缺失、没有一个基于宏观整体把握而系统设计的网络平台治理立法体系设计规划是网络平台治理立法碎片化的重要因素之一。长期以来，我国有关网络平台治理的立法实践如法律、行政法规、部门规章等的制定基于坚持"问题导向"而展开，立法主体往往是针对网络平台治理领域出现的网络侵权、网络诈骗、网络恐怖、人肉搜索等复杂形势的突出问题启动立法程序开展立法活动。短时间内，立法与治理实践中的这种"被动型""跟进式"立法模式和"应急性""问题导向式"治理范型表现出一定的治理效能，对热点突出问题治理作用明显，但基于长远考量，这种治理范型存在诸多弊端，其中之一便是网络平台治理立法因为这种被动跟进立法及基于其而形成的应急问题导向治理造成立法的碎片化。

网络平台治理立法缺乏一个基于宏观整体把握而系统设计的立法体系规划，致使治理主体面对网络平台治理现实问题"被动型""跟进式"立法进而展开"应急性""问题导向式"治理，网络平台治理立法碎片化问题就是在这种长期统一宏观立法体系设计缺乏的制度环境中形成的。在具体立法和治理实践中，特别是行政规章和地方性立法的实践中，立法机关往往针对各自相关领域的网络平台治理问题进行立法，实现对这类问题的治理，短期治理效果明显，但长此以往，这种缺乏体系整体统一规划的立法实践往往导致立法实践活动之无序，产生种种不良后果，致使立法碎片化问题严重。也正是因为立法的交叉重叠、部门化、碎片化，进而致使行政执法的混乱无序，不仅损害政府公信力，而且浪费国家立法资源。

（二）行政立法主体各自为政

行政立法主体各自为政制定规范性法律法规是形成网络平台治理法律制度内容碎片化问题的又一重要原因。行政立法主体各自为政制定规范性法律法规问题由来已久，在网络平台治理立法实践中，这一问题突出表现在行政立法领域。关于各自为政，立法问题理论研究早已有不同学者基于不同视角对其予以关注并进行了分析探究。

针对反家暴立法实践，有学者就明确指出其存在令出多门、立法无序等问题。如华南理工大学法学院张洪林教授曾在《法学》发文就反家庭暴力需要统一立法予以系统化指出："由于立法主体的多元性，不同的立法主体往往站在不同的立场上进行立法，无法建立责任主体间的有效联动，有各自为政之嫌。"张洪林教授指出，《婚姻法》主要从婚姻的维系和解除的角度看待家庭暴力，《妇女权益保障法》则主要从保护妇女合法权益的角度来规制家庭暴力，法条之间缺乏有效衔接，体系不够系统、规范，反家庭暴力立法是一个系统工程，以分部门规定条款的方式割裂了责任主体间的联系，将原本属于共同责任的内容限定在某一主体上，影响了实际效果。[1] 针对区域性行政立法协作实践，有学者指出其也存在各自为政的行政立法问题，法学博士王春业在《当代法学》撰文就区域内法制协作指出："东北三省之间地域相连，道路相通，而各自为政的行政立法极易造成执法上的不公平。"其还指出，近年来一系列社会事件使区域内的法制协作备受关注，比如，松花江水污染的扩散，长三角各城市间连成一片的道路交通，却又各自为政。[2] 针对法律冲突解决，有学者认为各自为政是中国法律冲突的诸多问题之一。如我国著名法学专家蔡定剑教授曾在《中国法学》刊文指出，当前中国法律冲突现象众多，法律之间的矛盾、"打架"，各自为政，为局部和地方私利而产生的地方、部门保护主义，不同经济利益产生不同的立法需求。而法律制度需求在没有得到有效规范和监督的情况下，必然会产生一定程度的立法混乱，使法律冲突加剧。[3]

著名行政法学家罗豪才教授认为，实现公法规范体系的和谐化公共治理

---

① 张洪林：《反家庭暴力法的立法整合与趋势》，《法学》2012 年第 2 期。
② 王春业：《论区域性行政立法协作》，《当代法学》2007 年第 3 期。
③ 参见蔡定剑《法律冲突及其解决的途径》，《中国法学》1999 年第 3 期。

迫切要求解决公法规范体系之部门公法明显存在各自为政问题。[①] 针对监管机构各自为政、规章之间重复冲突问题，美国专门在白宫的管理和预算办公室（Office of Management and Budget，OMB）建立了信息和监管事务办公室（Office of Information and Regulatory Affairs，OIRA），OIRA 作为监管机构的监管者，直接负责审核和协调内阁监管机构的规章。OIRA 集中审核规章可以协调监管机构与产业集团之间错综复杂的利益关系，克服几十个监管机构各自为政、信息不通的弊端，从而避免规章之间的重复和冲突。[②] 在虚拟开放、匿名互通、瞬息传递、全球互联、无中心新型社会场域的网络平台的治理中，立法主体各自为政问题有过之而无不及，尤其是部门化、利益化严重的行政规章制定主体各自为政制定法律现象更加凸显。

　　我国网络平台治理以行政立法为主，各自为政问题突出，这是造成网络平台治理立法碎片化的重要原因。基于我国《立法法》第 2 条"法律、行政法规、地方性法规、自治条例和单行条例的制定、修改和废止适用本法。国务院部门规章和地方政府规章的制定、修改和废止，依照本法的有关规定执行"之规定与一般立法理论，以及我国法律创制框架和网络平台治理立法实际，有权且已经开展过网络平台治理部门规章制定的立法主体有全国人大及其常委会、国务院、中国银行业监督管理委员会、工业和信息化部、商务部、国务院新闻办公室、中国保险监督管理委员会、国家新闻出版广电总局、国家互联网信息办公室等国务院部门以及有关地方性法规和政府规章制定的人大及其常委会、地方政府等主体。鉴于地方性法规和地方政府规章数量太过庞杂，此处仅以法律、行政法规和部门规章作为分析样本。在我国关于网络社会治理专门立法的 4 件法律、11 件行政法规和 44 件部门规章中，专门性法律法规的创制主体中，除了全国人大常委会创制的 4 件法律和国务院创制的 11 件行政法规外，单独或联合制定部门规章的主体达 22 个之多（见图 2 - 1）。

---

① 参见罗豪才、宋功德《公域之治的转型——对公共治理与公法互动关系的一种透视》，《中国法学》2005 年第 5 期。

② 参见席涛《法律、监管与市场》，《政法论坛》2011 年第 3 期。

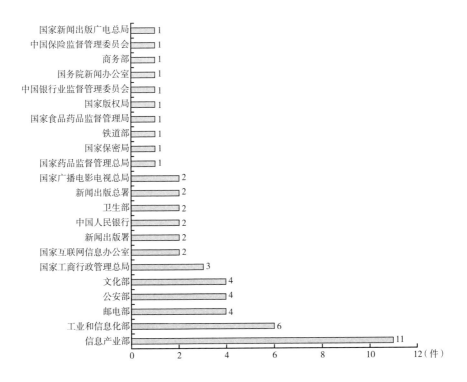

**图 2 - 1　部门规章制定主体制定规章件数统计**

资料来源："北大法宝"数据库、"无讼"法规数据库等。

　　根据统计，在国务院网络平台治理相关部门规章的制定主体中，制定和颁行部门规章数量排名第一的是信息产业部，制定了部门规章 11 件。排名第二的是工业和信息化部，制定了部门规章 6 件，因 2008 年国务院机构改革，原信息产业部职责整体划入了工业和信息化部，故将原信息产业部制定的 11 件部门规章计入工业和信息化部，则工业和信息化部实际共制定部门规章 17 件。制定部门规章数量并列第三的是原文化部、公安部和原邮电部，均为 4 件。国家药品监督管理总局、国家保密局、铁道部、国家食品药品监督管理局、国家版权局、中国银行业监督管理委员会、国务院新闻办公室、商务部、中国银行保险监督管理委员会均单独或联合制定部门规章 1 件。在网络社会治理部门规章制定的 22 个主体中，考虑机构改革、合并调整等因素，现行网络社会治理法律制度创制主体至少包括部门规章制定的国家互联网信息办公室、工业和信息化部、公安部、文化和旅游部、国家知识产权局、中国人民银行、国家广播电视总局、国家保密局、国家市场监督管理总局、国家版权局、国务院新闻办公室、商务部、中国银行保险监督管理委员会 13 个，加上全国人民代表大会及其常务委员会、地方人民代表大会及其常务委员会和地方政府等。多元主体参与网络社会治理法律制度创制是我国长期立法实践探索的结果，对我国网络社会治理起到了重要的积极作用，但当前其主体明显过于泛化，特别是规章的制定主体，这是网络平台治理法律制度内容碎片化形成的重要原因。这种部门化立法化极易滋生包括网络平台治理在内的网络社会治理法律制度规范打架、条款规则冲突之内容碎片化问题，致使法律体系结构混乱，还往往滋生以某一部门、某个群体、某类利益为中心创制法律文件现象，既浪费立法资源，又容易导致立法部门化、利益化。

（三）僵化的行政执法体制

在有法可依、有法必依、执法必严、违法必究四者关系中，立法是实现有法可依的必经环节，立法是实现执法、司法活动的依据，同时，执法和司法实践又对立法产生一定的反作用，立法、执法和司法历来都是一个有机统一体。因此，立法碎片化问题的形成注定和执法、司法实践有着千丝万缕的联系。行政执法是我国政府行政的重要内容，其治理实践中的具体网络平台监管执法活动是在我国现行行政执法规则和体制下开展和进行的，相反网络平台治理执法实践又是法律制度向前发展和制度创新完善的基础。我国的党政执法体制是一个复杂的组织网络和系统，有所谓"条条"和"块块"之分，前者指具有相同工作性质的机构和部门，后者指中央和地方各级党委政府。① 这种行政执法体制下形成了国家机关纵向隶属上、下级机关之间的法律关系、横向同级机关之间的法律关系以及斜向不同级机关之间的法律关系。② 正是在长期的网络平台治

---

① 参见陈柏峰《党政体制如何塑造基层执法》，《法学研究》2017 年第 4 期。
② 方世荣主编《行政法与行政诉讼法学》（第四版），中国政法大学出版社，2010，第 33 页。

理实践和法治建设实践探索中，我国逐步形成并确立了与政治经济体制相适应的网络社会复杂的行政执法体制组织网络，且在这种横向和纵向的"条条、块块"网络结构中进行监管执法，开展具体的网络社会治理执法活动。

网络平台治理行政执法活动的展开也不例外，正是基于这种体制结构展开实践活动，执法体制的纵横交错反向滋生法律制度制定的部门化、利益化，最终形成碎片化。只不过网络平台治理的行政执法网络更加复杂，我国网络平台治理的行政机关并不像国土、农林、食品药品、质检、海关、环保、税务等领域的专门机关治理一样，而是分散在许多部门。2014年，为满足互联网发展和治理需要，国家顺应时代趋势成立了"中央网络安全和信息化领导小组"，并在"统一领导、统分结合、相对集中、职权确定、权责一致"的导向下，初步建立了由国家互联网信息办公室、工业和信息化部、公安部分工负责的网信事业发展与治理体制，但目前这种体制结构并未成型，网络社会治理这种执法体制更容易滋生平台法律制度内容碎片化问题。正是网络社会治理实践的特殊性决定了我国行政机关涉及网络平台治理主体多达 22 个，实践是制度形成和完善的基础，网络平台治理法律制度内容碎片化就是在这种长期的法治实践基础和体制运行的惯性中形成的。

## 第二节　立法调整范围模糊

### 一　范围模糊的具体表现

调整范围的清晰界定和调整对象的明晰是基于法律制度有序运转，实现网络平台治理法治化的最基本问题。然而网络平台具有的虚拟开放、匿名互通、瞬息传递、全球互联、无中心新型社会场域等特征使"地球村"成为可能，也正是互联网技术的开放、匿名、全球联通以及技术的复杂与网络社会的创新进步，网络社会技术跨越传统的地域、空间使网络平台物理意义上的边界虚化，其在法律制度领域的表现就是立法调整范围存在模糊不清的问题。针对网络平台这些崭新特点和发展变化做出立法回应是理论研究展开和立法实践的重要议题。"各国根据本国法律制度的特点，有的采用的是直接制定新法律的形式，有的采用的是判例法形式，有的采用的是修改现行法律的方式。"① 然而不论是立法理论研究抑或是网络平台治理法律制度建构开展之实践都没有清晰界定网络平台治理法律法规的调整范围。

理论研究有的基于对各国互联网法的归纳与类型化，将网络空间区分为底层的关键信息基础设施、中间层的互联网服务提供商与应用层的互联网信息三个层面，提出网络社会治理法律法规的范围包括关键信息基础设施保护、互联网服务提供者产品和服务、提供促进和规范互联网信息规制三部分内容。② 有的则直接提出网络社会治理法律法规包括监管性法律规范、保护性法律规范和促进性法律规范三类规范内容。③ 这些研究的视角和范围划定内容为实践中网络平台治理立法调整范围的科学规划提供了一定的理论价值，但实践接受程度及其适用效果并不明显。

实践探索进程中，立法机关从我国国情发展实际出发，基于问题导向开展法律制度建设的惯例，普遍采用针对网络平台不同时期出现的不同问题制定法律法规，一部法律法规的完成往往是依据"问题发生→引发关注→启动立法→程序进行→颁布施行"的惯例进行。不难看出，这种针对网络平台某一具体领域、某一类具体问题进行法律创制可能造成的后果是网络平台治理法律制度体系建设之法律规范调整范围不清、不明，因无法明确网络平台治理法律的调整边界，往往使网络平台治理的一些亟须关注的重大问题、重点领域出现法律空白，而一些领域又出现重复交叉立法碎片化问题，网络平台治理法律制度体系结构混乱无序。

---

① 参见周汉华《论互联网法》，《中国法学》2015 年第 3 期，第 21 页。
② 参见〔美〕劳伦斯·莱斯格《思想的未来：网络时代公共知识领域的警世喻言》，李旭译，中信出版社，2004，第 23 页。
③ 参见张平、郭凯天主编《互联网法律法规汇编》，北京大学出版社，2012，第 1～9 页。

## 二　范围模糊的可能后果

网络平台治理立法调整范围不清，必然出现一些领域交叉重复立法，一些领域的立法缺位，有的甚至是重点领域出现立法真空地带，不论是法律的交叉重复还是立法的缺失缺位，都可能造成法律权威的减损。鉴于网络平台法律范围不明带来的种种危害，可将其带来的最直接不良后果概括为三个方面：一是法律规则的缺失缺位，表现为网络平台治理法律制度在一些领域出现缺位现象，特别是一些重点领域出现真空地带；二是既有法律制度创制的交叉重复，表现为网络平台治理法律制度在一些社会热点问题上重复立法而导致法律制度内容交叉；三是法律权威的减损，网络平台治理立法调整范围不明，不论是直接带来立法缺失缺位还是已有法律规范内容的交叉重复都将损害法律的威严，不利于法律权威性的彰显。

### （一）法律缺失缺位

网络技术迅猛发展，平台如雨后春笋般涌现，催生网络新业态，网络经济组织层出不穷，这给国家治理网络平台的体制机制和网络平台立法、执法和司法机关的治理能力带来了挑战，但与执法和司法相比，首要前提依然是立法。当前网络平台出现的网络虚假伪劣产品整治、电商微商准入、网络知识产权保护、网络运营商的义务法律责任、网络消费者权益保护以及与之相关的网络执法司法管辖、电子证据规则、个人信息保护及数据保密等都存在法律规则的缺位甚至空白现象，这给科学立法、严格执法、公正司法、有效监管带来了新的挑战，直接影响政府的管理和服务网络平台的水平。此外，我国网络平台治理"被动型、跟进式"立法，致使相关治理法律规则较多关注国内网络平台治理的现实问题，却忽视了网络空间全球"互联互通""地球村"的特性和国际背景，面对境外发起的网络安全威胁、技术入侵等大量现实问题，相关立法的缺失甚至空白无法有效应对与治理。

有法可依、有法必依、执法必严、违法必究四者关系中，有法可依是后三者的基本前提和基础。网络平台治理的有法可依之基本依据就是网络平台治理法律制度规范。而明确其调整范围是建立科学完备的网络平台治理法律制度体系的前提，因此，明确网络平台治理立法调整范围是建立科学完备的网络平台治理法律制度体系、实现网络平台治理法治化的基本要求和前提要件。相反，与网络的广泛普及和大量应用网络平台的快速发展相比，调整范围的模糊不清势必出现法律制度建设真空地带，造成网络平台治理法律缺位，致使法律制度不健全不完善。这与推进将网络平台治理一切活动、所有环节纳入法治化轨道并实现其安全有序创新发展，提高网络平台治理法治化水平，要求网络平台治理法律规范的明确、具体、完备的制度设计构想格格不入。

### （二）法律交叉重复

网络平台治理立法调整范围模糊不清除了容易出现法律制度规范的真空地带，还容易造成法律条款的交叉和规则重叠。在我国仅有的涉及网络平台提供者规制的《刑法》《侵权责任法》《全国人民代表大会常务委员会关于加强网络信息保护的决定》《反恐怖主义法》4 件法律法规文件中，除《刑法》规定的安全管理义务和《侵权责任法》明确规定的"通知＋删除"规则和采取删除、屏蔽、断开链接必要措施外，《全国人民代表大会常务委员会关于加强网络信息保护的决定》也规定网络平台提供者采取技术措施和其他必要措施，确保信息安全，《反恐怖主义法》也规定了"发现＋删除"规则和采取安全技术防范措施义务。除此之外，《全国人民代表大会常务委员会关于加强网络信息保护的决定》和《反恐怖主义法》都规定了网络平台提供者的停止传输信息，保存有关记录的义务。

一方面，这是我国当前网络平台治理之网络平台提供者所有法律层面上的全部条文内容，是我国网络平台治理之网络平台提供者规制的最基本遵循，相较于较少的规制而言，其条款内容经过简化处理后依然不少。另一方面，这些规则仅仅是我国关于网络平台提供者规制法律层面的内容，相较于大量的行政法规、地方性法规特别是部门规章而言，其法律条款交叉和规则重叠问题之严重可见一斑。另外，基于如此数量的网络平台治理法律规则，实践中的网络平台提供者法律规制在法律制度层面的难题依然存在。如搜索引擎作为网络平台提供者，其提供服务过程中的竞价排名广告推广问题争论不断，2015 年 9 月 1 日起施行的新《广告法》第 44 条明确规定：利用互联网从事广告活动，适用本法的各项规定。2016 年 4 月 13 日，北京市高级人民法院发布的《关于涉及网络知识产权案件的审理指南》第 39 条明确规定：搜索引擎服务提供者提供的竞价排名服务，属信息检索服务，一定意义上对信息搜索服务提供广告推广的规制仍属于法律的空白地带。

（三）法律权威弱化

古罗马著名政治家马库斯·图留斯·西塞罗（Marcus Tullius Cicero）指出："罗马帝国成功的秘诀在于罗马法的魔力。"[①] 法律的权威性对于国家治理的重要性已不言而喻。社会主义法治的基本要求是"有法可依，有法必依，执法必严，违法必究"，我国法律的权威性正是在这种严格依法、执法和究法的过程中得以彰显。其中有法可依是实现依法可能性、执法可操作性和究法惩戒性的前提，统一、完备、科学的法律制度决定了法律活动的有章可循，意味着法律权威彰显之可能。然而网络平台治理立法调整范围的模糊不清必然出现立法的混乱无序，伴随法律制度的利益化、部门化、制度壁垒而来的是执法的混乱无序，特别是执法过程中执法主体基于法律规范而进行的执法利益选择，这一切都势必影响网络平台治理秩序的稳定和法律权威的彰显。

古希腊著名思想家亚里士多德认为，法律应在任何方面受到尊重而保持无上的权威，"执政者和公民团体只应在法律所不及的个别事例上有所抉择，两者都不该侵犯法律"，[②] 亦基于法律制度调整范围的模糊不清，行政执法机关选择性、利益性执法不仅不利于保障网络平台治理法治畅行和其所体现的人民意志被忠实地执行；而且不利于保证网络平台治理法律所规定的公民权利得到切实维护和违反社会治理法律行为的依法追究，弱化了包括社

---

① 〔古罗马〕西塞罗：《国家篇　法律篇》，沈叔平、苏力译，商务印书馆，1999。
② 〔古希腊〕亚里士多德：《政治学》，吴寿彭译，商务印书馆，1997。

会治理法律在内的整个国家法律的权威性。因此，网络社会的法律制度建设除应坚持社会主义法治原则，也应在多方面吸收借鉴各国法制理论的经验，厘清网络平台治理法律制度的调整范围，创制出完备的反映全体人民意志的法律制度体系，严格执法、完善法律监督制度，树立法律的权威性，以适应网络社会发展进步和治理创新的需要。①

### 三　范围模糊的成因分析

网络平台治理立法调整范围不清的成因是多方面的，如网络社会自身发展、技术的创新进步以及理论研究的滞后等。在网络社会里，互联网技术的创新发展使一切关系超越地理空间的限制，实现了真正意义上的"脱域化"。网络社会发展进步、技术不断创新以及信息在网络范围内穿越一切边界，网络空间的超地域、超时空性等都是造成网络社会法律制度调整范围模糊不清的重要原因，但对社会进步和技术创新而言，探究范围理论层面的原因才是破解网络平台治理立法调整范围不清的关键所在。概括而言，网络平台治理立法调整范围不清主要是基于网络空间法律属性争议、网络平台治理法律关系主体及客体变化等方面。

（一）网络空间法律属性不明、争议不断

网络空间法律属性不明、争议不断是网络平台治理立法调整范围不清的主要原因之一。当前关于网络空间法律属性问题有三种主流学说，分别是"主权说"、"全球公域说"和"新主权说"。"主权说"强调网络空间"自身主权"，主张网络空间是虚拟拥有"独立主权"的世界，以网络空间最初理论者、美国电子前线基金会发起人约翰·佩里·巴洛为代表，其认为网络空间是一个没有主权、没有政府的绝对自由之处的网络王国。"全球公域说"强调网络空间是"国际空间"，其代表人物是达雷尔·门特（Darrel Menthe），这一学说认为网络空间应当被视为继当前国际法上存在三个被称

---

① 参见张德森《论法律的权威性》，《法商研究》1997 年第 2 期。

为"国际空间"的南极洲、太空和公海之后的第四个国际空间。① "新主权说"强调"网络空间主权"（Cyberspace Sovereignty），这种学说伴随网络空间"全球公域"理论而兴起，网络空间全球公域的说法和理论观点遭到了"新主权说"的猛烈抨击。"新主权说"从传统网络空间"主权说"发展而来却与之有着根本性区别。传统"主权说"强调网络空间"自身主权"，认为网络空间是独立王国，拥有独立的主权，其可能不需要政府和法律，典型观点是网络空间中"代码就是法律"。网络空间"新主权说"则认为网络空间是现实空间主权的延伸地带，是与领陆、领空、领海相对应的新的领地，适用主权国家现有法治机理。三种不同学说争论不休，特别是后两种学说争论，既是网络平台治理立法调整范围不明的表现，又是范围不明表象之后的理论原因。

（二）网络平台治理法律关系主体多元交叉

网络社会中传统法律主体之公民、法人和其他组织从线下现实社会向线上虚拟网络社会扩展，"网民"从自然人中分离出来。传统法律关系主体之自然人、法人和其他组织依然存在于网络社会中，这毫无疑问，其区别在于网络社会线上与线下交流互动的法律主体虽来源于既有法律体系，但经过了整合、再造后仍存在巨大差别，最重要的表现之一就是网络平台治理法律关系主体更加多元且相互交叉。

网络平台治理法律关系主体以单纯公民、法人和其他组织的理论无法准确定位，除了网络平台具有的匿名互通、瞬息传递、全球互联、无中心新型社会场域等特征外，一个自然人可以通过无数个"网名"实现其在网络平台线上虚拟空间主体地位的存在。与现实社会的公民、法人和其他组织数量以及可计数相比，网络平台治理法律关系主体不仅数量更大、更加多元，且相互交叉、难以计数，而且网络平台治理法律关系主体具有鲜明的不确定性，这是构成网络平台治理立法调整范围难以清晰划定的因素之一。网络社会的发展进步和广泛普及使众多公民个人、企业法人以及政府机关、事业单

--- 

① 刘品新：《网络法学》，第146页。

位、自治组织等社会主体纷纷向线上虚拟世界扩展以实现其在线上迅速找到自身的主体位置。然而，线上和线下互动交流日益频繁且不断发展壮大，尤其是网络平台自身具有虚拟开放、匿名互通、瞬息传递、全球互联、无中心新型社会场域等特点，法律主体必然无法轻易地进行识别，主体的多元交叉必然致使治理的边界趋于模糊，这反映在立法层面，首当其冲的就是立法时无法清晰地找到其所须相应调整的范围和边界，也就自然不能对立法所应调整的范围进行清晰明了的划定。

（三）网络平台治理法律关系客体趋于虚拟

网络平台治理法律关系客体趋于虚拟最突出的表现就是财产趋于虚拟化。网络社会基于技术实现匿名交互连接和信息瞬息流通，不同主体在线上与线下交流互动过程中实现现代信息社会生产和发展需求的满足，但这已经超出了传统法律调整的范围，或者说面对网络社会主体的泛化、客体的虚拟化，传统法律无能为力，这正是网络平台治理立法调整范围不清、法律滞后问题产生和存在的重要原因之一。

网络平台法律关系客体在线下社会产生，而线下社会是现实的，但网络线上是虚拟的，基于线上而产生的法律关系客体可能走向虚拟。网络平台虚拟财产之游戏卡、购物卡、平台端口账号，网络装备、物化产品、角色等级以及电子邮件、聊天记录、业务往来等各类数据，本质上是一种能为人所支配的具有价值的权利，是财产在网络虚拟空间的表现形式，对其保护有理论的必要性。然而，财产作为最重要的网络平台治理法律关系客体，因其趋于虚拟使类型化保护难度较大，且技术创新发展使理论研究无法形成客体定性共识，必然使法律关系客体趋于虚拟。

伴随网络社会的发展和迅速崛起，更加多元的网络平台治理法律关系主体从线下走向线上、从现实走向虚拟，纷纷参与其中，资源信息的线上线下交流互动和融合再生，大量新型网络平台治理法律关系内容之权利义务不断涌现是必然结果。技术、信息、资本和市场要素的加速配置、紧密融合及创新发展使这些基本法律关系内容必然比现实社会更加纷繁复杂，对其类型化研究困难重重。总之，网络空间法律属性争议不断、网络平台治理法律关系主体广泛多元化、最重要客体之财产的虚拟化以及与其相关的法律关系内容的纷繁复杂，必然使网络平台治理立法调整范围模糊不清。

## 第三节 立法程序公开欠缺

### 一 程序公开欠缺的具体表现

立法程序公开是指将立法过程及其相关信息向社会公开，且以特定形式允许公众参与其中，进而提出意见的立法制度安排。立法程序公开不仅是公众参与立法的重要手段，是现代法治的基本标志，也是使立法具有一定的民主性、科学性、周密性和普适性的内在要求。我国《立法法》总则第5条明确规定："立法应当体现人民的意志，发扬社会主义民主，坚持立法公开，保障人民通过多种途径参与立法活动。"《立法法》第101条也规定："全国人民代表大会有关的专门委员会和常务委员会工作机构应当按照规定要求，将审查、研究情况向提出审查建议的国家机关、社会团体、企业事业组织以及公民反馈，并可以向社会公开。"立法程序是指具有立法权限的国家机关创制规范性法律文件所遵循的制度化的正当过程，是限制立法者恣意妄为进而使立法活动彰显和实现程序正义的制度设置，也是国家通过法律制度创制手段协调利益冲突、规制社会秩序及配置社会资源的合法路径和正当法律程序。其中，"制度化的正当过程"彰显了法律制度创制程序的制度本色和程序理念，立法程序向社会公开则内嵌于"正当过程"之中。但实践中我国网络平台治理立法程序公开明显不足。基于对既有资料的研究考察，我国既有的四件法规与网络平台治理息息相关的专门性网络社会治理法律制定过程向社会公开的程度区分明显。

首先是《全国人民代表大会常务委员会关于维护互联网安全的决定》的创制，历经了"国务院法制办→国务院常务会议→全国人大常委会→法律委员会和法制工作委员会（简称"法工委"）→法律委员会→全国人大常

委会"的推动和参与过程。① 如图2-2所示，先是由国务院法制办会同有
关部门在研究并征求有关专家意见的基础上拟订《关于维护网络安全和信
息安全的决定（草案）》，国务院常务会议通过后经由全国人大常委会对草
案进行审议，其后由法律委员会和法制工作委员会邀请中央有关部门和网络
信息专家进行座谈听取意见并召开会议根据常委会组成人员审议意见进行审
议，然后由法律委员会再次进行审议并提出修改意见，经修改后由全国人大
常委会会议通过，正式公布。

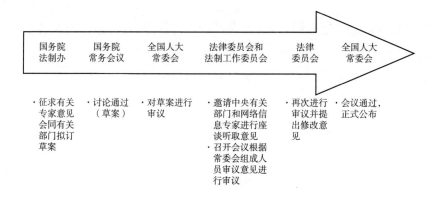

**图2-2　《全国人民代表大会常务委员会关于维护互联网安全的决定》的创制流程**

资料来源：《全国人大法律委员会关于〈全国人民代表大会常务委员会关于维护网络安全和
信息安全的决定（草案）〉审议结果的报告》，《中华人民共和国全国人民代表大会常务委员会公
报》2001年第1期。

其次是《电子签名法》的创制，历经了"国务院法制办→国务院常务
会议→全国人大常委会→法制工作委员会→法律委员会、财经委员会和法制
工作委员会→法律委员会、法制工作委员会→法律委员会→全国人大常委会
→法律委员会、法制工作委员会→全国人大常委会"的推动和参与过程。②

---

① 参见张绪武《全国人大法律委员会关于〈全国人民代表大会常务委员会关于维护网络安全
和信息安全的决定（草案）〉审议结果的报告》，《中华人民共和国全国人民代表大会常务
委员会公报》2001年第1期。
② 曹康泰：《关于〈中华人民共和国电子签名法（草案）〉的说明》，中国人大网，http://
www.npc.gov.cn/wxzl/gongbao/2004-10/20/content_5334608.htm。

如图 2-3 所示，首先是国务院法制办会同信息产业部、国务院信息化工作办公室着手该法草案的拟定。具体而言，国务院法制办多次组织专家论证会，广泛听取专家意见，并多次进行调查研究，听取有关公司、企业的意见，还会同全国人大常委会法工委就电子签名的相关问题，在北京、广东等地进行了调查研究，此外，还对联合国贸易法委员会的《电子商务示范法》和《电子签名示范法》、欧盟的《电子商务指令》和《电子签名指令》、美国的《统一电子交易法》和《国际国内商务电子签名法》以及新加坡、日本、韩国等国家的有关立法进行了比较研究，经反复研究论证，形成了《电子签名法（草案）》（以下简称"草案"）。其后，将草案提交国务院常务会议讨论通过。① 紧接着，全国人大常委会召开会议对草案进行了初步审议。会后，法制工作委员会将草案印发各省（区、市）、中央有关部门和部分企业、研究机构征求意见，法律委员会、财经委员会和法制工作委员会还共同召开了座谈会，听取中央有关部门和部分企业、专家的意见。法律委员会和法制工作委员会就草案有关问题到上海进行调研，法律委员会根据各方意见对草案进行了两次审议。② 其后，全国人大常务委员会召开会议对草案二次审议稿进行审议。会后，法律委员会、法制工作委员会根据审议意见就草案进一步修改问题同国务院法制办、国务院信息办、信息产业部进行研究协调，然后，法律委员会根据各方意见对草案进行审议，并第二次召开会议再次审议；最后全国人民代表大会常务委员会召开会议通过《电子签名法》，并正式公布。③

再次是《全国人民代表大会常务委员会关于加强网络信息保护的决定》的创制，历经了"全国人大常委会法制工作委员会→全国人大常委会委员

---

① 参见曹康泰《关于〈中华人民共和国电子签名法（草案）〉的说明》，《中华人民共和国全国人民代表大会常务委员会公报》2004 年第 6 期。

② 参见王以铭《全国人大法律委员会关于〈中华人民共和国电子签名法（草案）〉修改情况的汇报》，《中华人民共和国全国人民代表大会常务委员会公报》2004 年第 6 期。

③ 参见王以铭《全国人大法律委员会关于〈中华人民共和国电子签名法（草案）〉审议结果的报告》，《中华人民共和国全国人民代表大会常务委员会公报》2004 年第 6 期。

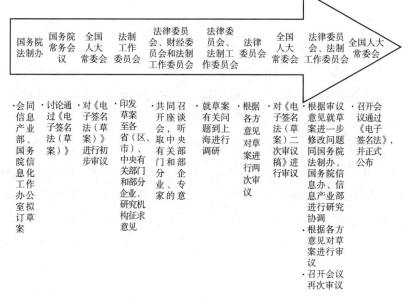

**图 2 - 3　《电子签名法》的创制流程**

资料来源：《全国人民代表大会常务委员会关于〈中华人民共和国电子签名法（草案）〉的说明》，中国人大网，http：//www.npc.gov.cn/wxzl/gongbao/2004 - 10/20/content_ 5334608.htm。

长会议→全国人大常委会"的推动和参与过程。① 如图 2 - 4 所示，其先是全国人大常委会法制工作委员会与有关实际工作进行座谈、走访有关专家听取意见，同有关部门共同研究，起草草案征求意见稿，听取意见、修改形成决定草案；再经由全国人大常委会委员长会议审议提出关于提请审议（草案）的议案，提请全国人大常委会委员长会议审议；最后由全国人大常委会会议通过并正式公布。

最后是《网络安全法》的创制，历经了"全国人大法工委→全国人大常委会→全国人大法工委→全国人大常委会→全国人大法工委→全国人大常

---

① 参见张绪武《全国人大法律委员会关于〈全国人民代表大会常务委员会关于维护网络安全和信息安全的决定（草案）〉审议结果的报告》，《中华人民共和国全国人民代表大会常务委员会公报》2001 年第 1 期。

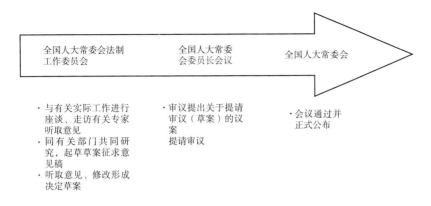

**图 2 - 4　《全国人民代表大会常务委员会关于
加强网络信息保护的决定》的创制流程**

资料来源：《全国人大法律委员会关于〈全国人民代表大会常务委员会关于维护
网络安全和信息安全的决定（草案）〉审议结果的报告》，《中华人民共和国全国人民
代表大会常务委员会公报》2001 年第 1 期。

委会→法律委员会→全国人大常委会"的推动和参与过程。① 如图2 - 5 所
示，其先是全国人大法工委组成工作专班召开座谈会、论证会听取有关部门
和专家的意见及实地调研，提出网络安全立法的草案初稿同有关部门交换意
见，研究提出网络安全法草案征求意见稿，同中央国安办、中央网信办商议
再次征求意见并进一步完善；再由全国人大常委会初次审议《中华人民共
和国网络安全法（草案）》；后由全国人大法工委将草案印发并在中国人大
网公布征求意见，根据各方意见进行修改，对草案进行逐条审议，继续对草
案深入研究，调研并听取意见，同中央国安办、中央网信办等共同研究，对
草案做进一步修改完善，召开会议再次进行审议形成草案二次审议稿；后全
国人大常委会对草案二次审议稿进行审议；再由全国人大法工委将草案二次

---

① 参见张海阳《全国人民代表大会法律委员会关于〈中华人民共和国网络安全法（草案）〉
修改情况的汇报》，《中华人民共和国全国人民代表大会常务委员会公报》2016 年第 6 期；
张海阳《全国人民代表大会法律委员会关于〈中华人民共和国网络安全法（草案）〉审议
结果的报告》，《中华人民共和国全国人民代表大会常务委员会公报》2016 年第 9 期；《全
国人民代表大会法律委员会关于〈中华人民共和国网络安全法（草案三次审议稿）〉修改
意见的报告》，《中华人民共和国全国人民代表大会常务委员会公报》2016 年第 6 期。

审议稿在中国人大网公布，向社会公开征求意见，社会公众可登录中国人大网提出意见，也可将意见寄送；其后全国人大常委会对草案三次审议稿进行分组审议，建议进一步修改后提请本次会议通过；然后法律委员会召开会议逐条研究常委会审议意见，对草案进行审议；最后由全国人大常委会会议通过，正式公布。

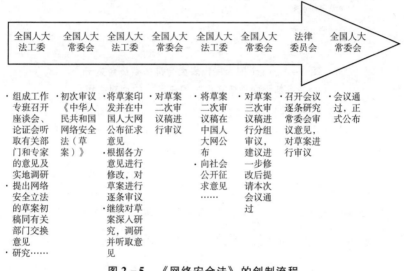

**图 2 - 5　《网络安全法》的创制流程**

资料来源：《全国人民代表大会法律委员会关于〈中华人民共和国网络安全法（草案）〉修改情况的汇报》，《中华人民共和国全国人民代表大会常务委员会公报》2016 年第 6 期；《全国人民代表大会法律委员会关于〈中华人民共和国网络安全法（草案）〉审议结果的报告》，《中华人民共和国全国人民代表大会常务委员会公报》2016 年第 9 期；《全国人民代表大会法律委员会关于〈中华人民共和国网络安全法（草案三次审议稿）〉修改意见的报告》，《中华人民共和国全国人民代表大会常务委员会公报》2016 年第 6 期。

从上述与网络平台治理紧密相关的专门性法律创制流程不难看出，包括网络平台治理立法在内的网络社会治理法律制度制定存在程序公开欠缺问题。首先，一些创制程序缺失发布征求意见稿公开向社会广泛征求意见环节。如《全国人民代表大会常务委员会关于维护互联网安全的决定》和《全国人民代表大会常务委员会关于加强网络信息保护的决定》的创制过程，而《电子签名法》的创制过程中也仅由法制工作委员会将草案印发各省

（区、市）、中央有关部门和部分企业、研究机构征求意见，并未向社会大众公开征求意见。其次，存在法律制度创制自规划、起草至颁布，除了正式通过，公开发布，其余过程完全不向社会公开的现象。如两个决定的创制，《电子签名法》也仅向有关部门和部分企业、研究机构征求意见。网络平台治理的法律、行政法规、地方性法规、部门规章和地方政府规章的制定程序公开程度亟待提升。

## 二　程序公开欠缺的可能后果

与网络平台治理立法程序公开欠缺造成的立法科学性不强、质量不高等危害相比，其最直接后果是阻碍了公众的民主参与，严重影响立法的民主性。

### （一）制约立法民主性

立法民主是社会主义民主在立法领域的具体体现，是立法的基本要求和原则。我国《宪法》第 2 条明确规定："中华人民共和国的一切权力属于人民。人民行使国家权力的机关是全国人民代表大会和地方各级人民代表大会。人民依照法律规定，通过各种途径和形式，管理国家事务，管理经济和文化事业，管理社会事务。"基于宪法确立的民主原则，我国《立法法》总则明确规定："立法应当体现人民的意志，发扬社会主义民主，坚持立法公开，保障人民通过多种途径参与立法活动。"同时我国《立法法》明确规定了公众参与立法之座谈会、论证会、听证会等多种形式。《立法法》第 36 条就规定："列入常务委员会会议议程的法律案，法律委员会、有关的专门委员会和常务委员会工作机构应当听取各方面的意见。听取意见可以采取座谈会、论证会、听证会等多种形式。"第 67 条规定："行政法规在起草过程中，应当广泛听取有关机关、组织、人民代表大会代表和社会公众的意见。听取意见可以采取座谈会、论证会、听证会等多种形式。"第 68 条规定："行政法规起草工作完成后，起草单位应当将草案及其说明、各方面对草案主要问题的不同意见和其他有关资料送国务院法制机构进行审查。"网络平台治理立法亦不例外，需要且必须遵循《宪法》《立法法》等法律的有关规定，坚持公开立法、民主立法和科学立法，不断拓宽公众参与网络平台治理立法活动的途径，充分彰显网络平台治理立法的人民意志性。反之，立法程序公开欠缺，违法了《宪法》《立法法》有关规定，制约了立法的民主性和科学性，不利于网络平台治理立法人民意志性的彰显。

与立法民主参与的普遍性参与和关联性参与相对应，可将我国网络平台治理立法程序公开欠缺对立法民主性的危害概括为普遍性危害和关联性危害两个方面。普遍性参与是指全体社会公民皆可参与其中，具有鲜明的广泛性。如普通公民可以对网络平台治理立法草案征求意见稿发表意见。而网络平台治理立法程序的不公开，必然使普遍性参与无法实现；网络平台治理立法民主的关联性参与是指参与主体与立法事项有一定的联系的立法参与。如网络平台立法过程中，与网络平台有关的单位、企业团体和组织的参与，网络技术专家、法律专家的参与，人大代表、律师和网络信息专家学者的参与等。一般而言，任何一个立法活动都需要包括这两类参与，偏废其一就意味着立法的民主参与存在问题。网络平台治理立法程序公开欠缺必然阻碍立法民主的普遍性参与和关联性参与，制约网络平台治理立法的民主性。

（二）制约立法正当性

立法的广泛民主参与充分彰显了立法的人民意志，是立法实现民主性和正当性的基本方式，民主立法、广泛参与是立法正当性的充分体现。我国网络平台治理立法程序公开欠缺造成立法的民主参与欠缺，制约了立法的民主性，程序不公开则参与无门，立法代表人民意志的正当性必然降低。

网络平台治理立法正当性的彰显既需要充分考虑网络平台治理的技术性和特殊性，对特定群体公开广泛征求意见并使其意见体现在法律中，又需要体现社会公众参与立法的普遍性，体现网络平台治理立法作为一般立法的人民意志。然而，一方面，早期因为相关技术处于发展的初级阶段、社会的普及度和认知度较低，我国网络平台治理立法的公开程度不高，公开欠缺则参与无门，一些立法只有网信办、国家安全部、工业和信息化部等有关部门、研究机构以及法律专家、少数技术人员参与其中，甚至没有技术和法律专家的参与，制约了立法的科学性和正当性。另一方面，以行政立法和地方立法为主的网络平台治理立法往往不向社会公众公开征求意见，其立法过程中仅有有关单位和法律专家、技术人员参与，有的甚至立法全过程都仅由有关立法机关参与而无任何民主参与。另外，听证参与的缺乏，除了使网络平台治理立法缺乏民主性外，还制约了立法的正当性。

## 三　程序公开欠缺的成因分析

### （一）公民参与立法的意识不强

法律的权威源自人民的内心拥护和真诚信仰。网络平台治理立法程序公开欠缺的重要原因之一是公民参与立法的意识不强。立法是法治建设的长远性、根本性、基础性工作，科学完备的网络平台治理法律规范体系的建立需要公民积极参与立法，社会全体成员大力弘扬社会主义法治精神，使社会主义法治文化得到充分发展，全社会厉行法治的积极性和主动性极大增强，形成守法光荣、违法可耻的社会氛围，使全体人民都成为社会主义法治的忠实崇尚者、自觉遵守者、坚定捍卫者，强化立法的正当性、民主性和科学性。① 公开欠缺则参与无门，公民参与意识不强又造成程序公开动力不足。

我国立法实践中公民的参与意识始终薄弱，虽然党的十八大以来，特别是党的十八届四中全会中央做出全面依法治国重大部署，大力推动法治中国建设以来，公民的参与意识明显增强，但就网络平台治理立法来说，公民参与的深度和广度、主动性和积极性都有待提高。包括网络平台在内的网络社会治理立法过程中，公民较少基于社会责任、个人权利义务和公共利益参与立法。同时，由于地域、文化等因素，特别是网络平台的技术性和特殊性，在网络平台治理立法实践中，网络信息研究者、法学专家、网络信息工作者、利益关联者参与较多，普通网民，特别是农村网民参与较少，东部经济技术发达地区公民参与较多，西部偏远落后地区公民参与较少。总之，公民

---

① 参见徐汉明、张新平《提高社会治理法治化水平》，《人民日报》2015年11月23日，第7版。

对网络平台治理立法的参与意识薄弱必然造成立法公开的动力不足和立法程序公开的欠缺。

（二）制度安排存在缺陷

网络平台治理立法程序公开欠缺的原因是多方面的，除了公民参与立法意识不强、社会法治环境造成程序公开欠缺外，制度安排本身存在缺陷也是致使网络平台治理立法程序公开欠缺的重要因素。我国的《立法法》《行政法规制定程序条例》《规章制定程序条例》《行政许可法》《行政强制法》以及各地人大及其常委会都对立法公开做出了不同程度的规定。虽然制度始终处于不断优化完善之中，但与网络社会的快速发展相比，我国立法公开制度仍然缺陷明显，网络平台治理立法公开欠缺的制度安排因素最重要的内容之一就是立法公开形式问题。公开形式过于随意和对新型公开渠道的发掘不够必然使立法的公开欠缺，制约立法的民主性。

在立法公开形式的实践中，经过长期的探索，我国已经形成了书面征求意见、立法座谈会、立法研讨会、立法咨询会、立法听证会、公开听取意见、专家论证会、网络征求意见、草案登报征求意见、公民旁听立法会议、专家媒体旁听法制委员会会议等多种立法公开形式，这些紧跟时代步伐、紧贴法治实际的立法公开形式对保障我国公民知情权、立法参与权，拓宽立法参与渠道，实现公民广泛参与立法，建立健全公民利益诉求表达机制，提升包括网络平台治理立法在内的立法民主性、正当性、科学性和普适性具有重要意义。但立法制度安排却并未将这些良好的立法参与形式以制度安排的形式固定下来，致使网络平台治理立法实践中出现立法公开形式随意的现象，这不仅不利于公众的公开参与，弘扬社会主义法治精神和发展社会主义法治文化，增强全社会厉行法治的积极性和主动性，形成守法光荣、违法可耻的社会氛围，而且不利于公民的知情权和包括网络平台治理立法在内的立法参与权的实现，制约了立法正当性、民主性、科学性和普适性。随着社会的发展进步，尤其是网络社会技术的创新应用，网络平台治理立法基于网络媒体公开的渠道和形式也亟待拓宽发掘，这是网络平台治理立法公开形式未来需要关注的重点。

## 第四节　立法层级位阶偏低

### 一　层级位阶偏低的具体表现

网络平台治理立法层级位阶偏低问题是我国网络平台治理立法实践存在的诸多亟待解决的问题之一。中国网络空间研究院编写的《世界互联网发展报告2017》和《中国互联网发展报告2017》显示，中国数字经济2016年规模总量达到22.58万亿元，跃居全球第二，占GDP的比重为30.3%。然而，我国现行有效的网络平台治理立法层级位阶明显偏低，与数字经济的发展及社会主义法治建设不相适应。早在2011年我国就已经形成了一个以宪法为统帅，以宪法相关法、民法商法等多个法律部门的法律为主干，由法律、行政法规、地方性法规等多个层次的法律规范构成的中国特色社会主义法律体系。相较于高速发展进步的网络平台治理领域立法，中国特色社会主义法律体系之下的中国特色网络平台治理法律制度体系建设和结构设计明显存在立法层级位阶偏低问题。

基于对网络平台治理法律制度体系结构基本原理的考察，网络平台治理立法明显存在以部门规章为主、基本法律缺失的层级偏低问题。依据法律位阶理论考察某一法律体系外部是否科学系统、内部是否协调统一是理论研究的重要方法之一。胡玉鸿教授指出，"从法理上而言，所谓法律位阶，是指在统一的法律体系内，确定不同类别规范性法律文件之间的效力等级与适用顺序的制度。这一制度的确立，有利于明确不同类型的法律渊源之间在调整事项上的权限范围，从而保证法律体系内部的和谐与统一。"[①] 科学完备的网络平台治理法律系统应当是一个立足中国网络社会发展进步国情和治理实际，适应网络平台治理现代化建设需要，集中体现党和人民意志，以宪法关

---

[①]　胡玉鸿：《试论法律位阶划分的标准——兼及行政法规与地方性法规之间的位阶问题》，《中国法学》2004年第3期，第22页。

于网络平台治理的规定为统领，以网络平台治理法律为主干的体系结构，其法律位阶应当包括宪法关于网络平台治理的规定、基本法律、普通法律、行政法规、地方性法规、部门规章等。截至 2017 年 12 月 31 日，我国先后制定的关于网络社会治理的专门性法律法规文件包括法律 4 件、行政法规 11 件、部门规章 44 件。根据法律位阶一般理论将法律分为基本法和普通法律后发现网络社会治理立法无基本法，仅有 4 件普通法。如图 2-6 所示，网络社会治理立法之基本法、普通法律、行政法规、部门规章分别占 0%、7%、19% 和 74%，网络社会治理立法出现的以部门规章为主、基本法缺失、层级位阶偏低问题已显而易见。网络平台治理立法也不例外，不仅没有专门的基本法，连专门的法律也没有。

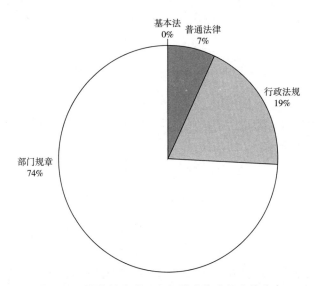

**图 2-6 网络社会治理专门性法律法规文件分布**

资料来源："北大法宝"数据库、"无讼"法规数据库、国家互联网信息办公室统计数据等。

我国网络平台治理立法存在层级偏低问题的具体表现是，相关 9 件法律文件皆为零散制度安排，大量关于平台治理的法律制度以地方性法规、部门规章为主。除此之外，我国网络平台治理制度构成还有一定数量的专门的规范性文件（见表 2-1）。主要是国家互联网信息办公室制定的，涉及网络交易管理、论坛社区服务管理、即时通信工具管理、公众信息服务发展管理、网络用户账号管理、网络信息搜索服务管理、移动互联网应用程序信息服务管理、网络直播服务管理、网络群组信息服务管理、公众账号信息服务管理等。

表 2 - 1　平台治理专门性法律法规文件一览

| 序号 | 名称 | 制定机关 | 发布时间 | 位阶层级 | 制度指向 |
|---|---|---|---|---|---|
| 1 | 《网络交易管理办法》 | 国家工商行政管理总局 | 2014 年 1 月 26 日 | 部门规章 | 规范网络商品交易及有关服务,保护消费者和经营者的合法权益,促进网络经济持续健康发展 |
| 2 | 《即时通信工具公众信息服务发展管理暂行规定》 | 国家互联网信息办公室 | 2014 年 8 月 7 日 | 部门规范性文件 | 推动即时通信工具公众信息服务健康有序发展,保护公民、法人和其他组织的合法权益,维护国家安全和公共利益 |
| 3 | 《互联网用户账号名称管理规定》 | 国家互联网信息办公室 | 2015 年 2 月 4 日 | 部门规范性文件 | 加强对互联网用户账号名称的管理,保护公民、法人和其他组织的合法权益 |
| 4 | 《互联网信息搜索服务管理规定》 | 国家互联网信息办公室 | 2016 年 6 月 25 日 | 部门规范性文件 | 规范互联网信息搜索服务,促进互联网信息搜索行业健康有序发展,保护公民、法人和其他组织的合法权益,维护国家安全和公共利益 |
| 5 | 《移动互联网应用程序信息服务管理规定》 | 国家互联网信息办公室 | 2016 年 6 月 28 日 | 部门规范性文件 | 加强对移动互联网应用程序(App)信息服务的管理,保护公民、法人和其他组织的合法权益,维护国家安全和公共利益 |
| 6 | 《互联网直播服务管理规定》 | 国家互联网信息办公室 | 2016 年 11 月 4 日 | 部门规范性文件 | 加强对互联网直播服务的管理,保护公民、法人和其他组织的合法权益,维护国家安全和公共利益 |
| 7 | 《互联网论坛社区服务管理规定》 | 国家互联网信息办公室 | 2017 年 8 月 25 日 | 部门规范性文件 | 规范互联网论坛社区服务,促进互联网论坛社区行业健康有序发展,保护公民、法人和其他组织的合法权益,维护国家安全和公共利益 |

续表

| 序号 | 名称 | 制定机关 | 发布时间 | 位阶层级 | 制度指向 |
|---|---|---|---|---|---|
| 8 | 《互联网群组信息服务管理规定》 | 国家互联网信息办公室 | 2017 年 9 月 7 日 | 部门规范性文件 | 规范互联网群组信息服务,维护国家安全和公共利益,保护公民、法人和其他组织的合法权益 |
| 9 | 《互联网用户公众账号信息服务管理规定》 | 国家互联网信息办公室 | 2017 年 9 月 7 日 | 部门规范性文件 | 规范互联网用户公众账号信息服务,维护国家安全和公共利益,保护公民、法人和其他组织的合法权益 |

资料来源："北大法宝"数据库、"无讼"法规数据库、国家互联网信息办公室统计数据等。

## 二　层级位阶偏低的可能后果

### （一）影响立法的系统性

网络平台治理立法层级位阶偏低、基本法缺失带来的最直接问题是法律制度体系不健全,影响法律制度的系统性。网络社会发展进步及其治理创新必然要求建立与之相适应的法律制度体系,然而与我国 2016 年数字经济规模居世界第二,总量达到 22.58 万亿元,占国内生产总值约 30% 的蓬勃发展相比,网络平台治理法律制度体系明显不协调、不匹配,不健全,这既是网络平台治理法律制度层级偏低、基本法缺失带来的直接后果,也是网络社会法律制度之基本法缺失、层级位阶不高问题产生的原因。我国网络平台治理现行有效的共有 54 件专门性法律、行政法规、部门规章和司法解释,没有基本法,明显存在层级偏低、基础性法律缺失等法律体系不健全问题。其既与我国已经形成的中国特色社会主义法律体系不相适应,也与网络社会发展进步不相匹配。不论是为了推动我国网络社会发展进步、治理创新和治理法治化、现代化水平提高,还是为了解决网络平台治理立法层级偏低,基本法缺失问题,抑或是为了与中国特色社会主义法律体系相匹配,都需要积极探索,优化网络平台治理法律层级位阶,建设以基本法为主,普通法律、行政法规、地方性法规、部门规章和地方性规章等健全的网络平台治理法律体系。

（二）制约立法的科学性

网络平台治理立法层级位阶偏低、基本法缺失往往制约网络平台治理法律制度的科学性。网络平台治理立法层级位阶偏低，既容易造成低位阶法律制定上位法依据缺失，影响立法质量，出现立法"部门化、碎片化"怪象，造成规则的出台缺乏一定的民主性和科学性；同时其还致使制度运行往往依据较低位阶的法律法规展开，容易造成制度运行不畅的局面，破坏制度运行的科学性。立法层级位阶偏低、基本法缺失不仅制约法律制度的科学创制，而且制约法律制度运行的科学性；其不仅不符合中国特色网络平台治理法律制度体系建构要求，而且不利于网络平台治理良法善治的形成。层级位阶偏低、制度创制科学性缺乏使得部门规章、规范性文件相互"打架"，法律适用解释相互冲突，制度实际运行中易出现于法无据冲突或规则冲突的尴尬局面。当前，网络犯罪惩治、网络安全保障、网络侵权查究过程中出现的诸多法律障碍、体制机制漏洞、协调配合瓶颈，都是网络平台治理立法层级位阶偏低、制度创制和制度运行缺乏科学性、民主性的表现。

## 三 层级位阶偏低的成因分析

（一）制度创制超前谋划意识不强

多年来，我国在借鉴西方现代流行的"多中心治理理论""网络化治理理论""新公共服务管理理论""合作共治理论"的基础上，初步建立起了以互联网专门性法律、行政法规、部门规章、规范性文件及行业规范为内容的网络平台治理法律法规制度体系，但与我国网络平台的迅猛发展和中国特色社会主义法治体系之科学完备相比，仍然存在层级位阶偏低、碎片化等问题，其中，网络平台治理立法的科学设计、超前谋划意识不强，是网络平台治理立法出现层级位阶偏低、碎片化等问题的重要原因。

我国《宪法》为构建完备的网络平台治理法律制度提供了宪法依据，但现有网络平台治理专门法律法规的法律效力级别低，难以构成完备的网络平台治理法律制度体系。这是因为，国家长期未把事关网络安全的基础性法律制度建设摆到构建完备的网络平台治理法律制度体系的战略位置，而仅仅满足于典型试验、行政规范性文件发布、部门规章制定和些许行政法规的出台。面对网络平台治理日益复杂的新形势、新形态、新特点及新问题，网络平台治理顶层制度设计不是超前谋划、主动应对，而是"头疼医头、脚疼医脚"地被动跟进。全国人大常委会通过的具有网络安全管理基础性地位的《网络安全法》，其框架结构设计也存在诸多缺陷，颇受理论界、实务界及社会的诟病，① 其如何为制定配套法律法规预留接口，仍是加快建设网络平台治理法治体系尚未解决的重大问题。"网络信息保护法"缺位。最高立法机关全国人大先后颁行的《全国人民代表大会常务委员会关于加强网络信息保护的决定》《电子签名法》等专门性网络平台治理法律，与"网络信息保护法"相比，其权威性、规范性、程序性都存在需要完善之处，其引领和规范网络平台治理下位法的功能作用难以显现。

（二）部门利益保护影响

网络平台治理立法层级位阶偏低问题形成的另一个重要原因是受部门利益保护的影响，立法权限模糊、立法程序掣肘以及行政色彩浓厚使得我国的立法活动从草案起草开始就表现出浓厚的部门化色彩。实践中，自各部门起草法律法规草案始，部门权力范围、审批事项以及部门其他利益诉求，甚至是具体处、室的利益等往往会不由自主地夹杂其中，法律、法规、规则的制定与执行部门的重叠交叉为相关部门权力扩大、部门利益保护等问题的滋生提供了土壤。网络平台治理立法部门利益化的后果是既有法律法规内容的冲突打架，一些本该上升为更高位阶的网络平台治理规章无法实现向更高位阶的跨越，出现法律层级位阶偏低问题。

网络平台治理立法层级位阶偏低的最直接表现就是基本法缺失、以行

---

① 参见丁道勤《"上天入地"，还是"度权量利"——〈网络安全法（草案）〉述评》，《中国矿业大学学报》（社会科学版）2016 年第 3 期。

政性规范为主，除了立法缺乏体系设计、超前谋划意识不强外，立法的部门利益保护也是网络平台治理立法层级位阶偏低问题形成的重要原因。由于基本法缺失、层级位阶偏低、法律制度以行政性规范为主，法律法规的立法宗旨一致，但在涉及具体程序、不同环节时就会出现对同一问题的不同表述，特别是网络平台治理自身横跨多个领域、涉及不同部门且技术要素又内嵌其中，加之技术结构负载过重、治理事务烦琐、牵扯面广等因素叠加，这种情况下基于部门利益而创制法律法规并推动制度运行，既与现代行政法"控权"精神不相吻合，增加立法成本和制度运行成本，又反过来阻碍制度体系的健全完善，滋生网络平台治理立法碎片化、层级位阶偏低等一系列问题。

立法的地方性色彩强烈也是滋生网络平台治理立法层级位阶偏低的缘由之一。地方保护主义由来已久，只不过在利益格局多元的网络社会场域中，加之经济、技术要素发展不平衡的加剧，地方立法公开不够、公众参与欠缺、立法监督乏力以及地方经济发展利益保护趋势，都为地方自行立法谋取本地利益创造了客观条件。网络平台治理立法也不例外，一定意义上，地方保护主义不仅不利于优化立法以建立科学完备的网络平台治理法律制度体系，而且不利于国家法制统一，有损法律权威性，阻碍中国特色社会主义网络平台治理法治理论体系的建立完善。

## 第五节　立法评估制度缺失

### 一　立法评估概念的厘定

（一）法治评估与立法后评估

法律的生命不是逻辑而是经验。① 法治评估是公权力机关、社会组织、专业机构及公众等评估主体依据一定的标准和程序，对法治建设的状况进行测度、评价、预警，对背离法治建设轨道的行为和现象提出矫正意见的专门

---

① Oliver Wendell Holmes, *The Common Law*, Harvard University Press, 1963, p. 5.

性评价活动。内嵌于法治评估之中的立法评估是基于一定的标准和程序，对法治建设状况进行测度、评价、预警并对背离法治轨道的行为和现象提出矫正意见的专门性评价活动，其本质上是法治建设经验的总结和升华。但当前学界关于法治评估之下的立法评估概念并不一致，不同学者对立法评估做出了不同的理论阐释。

有学者认为，立法评估是指对立法前、立法中和立法后全过程进行评估。如全国人大常委会法工委副主任许安标博士认为，按照立法进程可将立法评估分为立法前评估、立法中评估和立法后评估。立项评估是一种立法前评估。立法中评估是指对法律草案在立项、起草、审议、通过中涉及的条文草案、出台时机、制度措施等内容的评估。立法后评估是指在法律法规颁布实施一段时间后，结合法律法规的实施情况，包括取得的成效、存在的问题，对特定的法律法规进行的评价。① 也有学者认为，立法评估是指立法前评估和立法后评估。如张琼博士指出："完整的立法评估应包含立法前评估与立法后评估，立法前评估是指在法律制定成型之前，相关主体为了确定是否应制定某部法律及如何制定该法律以保障立法质量而结合定性与定量的方法对立法草案进行的预估，对法律的必要性、合法性、合理性、衔接性和可操作性等形式标准及社会、经济、环境影响等实质标准而开展的评估项目；立法后评估在我国有多个别称，如立法实效评估、立法质量跟踪评价等，其内涵一致。"② 因此，其认为立法评估是对法律法规草案或实施中的法律法规质量及其可能产生的或已经产生的影响进行预判或实际判断从而对草案或法律法规进行完善，以提高立法质量，减少法律的试错成本。还有学者认为立法评估就是立法后评估。如中国政法大学席涛教授指出："关于立法评估，从现有的文献与评估案例分析，论证的是立法后评估。"③ 不过其在分

---

① 许安标：《立法后评估初探》，《中国人大》2007 年第 8 期。
② 张琼：《第三方立法评估制度化研究》，博士学位论文，中南财经政法大学，2017，第 27～28 页。
③ 席涛：《立法评估：评估什么和如何评估（上）——以中国立法评估为例》，《政法论坛》2012 年第 5 期，第 60 页。

析了全国人大常委会法工委许安标博士，国务院法制办张禹，上海市人大常委会法工委丁贤、张明君，山东大学威海分校汪全胜教授关于立法后评估的概念后也指出，立法后评估概念的不清直接致使对立法后评估理解的不一。

本书认为立法评估就是立法后评估。这是因为立法评估的内容是立法过程本身，其是整个立法活动进行完之后才会有的法治实践活动。首先，立法前进行的评估是立项评估。认为在法律制定成型之前，相关主体为了确定是否应制定某部法律及如何制定该法律以保障立法质量而结合定性与定量的方法对立法草案进行的预估，这种立法前的评估强调的是立法的必要性和可行性，是立法草案制定前对立法草案这一项目开展的必要性、可行性进行评价，准确地说这种立法草案进行前的评估是立项评估，而非立法评估。其次，立法中进行的评估是立法论证。法律草案从立项、起草、审议到通过，其涉及的对条文草案、出台时机、制度措施等内容的评估本质上是立法的论证过程，强调法律制定的合理性及其适用性问题，是在立法草案制定过程中对立法草案开展的合理性、适用性等进行评价，准确地说这种立法草案进行中的评估是立法论证过程而非立法评估。因此，认为立法评估包含立法前评估或者立法中评估都是对立法评估概念的片面解读。同时应看到，立法前的立项评估以及立法中的立法论证与立法后评估并非绝对的互斥关系。正如汪全胜教授所指出的：立法评估（立法后评估）是对立法全过程的评估，是立法完成后对包括立法前的立项评估和立法中的立法论证等在内的立法全过程的评估。[①]

（二）立法评估与指标体系、考评标准

"指标"一词来源于拉丁语的"indicate"，是一个反映客观事物总体数量特征的概念，由指标名称和指标数值两部分构成，分别表现所研究客观事物科学概念质的规定性和客观事物数量特征量的规定性。一项科学规范且具有公正、公开与公平性的指标设计须具有明确（specific）清晰的定义，可

---

① 汪全胜：《立法后评估概念阐释》，《重庆工学院学报》（社会科学版）2008 年第 6 期。

用定性或定量的方法衡量（measurable），具有评估资源的可获取性和可达到性（attainable），从而在一定的时间段内对评估所涉及的相关（relevant）问题及其变化有一定的敏感性和实效性（time-bound）。立法评估是法治建设的一部分，立法评估指标体系是一种特殊的社会指标体系，是指以反映法律制度本体及其制定过程中与相关各类要素关系的结构质的规定性与量的规定性有机统一为表征，以判断评价经济、政治、文化、社会、生态文明法治化进程的一种计量、评价立法的逻辑结构系统。① 立法评估具有适用范围的普遍性、预期目标的确定性、调整机制的约束性、矫治功能的有效性、价值取向的主体性、评价结果的可比较性等特征。

网络平台治理立法评估指标是通过指标名称和指标数值，具体反映和描述一个国家或地区某一时段内网络平台治理立法某一目标单位在数量、质量、类别、状态、等级、程度等方面特性及综合变动状况的量化评估系统，是一个体现社会治理法律制度本体及制定状况质的规定性定性评价与量的规定性定量评价的范畴。网络平台治理立法评估指标体系是网络平台治理立法评估指标的上位概念，其内含了所有单一的网络平台治理立法评估指标，并将其按属性、特征、标识分解为具有涵盖性、可操作性的指标结构，使之整合成一个相互联系、相互依存、相互影响且具有特定功能的量化系统。

网络平台治理立法评估是指评估主体依据一定的标准和程序，对网络平台治理立法的全过程进行测度、评价、预警，对背离网络平台治理立法轨道的行为和现象提出矫正意见的专门性评价活动。网络平台治理立法评估指标体系和考核标准是网络平台治理立法评估的两大要素，二者共同构成了体现评估功能及其价值的两大支柱，是构建科学完备的网络平台治理立法评估系统的基础。所谓指标体系，是指对一个地区一定时期内网络平台治理立法状况进行测度评估的"内容""指数"。其强调从"哪些方面"对网络平台治

---

① 参见徐汉明、张新平《社会治理法治建设指标体系的设计、内容及其评估》，《法学杂志》2016 年第 6 期。

理立法状况进行检测评价，解决的是"评估什么"的问题，总体上呈现整体性和系统性特征，体现网络平台治理立法的预期目标、发展尺度和运行状况。考核标准则是网络平台治理立法通过"定性""定量"测度与分析。其强调的是评估对象在社会治理立法活动进行中的状况、经验与不足，提出评估意见以及矫治建议，发挥评估主体"诊断师"的作用。

## 二　立法评估制度缺失的具体表现

党的十八大以来，党中央更加强调依法执政、依法治国、依法行政、依法治理社会共同推进，明确国家按照经济、政治、文化、社会和生态文明"五位一体"总体布局，推进法治国家、法治政府、法治社会一体化建设，描绘加快推进法治社会建设的新愿景、新蓝图。尤其是党的十八届三中全会开创性地做出完善规范性文件、重大决策合法性审查机制，建立科学的法治建设指标体系和考核标准，健全法规、规章、规范性文件备案审查制度的部署，将法治建设指标体系正式纳入法治中国建设和全面深化改革的目标规划。[①] 这一宏观战略部署确立了立法审查评估在中央层面的制度设计依据，其至少包含了三个方面的内容。首先，完善合法性审查。中央关于完善合法性审查机制的规定明确了审查的内容和对象，其中，《中华人民共和国宪法》明确规定："一切法律、行政法规和地方性法规都不得同宪法相抵触。"因此，合法性审查的内容首先就包括立法是否符合宪法的基本精神，是否与宪法规定相抵触，立法的主体、程序以及具体条款是否符合宪法和法律的规定，也是进行合法性审查的重要内容。其次，建立指标体系和考评标准。关于建立科学的法治建设指标体系和考核标准的规定明确了包括立法评估在内的法治建设评估的途径和方式，指明其是通过建立一套科学的指标体系和考核标准之途径、方式进行评估。最后，健全备案审查。中央关于健全法规、规章、规范性文件备案审查制度之规定与对规范性文件、重大决策的合法性

---

① 参见徐汉明、张新平《社会治理法治建设指标体系的设计、内容及其评估》，《法学杂志》2016 年第 6 期。

审查不同，其强调的是对法规、规章、规范性文件进行备案审查。

近年来，法治评估理论成为理论研究的热点，但受制于网络社会进步发展实际和法治治理实践以及我国法治评估理论、制度与实践，关于网络平台治理立法评估理论的研究明显偏少，网络平台治理立法评估制度基本处于缺失状态。虽然关于一般立法评估的制度在实践中已有不少探索，中央和地方立法机关都基于直接和间接两种方式对立法展开过评估探索，积累了一定的实践经验。如全国人大常委会法工委通过运用问卷调查、实地调研、情报分析、实例研判等方式对《科学技术进步法》和《农业机械化促进法》进行过评估，国务院对《艾滋病防治条例》《特种设备安全监察条例》《城市房地产开发经营管理条例》《民办非企业单位登记管理暂行条例》进行过评估，地方已有广东、湖北、安徽、甘肃、内蒙古、吉林、海南、北京、上海等的人大常委会法工委开展过立法评估实践。其中，直接方式如召开专家座谈会和学术研讨会、考察调研、走访等，听取执法、司法机关和社会公众反映的实际困难。间接方式如委托调查、问卷收集、抽样选点调研和委托法学科研院实证取样调查等，对选择的法律法规进行立法后评估。① 理论研究中，席涛、刘松山、汪全胜、李向东、周怡萍、蒋季雅、郑宁、任尔昕、张禹、孙晓东、李沐、蒋建湘、周旺生、张建华等基于立法评估的概念、主体、对象、范围及其他制度要素展开过研究。另外，法治评估的研究是近年来理论研究的热点话题，已经成为我国法学研究新的增长点，代表人物朱景文教授、徐汉明教授、张德淼教授、钱弘道教授等集中对法治评估的理论创新、制度设计及评估程序和方法展开过研究。

## 三　立法评估制度缺失的主要危害

网络平台治理立法评估制度的缺失直接影响网络平台治理立法质量和效益。概括起来，网络平台治理立法评估制度缺失的危害至少包括影响立法质

---

① 参见席涛《立法评估：评估什么和如何评估（上）——以中国立法评估为例》，《政法论坛》2012 年第 5 期。

量和效益两个方面。立法质量和效益并非绝对互斥，但其往往呈负相关。网络平台治理立法质量不高的原因之一就在于立法评估制度的缺失，有学者指出，"立法质量不高及立法效益欠佳是法律治理和推进法治进程所面临的一个共同问题，人们在分析原因的同时也在寻找解决问题的方法和途径"。① 一方面，网络平台治理立法评估制度缺失使得网络平台治理立法条款碎片化、条文交叉、规则重复以及滞后性等内容问题无法被及时发现并修正，制约立法质量；另一方面，网络平台治理立法评估制度缺失使得立法缺乏必要评价，无法从宏观上对层级偏低、立法重复、立法空白、立法无序以及交叉滞后等体系问题进行整体把握和评价，因而也无法从整体上把握网络平台治理立法实践进展，进而统筹把握使之协调统一，这又制约立法效益。

值得注意的是，网络平台治理的绩效评估已在其他学科理论研究中出现，如兰州大学孙斐博士基于管理学视角提出了网络治理绩效评价框架构建的论题，其在《基于公共价值创造的网络治理绩效评价框架构建》一文中指出，网络治理在全球范围内逐渐成为一种趋势。然而网络治理并不是万能的，它也面临失灵风险。要想避免网络治理的失败或无效，需要对网络治理绩效进行评价。然而，缘起于新公共管理理论的传统绩效评价无法将视野聚焦于公共价值、关系等网络治理的核心要素，难以清晰地刻画出网络治理绩效的全貌，致使其适用性式微。公共价值管理理论与网络治理存在内在的契合性，并且它有助于揭示网络治理运行的逻辑。因此，基于公共价值管理理论来构建网络治理绩效评价框架，并在此基础上发展出绩效评价的维度、标准和测量方式，既可为矫正网络治理失灵提供指导方向和实现路径，又可为构建网络治理绩效评价体系奠定基础。② 网络治理绩效评价问题研究在其他学科的兴起和深入，为网络平台治理立法评估提供了有益参照和智力支持，值得借鉴学习。

① 参见王称心《立法后评估标准的概念、维度及影响因素分析》，《法学杂志》2012 年第 11 期，第 90 页。

② 孙斐：《基于公共价值创造的网络治理绩效评价框架构建》，《武汉大学学报》（哲学与社会科学版）2017 年第 6 期。

# 第三章  网络平台治理立法优化的
##          正当基础

　　"每一种技术或科学的馈赠都有其黑暗面。"① 互联网技术亦是如此，随着技术、市场与资本加速融合且联系日益紧密，线上与线下的互动交流日益频繁，网络社会呈现不断向更广、更深向度发展且日益迅猛之势。与此同时，在我国网络平台"互联网技术和实体经济深度融合发展，以信息流带动技术流、资金流、人才流、物资流，促进资源配置优化，促进全要素生产率提升，为推动创新发展、转变经济发展方式、调整经济结构发挥积极作用"② 的同时，诸多社会问题也随之而生。网络平台中存在的虚假宣传、刷单炒信、虚假荣誉、网络水军、信息泄露、假冒伪劣、网络色情、知识产权侵犯、平台监听、人肉搜索、网络恐怖以及跨境犯罪猖獗等"互联网领域发展不平衡、规则不健全、秩序不合理等问题日益凸显"。③ 这些问题都对人们的生活和生产造成巨大威胁。一定意义上，唯有通过立法才能实现对这些问题的规范治理，从而确保网络平台自身及其治理活动全部过程在法治的轨道上有序健康运转。

　　网络平台治理的立法优化具有现实必要性。网络平台中存在的现实问题

---

① 〔美〕尼古拉·尼葛洛庞帝：《数字化生存》，第 267 页。

② 参见习近平《在网络安全和信息化工作座谈会上的讲话》（2016 年 4 月 19 日），《人民日报》2016 年 4 月 26 日，第 2 版。

③ 参见习近平《在第二届世界互联网大会开幕式上的讲话》（2015 年 12 月 16 日），《人民日报》2015 年 12 月 17 日，第 1 版。

日渐凸显和既有网络平台治理立法无法有效规制的冲突与尴尬局面正在形成，这决定了需要对立法进行优化，以建立科学完备的网络平台治理法律制度体系，有效应对网络平台中存在的现实问题。网络平台治理立法优化是为了解决网络平台治理立法实践中出现的立法碎片化、调整范围模糊、创制程序公开欠缺、层级位阶偏低、评估制度缺失等问题，以提升制度的科学性、民主性，为网络平台治理提供充足的法律制度供给，形成科学完备的网络平台治理法律制度体系，确保网络平台自身及其治理活动全部过程在法治轨道上有序健康运转，进而提高网络平台治理法治化、现代化水平，实现网络平台治理之"良法善治"。

网络平台治理立法优化具有自身的正当性理论基础。网络空间法律属性的解释、网络平台治理法律关系的变化、治理范型的选择以及立法优化的价值表现等共同构成网络平台治理立法优化的正当性理论基础。伴随网络社会高速向更广、更深向度迅猛地发展而滋生的网络平台治理问题正日益严峻，网络平台大规模产生以及技术、信息、资本和市场要素借助于平台实现快速流动配置、密切融合，在推动经济社会向前发展的同时也给既有治理理论和范型带来新的挑战。网络平台赖以存在的网络空间法律属性的嬗变，网络平台治理法律关系主体的更加多元、客体的不断延伸、内容的日趋复杂，以及既有治理范型无法适应网络平台治理实际需要做出新的选择、网络平台治理立法优化的价值表现等，这些既是网络平台在我国飞速发展和广泛应用在理论研究上的反映，也显现出网络平台治理立法优化的重要性和紧迫性。

## 第一节　网络空间法律属性的解释

网络社会是公民、法人及其他组织以网络拓扑结构交互联通为基础，通过数字信息和通信技术实现各种社会关系整合、再造而形成的一种特殊的社会结构形态，是一个国家或地区占有一定网络资源、机会的社会成员的组成方式及其网络关系格局。网络空间是网络社会通过数字信息和通信技术使各种社会关系整合、再造而形成的一种特殊社会结构形态的载体。一定意义上，网络空间内嵌于网络社会之中，是网络平台产生运行的重要场所，但其并非完全等同于网络社会，而是网络社会互动交流的一个线上载体和虚拟空间。网络平台赖以生存的网络空间法律属性的崭新解释是网络平台治理立法优化的正当性理论基础之一。

## 一　法律属性的三种学说

概括起来，学界有关网络空间法律属性的探究大致有三种主流观点，根据观点产生的先后时间排序，分别是"主权说"、"全球公域说"和"新主权说"。

（一）主权说

> 工业世界的政府们！你们这群令人讨厌的铁血巨人们！我来自网络空间，一个思想的新家园。我代表未来，要求落伍的你们离我们远点。我们不欢迎你们。在我们聚集的地方，你们不再享有主权。
>
> ——约翰·佩里·巴洛

"主权说"强调网络空间"自身主权"（Cyberspace as Sovereignty），倡导和支持这一学说的学者认为，网络空间是虚拟拥有"独立主权"的世界，以网络空间最初理论者、美国电子前线基金会发起人约翰·佩里·巴洛为代表。正如上述约翰·佩里·巴洛于 1996 年 2 月 8 日在瑞士达沃斯发表的"Declaration of Independence of Cyberspace"宣称：网络空间是未来思想的新家园，这里的政府不享有主权，也没有民选政府，既有道德标准不能约束网络空间，网络空间的人们也不害怕工业社会的政府实施的任何强制性手段。[①]

约翰·佩里·巴洛是网络空间自由、独立理论的最早发起者和坚定支持

---

[①] John Perry Barlow, "A Declaration of the Independence of Cyberspace," https：//www.eff.org/cyberspace - independence.

者，网络空间是独立王国、独立世界、自由世界的论断迎合了内嵌自由、开放、创新、变革元素的早期快速发展的网络社会，备受关注并被网络自由理论者推崇。以美国著名法学专家、斯坦福大学法律系劳伦斯·莱斯格教授为代表，不同理论研究者从不同角度对传统网络空间"主权说"进行了分析和阐释。如劳伦斯·莱斯格教授在《代码2.0：网络空间中的法律》一书中指出："在现实空间里，我们明白法制的规制机理——通过宪法、法律及其他规范性文件来规制，在网络空间中，我们必须明白代码的规制机理——那些造就网络空间的软件和硬件如何来规制该空间，这个规制者就是代码。"[①] 并从代码的可规制性、代码的规制、潜在不确定、相互竞争主权和回应五部分论证网络空间中法律就是法律这一观点。这一观点的支持者还有信息法学家约耳·芮登博格，"代码就是法律"[②] 的观点就由其首次提出。还有网络空间的"无中心治理"[③] "网络王国"[④] 等观点。

（二）全球公域说

"全球公域说"强调网络空间是"国际空间"（the International Spaces），其认为网络空间是新的全球第四公共区域，因此又称"第四国际空间说"。"全球公域说"的代表人物美国斯坦福大学达雷尔·门特博士指出，网络空间应该作为一个新的管辖区域而存在，就像公海、国际海底区域以及南极洲一样，应在此领域内建立新的管辖原则，任何国家都可以管辖并将其法律适用于网络空间，其程度方式与该人或该活动进入主权国家可以控制的网络空间的程度和方式相适应。关于网络空间内争端的解决，达雷尔·门特认为，当事人可以通过网络联系在相关的法院出庭，法院的判决也可以通过网络的手段加以执行。从管辖的角度看，网络空间应当被视为第四个国际空间。该观点的实践支持者和倡导者是占据网络发展高地的美国，其核心主张是，从管辖的

---

① 〔美〕劳伦斯·莱斯格：《代码2.0：网络空间中的法律》，第6页。
② Joel Reidenberg, "Lex Informatica, the Formulation of Information Policy Rules through Technology," *Texas Review* 76（1998）：553 – 593.
③ Hardy, "The Proper Legal Regime for Cyberspace," *University of Pittsburgh Law Reviers* 55（1994）.
④ Johnson and Post, "Law and Borders—The Rise of Law in Cyberspace," *Stanford Law Revies* 1（1996）.

角度看，网络空间是当前国际法上存在的南极洲、太空和公海三个"国际空间"之后的第四个国际空间，应该划入独立主权国家难以企及的"全球公域"。①

"全球公域说"的研究者们认为，网络空间作为一个全新的全球互联互通的新型空间不能简单套用国内法进行规制，其最有力的证据就是基于管辖理论冲突甚至是完全背离、对抗现代法治精神的现象可能在网络空间中出现，因此其强调应该全球公治。正如其代表者达雷尔·门特所言："网络空间中，管辖权不仅仅是一个概念性问题，它将是法院所面对的一个重要的实际问题。除非将网络空间视为一个独立的国际空间，否则，将传统的冲突法理论适用于网络空间将会产生十分荒唐的效果。不像传统的管辖权协调机制（国际、国内两种），国际空间论主张适用根源于国际法的统一原则，并采纳统一的解决机制。"② 当然，网络空间全球公域的说法和理论观点也遭到了"新主权说"的猛烈抨击。张新宝教授等指出："尽管全球公域理论居于西方主流地位，但质疑声不断。"如曾任美国白宫网络政策评论起草人肖恩·卡纳克（Sean Kanuck）认为全球公域说缺乏国际法和政治经济学的理论支持。③ 其自身是否具有以美国为首的占领互联网信息技术革命发展高地的国家，期冀以技术资本和技术优势通过网络空间推行现代霸权主义，以网络空间全球公域理论之名行在他国推行政治、经济、文化霸权之实。

（三）新主权说

"新主权说"强调"网络空间主权"，这种学说伴随网络空间"全球公域说"而兴起，且对"全球公域说"进行猛烈批判，其从传统网络空间"主权说"发展而来却与之有着根本性区别。传统"主权说"强调网络空间"自身主权"，认为网络空间是独立王国，拥有独立的主权，其可能不需要政府和法律，典型观点是网络空间中"代码就是法律"。网络空间"新主权说"

---

① 刘品新：《网络法学》，第 146 页。

② 李增辉：《电子商务国际管辖权制度探析》，硕士学位论文，中国政法大学，2005，第 23 页。

③ Patrick W. Franzese，"Sovereignty in Cyberspace：Can it Exist?" *Air Force Law Review* 64 (2009)：14 - 17. 转引自张新宝、许可《网络空间主权的治理模式及其制度构建》，《中国社会科学》2016 年第 8 期，第 141 页。

则强调"网络空间主权",认为网络空间是现实空间主权的延伸地带,是与领陆、领空、领海相对应的新的领地,适用主权国家现有法治机理。"全球公域说"强调网络空间是"国际空间",认为网络空间是继南极洲、太空和公海之后新的全球第四个公共区域,因此倡导对其进行全球化治理。"新主权说"则与之完全相反,认为网络空间是主权国家继领陆、领海、领空之后的又一新领地,强调网络空间是主权的延伸部分,各国既有法律继续适用。

我国是网络空间"新主权说"的倡导者和坚定捍卫者,于 2015 年 7 月 1 日通过并施行的《国家安全法》首次以法律形式明确了"网络空间主权"属性,网络社会治理重要的专门法之一《网络安全法》第 1 条指出:"为了保障网络安全,维护网络空间主权和国家安全、社会公共利益,保护公民、法人和其他组织的合法权益,促进经济社会信息化健康发展,制定本法。"理论研究中,著名法学家、中国人民大学张新宝教授在其和许可博士共同撰写的《网络空间主权的治理模式及其制度构建》中详细论述网络空间主权的理论沿革、治理的正当性以及通过内部建立立法、行政、司法制度和外部建立安全、平等、共建、合作的国际法新秩序的网络空间主权治理路径,[①]是我国"新主权说"的代表性著作。

## 二　法律属性的理性思考

网络空间是网络社会通过互联网技术工具搭建各种线上线下交流互动场所的载体,与网络社会不同,其是以互联网技术为基础连接终端设施进而使各种线上线下交流互动活动得以实现并在这一过程中形成的虚拟空间。因此,其不同于由血缘、地缘、族群、宗教、民族组成的物理社会中的网络空间,因各种"弱联系"架构又被称为与现实"真实空间"相对应的"虚拟空间"。传统"主权说"观点的代表人物约翰·佩里·巴洛在《网络空间独立宣言》中指出,网络空间是一个思想的新家园,工业社会的政府在网络时空里不享有主权。正如网络社会的自由主义理论者们所

---

① 张新宝、许可:《网络空间主权的治理模式及其制度构建》,《中国社会科学》2016 年第 8 期。

言："网络空间生而自由，政府可以震慑，但网络行为却无法控制；法律可以通过，但其对于网络空间却没有实际意义。"① 因此，从这些最初的网络空间理论者的论述中，我们可以很容易地看到，他们对网络空间抱有太过于理想与完美的幻想，这注定是一场空想主义的舞台剧。同时必须看到的是，这也恰恰表现出网络平台虚拟开放、匿名互通、瞬息传递、全球互联、无中心新型社会场域的色彩。凭借互联网技术得以飞速发展的网络平台，其自身独特性深刻地影响和改变了人们的生产习惯、生活方式，正在或已经对现代生产力发展、经济模式革新、政治体制完善、文化事业繁荣、社会及生态文明产生深刻影响，网络平台治理成为崭新的时代难题。

1994年4月20日，一条64K的国际专线从中科院计算机网络中心通过美国Sprint公司连入Internet，实现了中国与Internet的全功能连接。从此中国被国际上正式承认为第77个真正拥有全功能Internet的国家。20多年来，我国网信事业的发展有目共睹。信息网络平台的加速扩张和网络社会日益纵深发展的今天，互联网越来越成为人们学习、工作、生活的新空间，越来越成为获取公共服务的新载体，人民群众在信息化发展中的获得感、幸福感、安全感明显提升。互联网和实体经济融合发展不断深入，以信息流带动技术流、资金流、人才流、物资流，促进资源配置优化，促进全要素生产率提升，在推动创新发展、转变经济发展方式、调整经济结构中发挥着越来越重要的作用，科技创新和产业应用互相促进的良好发展局面正在形成。我国虽是互联网的后来者，但互联网发展令世界瞩目，网信事业取得了历史性成就，且向着网络基础设施基本普及、自主创新能力显著增强、信息经济全面发展、网络安全保障有力的目标不断前进。实践证明，在以习近平同志为核心的党中央坚强领导下，我国以人民为中心发展网信事业，秉持"因势而谋、应势而动、顺势而为"理念，遵循"积极利用、科学发展、依法管理、确保安全"原则，坚持网络安全和信息化一体两翼、驱动双轮协调一致、齐头并进，依法治理网络空间，确保互联网在法治轨道上健康运行，自主创

---

① 〔美〕劳伦斯·莱斯格：《代码2.0：网络空间中的法律》，第3页。

新推进网络强国建设的决策部署是完全正确的。我国不仅走出了一条中国特色治网之道，而且提出一系列新思想、新观点、新论断，形成了"网络强国"战略思想。在利益格局多元的网络社会中，网络平台给人们生活生产带来便利的同时，网络平台上的诚信缺失、民事侵权、刑事犯罪等治理问题也日益凸显，对人们生活和生产造成巨大威胁。特别是当前世界多极化、经济全球化、社会信息化、文化多样化持续深入发展，现代信息技术和人类生产生活日益交汇融合，在移动互联网、大数据、超级计算、传感网、脑科学等新理论新技术的驱动下，人工智能加速发展并呈现深度学习、跨界融合、人机协同、群智开放、自主操控等特征。互联网在对人类文明进步发挥更大促进作用的同时，其领域发展不平衡、规则不健全、秩序不合理等问题日益凸显，世界范围内侵害个人隐私、侵犯知识产权、网络犯罪等时有发生，网络监听、网络攻击、网络恐怖主义活动等成为全球公害，这都对包括网络平台在内的网络社会治理提出了新的挑战。

　　网络空间基于互联网技术形成不同的新的社会关系，但其质的规定性并未改变。网络社会里"网络加速了制度的抽离和中心—边缘结构的解体，同时推动了问题的再嵌入。问题一方面似乎飘散到了遥远的地方而显得更加抽象了，另一方面，又被推到了每一个人面前，从而显得更加具体了"。[1]网络社会问题表现出信息传播超地域性、瞬息化，参与主体不确定性、广泛性，社会影响波及面大、短时间内防控可能性小等特点，但其本质并未改变。网络空间本质上是现实经济、政治、文化、社会、生态领域各种关系的单一或综合反映、延伸和表达。"网络空间因互通性和虚拟性而给人异于现实的'异域'感，但比特世界之下的电子设施都真实地存在于物理世界中和特定主权国家的领土之上。"[2]网络空间并非主权之外的"全球公共区域"，现实世界复杂的社会关系和负面效应因借助互联网技术而呈现新的形式。因此，网络空间"全球公域说"注定没有市场，或者说不论是

---

① 张康之、向玉琼：《网络空间中的政策问题建构》，《中国社会科学》2015年第2期。

② 张新宝、许可：《网络空间主权的治理模式及其制度构建》，《中国社会科学》2016年第8期。

"全球公域说"还是"新主权说"，其根本不在于网络空间中某一主权国家能否进行主权治理，而在于其治理的方式、治理的效果和治理的能力。

在社会生产力革新和人类文明发展的漫长曲折历程中，以"人—机"共在模式而存在的信息技术革命跨越了以增强人类体力为表征的工业革命，人类进入网络社会时代。以增强人类脑力为表征的网络社会，与农业革命使人类从采食捕猎走向栽种畜养增强生存能力的农业社会有明显区别，也与工业革命以机器取代人力，以大规模工厂化生产取代个体工场手工生产，拓展人类体力有着本质不同。基于"人—机"共在模式实现自我心智延伸和脑力增强的网络社会，其治理模式也注定与传统增强生存能力的农业社会和延伸肢体、增强体力的工业社会治理模式有所不同。

借助现代数字通信和网络技术而实现的"人—机"良好嵌合，是以增强脑力为鲜明表征的网络社会存在和不断向更深、更广向度发展的前提要件，这决定了网络平台治理必然突出技术的转化与使用和网络空间良好秩序的构建。对于我国而言，围绕治"机"与治"网"这个关键，基于技术运行及一般法治原理科学设计，网络平台治理法律制度体系是实施"网络强国"战略，始终掌握全球网络空间治理主动权，提高网络平台治理法治化现代化水平必须关注的独特内容和核心要素。

## 第二节　网络平台治理法律关系的变化

网络社会迅速崛起和高速发展，其发展进步、创新变革的速度和深刻影响人们生活习惯、社会生活生产的广度前所未有，使网络平台治理法律关系主体更加多元、客体不断延伸、内容日趋复杂。虽然关于网络平台治理法律关系主体、客体和内容是什么没有达成共识，但关于互联网技术系统的分类以及互联网法的分类都为网络平台治理法律关系主体、客体和内容的研究提供了重要的理论参考和智力支持，如劳伦斯·莱斯格教授根据网络设计者的技术思路进行的互联网技术系统最低物理层、中间技术层和最高内容层三层分类，以及中国社科院周汉华教授基于对各国互联网法的归纳与类型化分析而提出的关键信息基础设施、互联网服务提供商和互联网信息三分法等，都是网络平台治理专门法理问题研究的重要参照系。

　　网络平台特殊的结构形态、庞杂的网络关系和组织结构以及其虚拟开放、匿名互通、瞬息传递、全球互联、无中心新型社会场域的独特性决定了网络平台治理法律关系主体、客体和内容与传统的法律关系主体、客体和内容不同。具体而言，网络社会是公民、法人及其他组织以网络拓扑结构交互联通为基础通过数字信息和通信技术实现各种社会关系整合、再造而形成的一种特殊的社会结构形态，是一个国家或地区占有一定网络资源、机会的社会成员的组成方式及其网络关系格局，其本质是公民、法人及其他组织等主体之间的各种关系基于互联网技术聚合而形成的新的社会关系格局和结构形态，是现实经济、政治、文化、社会、生态领域各种关系的单一或综合反映、延伸和表达。在复杂多变的网络社会里，从通过百度、谷歌等搜索引擎进行一次最简单的信息检索，到通过淘宝、天猫、京东等电子商务平台进行一次商品购买，再到今天通过外卖平台获得订餐服务和通过物流平台进行直播卖货、短视频播放等，生活在网络社会中的人们，不论是线上与线下的互动交流，还是网络产品和服务的提供，无不是通过网络平台这一载体实现的。当然，不论是通过网络平台进行的产品和服务的提供，抑或是产品和服务的消费，这种无时无刻的社会活动的进行，必然造成社会法律关系更加错综复杂，致使法律关系的主体更加多元、客体不断延伸、权利义务内容日趋复杂。

　　民法学家、中国人民大学杨立新教授认为，网络平台交易法律关系是由一个复杂的法律关系群构成的法律关系集合体。他在《网络交易法律关系构造》一文中指出，网络交易平台主要有三组基本法律关系、五种内容、三种辅助性法律关系，其中法律关系主体是平台提供者、消费者、销售者或服务者三方，三组基本法律关系分别是平台提供者与后两者间的服务合同以及后两者之间的买卖合同或服务合同；五种内容，即提供交易空间、发布交易信息、价金托管支付、商品配送交付及交易信用评价；三种辅助性法律关系，即实现基本法律关系之内容平台提供者和销售者分别与第三方支付机构、第三方征信机构以及物流企业建立的三种合同关系。① 单纯一种平台交易法律关系就出现了远比现实社会复杂的不同法律关系，更何况网络社会整体法律关系主体、客体和内容更为复杂，而这些都是网络平台治理法治化进程中必须面对和解决的基本法理问题。

## 一 法律关系主体更加多元

理论上，网络平台治理法律关系主体理论依然吻合现代法律文明既有法律主体之自然人、法人和其他组织三分划分标准，没有明显超越这一理论却有明显的变化发生。纵观网络社会的发展进步历程、发展现状及趋势，以及既有制度设计和理论研究，网络平台治理法律关系主体更加多元。

传统法律主体之公民、法人和其他组织从线下现实社会向线上虚拟网络平台扩展，"网民"从自然人中分离出来。网络平台基于技术而实现各种社会关系整合、再造的具体表现形式就是线上线下的互动交流，而实现这一互动交流的法律主体是来源于既有法律体系的自然人、法人和其他组织，其中网民成为关系整合、再造的最重要主体。网民是现实社会中一个个公民在网络平台上的在线反映，但其是与现实社会自然人之公民一一对应的概念吗？答案是否定的。并非所有现实线下公民都可以在线上虚拟网络平台找到与自己一一对应的网民主体角色。截至 2017 年 12 月，我国互联网普及率高达 55.8%，超过全球平均水平 4.1 个百分点，超过亚洲平均水平 9.1 个百分点，其中手机网民规模达 7.53 亿人，占比高达 97.5%。与此同时，网络平台在我国迅速发展和普及开来，在中国 7.72 亿人的网民规模中，即时通信平台用户规模达 7.20 亿人，占网民总数 93.3%；网络购物用户规模达 5.33 亿人，占网民总数 69.1%；网上支付平台用户规模达 5.31 亿人，使用率达 68.8%；网络直播平台用户规模达 4.22 亿人，较 2016 年增

---

① 参见杨立新《网络交易法律关系构造》，《中国社会科学》2016 年第 2 期。

长 22.6%。① 网络平台用户规模数量巨大并不意味着所有人都有机会实现其现实"网民"主体的角色转换。

网络平台治理法律关系主体不可计数。网络平台治理法律关系主体以单纯公民、法人和其他组织的理论无法准确定位，除了网络平台具有的匿名互通、瞬息传递、全球互联、无中心新型社会场域特征外，一个自然人可以通过无数个"网名"彰显其在线上虚拟网络平台主体地位的存在，这种主体的数量与现实法律意义上自然人的数量相比，可能是以几何倍数增长，这也是最重要的问题，即现实线下公民通过技术在虚拟、线上平台互动交流的过程中在新的网络空间分离出不计其数新的主体，也就是网民。其典型的表现形式有两种，一种是一个自然人可以在一个平台媒介上拥有多个账号、网名或者其他专属名称，如阿里巴巴阿里旺旺、微信即时通信、新浪微博等一人多个账号存在；另外一种重要表现形式就是线下现实社会的公民、法人及其他社会组织通过无数个网络平台实现其与线上虚拟主体的交流互动，如一人分别在微信即时通信、QQ 聊天系统、新浪微博、阿里巴巴阿里旺旺平台上拥有多个账号、网名或者其他专属名称。毫无疑问，与现实社会的公民、法人和其他组织数量以及可计数相比，网络平台治理法律关系主体则数量更大、更加多元广泛且难以计数。

网络平台治理法律关系主体身份不确定。网络发展和广泛普及使众多公民、企业法人以及政府机关、事业单位、自治组织等社会主体纷纷向线上虚拟空间扩展以实现其在线上平台能够迅速找到自身的主体位置。然而，线上和线下互动交流日益频繁，尤其是网络平台具有虚拟开放、匿名互通、瞬息传递、全球互联、无中心新型社会场域的特点，更加多元广泛的且不可计数的网络平台治理法律主体必然具有不确定性这一鲜明特点。

## 二　法律关系客体不断延伸

首先，财产从现实趋于虚拟。网络平台基于技术实现匿名交互连接和

---

① 参见中国互联网络信息中心《第 41 次中国互联网络发展状况统计报告》。

信息瞬息流通，网络平台治理法律关系主体在线上线下、虚拟实体交流互动过程中所指向的法律关系客体对象自然呈现由现实趋于虚拟特征。既有法律关系客体在线下社会产生，而线下社会是现实的，但网络社会是虚拟的，基于线上而产生的法律关系客体必然可能走向虚拟。如网络游戏平台使用的游戏卡，电子商务平台使用的购物卡等各类卡券，微信、微博、QQ、天涯社区、百度贴吧等各类平台使用的账号，网络平台虚拟的各类装备、物化产品和角色等级以及聊天记录、业务往来各类数据等。本质上网络虚拟财产是一种能为人所支配的具有价值的权利，是财产在网络虚拟空间的表现形式，我国对于网络虚拟财产持趋于保护的态度。《民法总则》第111条明确规定自然人的个人信息受法律保护。任何组织和个人需要获取他人个人信息的，应当依法取得并确保信息安全，不得非法收集、使用、加工、传输他人个人信息，不得非法买卖、提供或者公开他人个人信息。广义上的虚拟财产是指包括电子邮件、网络账号等能为人所拥有和支配的具有财产价值的网络虚拟物。能够为人所拥有和支配并且具有一定价值的网络虚拟物和其他财产性权利都可以看作广义上的虚拟财产，狭义的虚拟财产一般是指网络游戏中存在的财物，包括游戏账号等级、游戏货币、游戏人物与技能等。

其次，人格利益从不可分到可能可分。人格利益是人格权利法律关系的客体。人格权自人类历经认知、确认和试图保护，尤其是通过近现代的法律手段予以保护以来，目前已经成为世界上大多数国家和地区的共识和普遍做法。近现代以来，特别是进入网络社会以来，以互联网为代表的现代信息技术革命赋予了人格权新的丰富内涵和外延，对人格权的认知和保护提出了新的更高要求。作为人格权客体的人格利益在网络空间中也出现了新的变化，给人格权的现代法律保护带来了新的挑战。人格权客体的总括式界分向类型化、指标化界分的转变带来人格权保护的挑战。人格权客体由对生命、健康、自由、尊严、身份隐私权等的总括式、模糊式界分，向对生命的孕育、诞生、发展、消亡与健康的维系以及康复的类型化、结构式、体系化、指标化、可测度性等的科学界分发展，对人格权法律制度确认和保护提出了挑战。比如网络直播平台中他人的肖像权、名誉权的保护，搜索引擎个人信息的保护，网络技术的发展以及平台的普及应用，使法律保护的客体不断延伸扩张。人格权的客体生命与健康，按照现代生命健康科学，其已被干细胞、器官、基因遗传、神经元等界分，其不仅可以相对独立化、可以用权利主体的人身的分离呈现多样性，而且形成了可测度、可评价、可救济恢复的一系列关于生命健康组成部分机能与功能的康复指标体系评价标准。与人格权紧密相连的七大客体的表达方式已经不再是封闭传统下口口相传、人言可畏，而是转向虚拟化、网络化、远程化，甚至是跨国界、跨时空的表达。人作为权利主体同权利客体一样变得纷繁复杂，所有这些也给人格权法律制度对其确认与保护提出了挑战。

### 三　法律关系内容日趋复杂

伴随网络社会的发展和迅速崛起，更加多元的网络平台治理法律关系主体从线下走向线上、从现实走向虚拟，资源与信息的线上线下交流互动和融合日益频繁，大量新型网络平台治理法律关系内容之权利义务不断涌现是必然结果。技术、信息、资本和市场要素的紧密融合、加速配置使网络平台治理法律关系内容之权利义务比现实社会更加纷繁复杂，无法一一列举和作类型化分析。如网络平台上与信息相关的信息产权、信息浏览权、信息发布权和信息安全保护权，基于平台技术设备的产权、关键核心设施设备安全、关键核心设施设备使用和保护等，这些权利义务不仅是具体网络平台治理立法理论研究实践中必须关注的难点问题，也是具体网络平台治理法治实践活动过程中所应关注的重点。

## 第三节　网络平台治理范型选择的需要

### 一　既有治理范型的弊病分析

优化立法、完善网络平台治理法律制度，运用法治思维和法治方式依法开展网络平台治理实践，提高网络平台治理法治化现代化水平是网络平台治理范型选择的结果。网络平台治理需要且必须循法治之路，优化立法、完善法律制度进而实现依法开展网络平台治理实践，这是因为网络社会语境中技术、市场、经济完美结合，已有非基于"技术归化"①而来的网络平台治理规则和制度自身设计存在一定的缺陷，需要探究新的基于"技术归化"理论的平台治理范型和法律规则体系设计，进而优化立法以建构科学完备的网络平台治理法律制度体系。

随着包括网络平台在内的网络社会问题的日益增多和治理实践探索的深入，理论界开始关注并出现了不同的治理范型。有的是基于"多主体协同治理"提出的治理制度设计方案和法律规则体系，强调治理主体的多元、多级或者是自由、民主价值的实现。如联合国提出的"多利益攸关方治理模式"，②丹麦学者伊娃·索伦森提出的"民主治理模式"，③丹伯格提出的"自由主义模式"、"社群主义模式"和"协商民主模式"，④欧盟提出的"多层级治理模式"等。⑤有的是基于"网络空间边界"而提出的治理制度设计方案和规则体系，强调的是网络空间的无界理论与主权治理，如张新宝等提出的"网络空间主权治理模式"。这些治理制度设计方案和法律规则体系的研究与探讨，对包括网络平台在内的网络社会现实问题的解决起到了重要积极作用，为网络平台治理相关学术研究的深入开展提供了有力的智识资源，但这些非基于技术归化而来的传统治理制度设计方案和法律规则体系能否有效应对网络平台的高速发展仍有待观察和验证。

"现代国家所依靠的是通过抽象系统而进行治理，具体的行动所依据的

---

① 参见何明升《中国网络治理的定位及现实路径》，《中国社会科学》2016年第7期。
② Working Group on Internet Governance，"Report from the Working Group on Internet Governance," Document WSIS-II/PC-3/DOC/5-E，2005.
③ Eva Sorensen，Jacob Torfing，"Theories of Democratic Network Governance," *Public Administration* 86，3(2008)：859-862.
④ 参见曾润喜《中国互联网虚拟社会治理问题的国际研究》，《电子政务》2012年第9期。
⑤ 参见张康之、程倩《网络治理理论及其实践》，《新视野》2010年第6期。

是抽象的制度和规则体系，然而，网络上出现的却是行动的具体性，不受抽象的制度和规则体系的制约，同时，人际关系的相邻性和互动性又是前所未有的。"① 显然，现代国家基于抽象系统而来的治理制度设计方案和法律规则体系无法适应网络社会行动的具体性变化。同时，上述非基于技术归化而来的传统治理制度方案和法律规则体系自身设计也存在一定的缺陷，有的甚至存在正当性、有效性缺失的弊病。比如，自由主义模式、民主治理模式以及多利益攸关方治理模式，看似是自由、民主、平衡各方利益的完美方案，强调自由、民主、平等价值的实现，实则是陷入理论幻想的乌托邦，这类制度方案和法律规则体系的设计注定因缺乏可操作性而不可能实现；而主权治理模式和全球公域理论的背后是主权利益的恪守与新霸权主义的延伸，两种制度方案和法律规则体系的设计是对网络空间范围边界的探讨，更强调政治理性的选择。从政治范畴与视角出发，我们支持"主权治理模式"及其相关理论。② 但在网络社会技术、市场、经济的完美结合语境中，这些非基于技术归化而来的传统治理制度方案和法律规则体系自身设计注定无法适应和有效应对现代网络平台治理的种种新情况、新变化和新问题。因此，需要基于技术归化理论设计网络平台治理法律制度方案，优化完善网络平台治理法律规则体系。

## 二　网络平台治理范型的选择

网络平台的本质决定了其同现实社会一样需要且必须循法治之路，完善立法进而实现依法开展网络平台治理实践。某种意义上，网络主体趋虚拟化之潮涌向现实，使社会"二重化"为现实社会和网络社会，二者之间存在互动关系。③ 网络社会线上与线下的互动交流是社会"二重化"的结果，这没有从本质上改变包括网络平台在内的网络社会同现实社会一样的社会属

---

① 参见张康之、向玉琼《网络空间中的政策问题建构》，《中国社会科学》2015 年第 2 期。

② 参见张新宝、许可《网络空间主权的治理模式及其制度构建》，《中国社会科学》2016 年第 8 期。

③ 参见谢俊《社会"二重化"与网络社会安全建构》，《理论月刊》2017 年第 2 期。

性，没有超越马恩经典作家的社会本质论。说到底，网络社会依然是人们（通过技术）交互活动的产物，是人们之间（通过技术）普遍联系的表现，无论社会表现为何种形式，它的"是人们交互活动的产物"① 的社会本质不会改变，即网络社会表面是无数终端的连接，实质是作为生产、运用、管理信息的"人"的连接和操控，而作为网络社会主体的"人"是客观存在的，所以人在积极实现自己本质的过程中创造、生产人的社会联系、社会本质。② 只不过，在基于互联网技术而产生的网络社会，"人"不仅可以摆脱时空的束缚而随时随地进行表达，而且可以时刻影响"他人"并被"他人"影响。

网络平台治理有其相对的独特性，而网络平台自身的匿名、开放、高度自治等内在特点和网络社会利己主义无须规范与现实社会中集体主义的行为规范发生激烈冲突等决定了对其进行法治治理的难度更大，需要选择基于技术归化理论而来的治理范型。首先，与传统社会相比，网络平台提供了更加宽松自由的参与环境，大大激发了社会成员的参与活力，大量新型法律关系在虚拟化、复杂化的网络平台中产生，必然使网络平台法治治理的难度加大。其次，网络平台自身的匿名、开放、高度自治等内在特点，为网络平台虚拟参与者摆脱传统社会角色、社会地位、社会责任关系束缚提供了条件和可能，既有传统社会伦理、治理范型、法律规则失灵失范，甚至治理规则缺失，必然使网络平台治理难度加大。最后，网络社会的多点快速、互联互通、交互连接等特点，使网络平台治理法律关系的主体更加多元、法律关系的内容日趋复杂、法律关系保护的客体更加多种，法律行为的形式更加多样，全球互联互通使网络平台法律管辖地域确定更难，法律空间范围更广，国际司法合作挑战更大等。这些都决定了网络平台的治理难度巨大，更需要选择基于技术归化理论而来的治理范型，走法治之路，优化立法以实现运用法治思维和法治方式依法开展网络平台治理实践，提高网络平台治理法治化

---

① 参见《马克思恩格斯选集》第 4 卷，第 408 页。
② 马克思：《1844 年经济学哲学手稿》，第 170 页。

现代化水平。

网络社会存在机制实质上是一种新质的共在模式，它实现了"人—机"交互，使人的心智与计算机的高性能得到良好嵌合。① 在长期的认识世界和改造世界活动中，人类通过"代码"这一网络内在生存密码和存在逻辑，首次通过心智与技术的良好契合，实现人类社会生产力的又一次质的飞跃，进而构成人类历史发展阶段上独特的网络社会。因此，依托互联网技术而首次实现人类脑力增强的网络社会的独特性和技术的社会工具性②，决定了技术归化是网络平台治理的必然要求和核心内容，网络平台的治理理论、治理范型以及法律规则体系都需要基于技术归化理论而构建。

网络平台治理是政府、平台自身和民间社会根据各自的作用，制定和实施的旨在规范互联网发展和应用的共同原则、规范、规则、决策程序和方案，其依法治理问题是当今世界共同面临的时代难题。③ 网络社会人脑心智与计算机性能良好嵌合的"人—机"共在模式决定了网络平台治理模式的选择既要汲取已有模式的有益成分，又要体现网络社会技术归化的独特性。因此，抓住治"机"与治"网"这个关键是网络平台治理模式必须观照的独特内容和核心要素。法治作为规则之治、良法之治，是现代文明国家治理的最佳选择和基本形式。④ 网络平台里的秩序既是内嵌其中代码技术规则体系自身构建的前提，也是网络技术发展进程中社会选择、技术引领和秩序再造的目标追求。

## 三 网络平台治理目标的实现

优化立法、完善网络平台治理法律制度，运用基于技术归化理论而来的法治治理范型开展网络平台治理实践，提高网络平台治理法治化、现代

---

① 参见何明升《中国网络治理的定位及现实路径》，《中国社会科学》2016 年第 7 期。

② 参见何明升《中国网络治理的定位及现实路径》，《中国社会科学》2016 年第 7 期。

③ Working Group on Internet Governance, "Report from the Working Group on Internet Governance," Document WSIS-II/PC-3/DOC/5-E, 2005.

④ 参见徐汉明、张新平《社会治理法治建设指标体系的设计、内容及其评估》，《法学杂志》2016 年第 6 期。

化水平同时是网络平台治理目标实现的需要。网络平台"安全有序、技术创新、平等开放、健康发展"治理目标的实现决定了其需要且必须循法治之路，优化立法、完善网络平台治理法律制度进而实现依法开展网络平台治理实践。这是因为无论何种治理方式、治理范型以及法律规则体系的设计和选择，其出发点都是围绕网络平台治理的根本目标展开，而优化立法、运用法治思维和法治方式依法开展网络平台治理实践是网络平台治理目标实现的最佳选择。对我国而言，网络平台治理的目标和宗旨在于使网络平台运行安全有序、技术创新进步、参与平等开放、健康稳定发展，实现网络平台安全与发展的衡平。

"法者，天下之公器。"一方面，网络平台治理目标的实现离不开法治的有力保障，离不开科学的法律制度设计和完备的法律规则体系。另一方面，法律是治国之重器，在利益多元的网络社会中，法治是网络平台有序健康运行、目标实现的最大保障。优化立法、完善网络平台治理法律制度，运用法治思维和法治方式依法规范网络平台产品和服务提供行为，既是实现网络平台在法治轨道上有序健康运行，提高网络平台治理法治化水平，推进包括网络社会在内的国家治理体系和治理能力现代化的必由之路，也是维护我国网络空间主权和安全，构建全球网络空间发展和治理新秩序，实现建设网络强国宏伟目标和中华民族伟大复兴中国梦的重要途径。

总之，网络平台治理循法治之路，优化立法，建立科学完备的网络平台治理法律制度体系，运用基于技术归化理论而来的法治治理范型开展网络平台治理实践，有其正当性理论基础。唯有实行法治，优化立法，建构科学完备的网络平台治理法律制度体系，诠释网络平台治理法律关系的性质、特征、结构形态及运行等基本法律问题，界分网络平台治理法治治理范型的主体与客体、权利与义务、个人与社会、自由与秩序、自治与共治等基本法权关系，坚持运用法治思维和法治方式，在法治范围内依法规范网络平台产品和服务提供行为，才能使网络平台在法治的轨道上有序健康运行，实现网络平台运行安全有序、技术创新进步、参与平等开放、健康稳定发展治理目标。

## 第四节　网络平台治理立法优化的价值

运用法治思维和法治方式依法规范网络平台产品和服务提供行为，促进经济健康发展、技术创新进步、稳定安全有序、平等开放共享的网络平台的建立和形成，必然要求优化立法以建立科学完备的网络平台治理法律制度体系。换言之，依法规范网络平台产品和服务提供行为，确保网络平台治理全部过程和一切环节在法治的轨道上有序健康运转首先需要优化立法以建立科学完备的网络平台治理法律制度体系，实现有法可依进而为网络平台治理法治化现代化创造制度前提。正如绪论所述，我国网络平台治理立法优化问题被关注和研究是建立在我们身处急剧变革的网络社会和国家顶层设计重视网络社会法治化问题背景之上的，具有重要的价值。

### 一　响应国家相关战略部署的体现

党的十八大以来，为根治包括网络平台在内的网络社会治理难题，确保其在法治的轨道上健康运行，国家做出了一系列关于网络社会治理的重大战略部署。中共十八大、十八届三中全会、十八届四中全会、十八届五中全会和十九大分别提出"加强网络社会管理""加大依法管理网络力度""完善网络社会管理法律法规""实施网络强国战略""建立网络综合治理体系及营造清朗的网络空间"之顶层制度设计安排。习近平总书记于2014年2月在中央网络安全和信息化领导小组第一次会议上提出要抓紧制定立法规划、依法治理网络空间，党的十八届五中全会和十九大报告都明确提出国家实施"网络强国"战略；2016年12月出台的《国家网络空间安全战略》明确提出要加快构建法律规范、行政监管、行业自律、技术保障、公众监督、社会教育相结合的网络治理体系，依法治理网络空间，全面推进网络空间法治化，让互联网在法治轨道上健康运行等。网络平台治理立法的优化需要且必须在国家这些关于网络社会治理法治建设和"网络强国"系列战略部署的框架内展开。

国家关于包括网络平台在内的网络社会治理法治建设战略要求既是实现我国网络平台"安全有序、技术创新、平等开放、健康发展"治理目标的基本要求，也是网络平台治理立法优化的根本依据。在我国"着力推动互联网技术和实体经济深度融合发展，以信息流带动技术流、资金流、人才流、物资流，促进资源配置优化，促进全要素生产率提升，为推动创新发展、转变经济发展方式、调整经济结构发挥积极作用"① 的同时，诸多社会问题也随之而生。据统计，2015 年我国每 10 万人中发生杀人案件 0.67 起，是世界上杀人案件发案率最低的国家之一，网络犯罪则占犯罪总数的近 1/3，且每年增加近 30%。② 如前文所述，互联网在为人们学习、工作、生活提供便利，促进社会文明发展进步的同时，但发展不平衡、规则不健全、秩序不合理等问题的存在，为网络社会的侵权犯罪行为提供了土壤。网络平台中存在的悖德行为、违法犯罪行为等，都是现代信息技术负外部性的结果。互联网技术是一把"双刃剑"，既可以造福社会、造福人民，又可以被一些人用来损害社会公共利益和民众利益。这要求我们以习近平总书记网络治理法治建设系列讲话精神为理念引领，依法管网、依法办网、依法上网，确保互联网在法治轨道上健康运行，努力营造天朗气清、生态良好、符合人民利益的网络空间。具体到网络平台法律治理问题，如何优化立法，实现通过法律对网络平台中这些问题的有效治理，保障网络平台有序健康发展已然成为制度设计和理论研究的重要命题。网络平台中这些新问题、新情况的解决以及网络平台治理的立法优化都需要且必须以国家关于网络平台治理法治建设战略部署为指引，在顶层制度安排和法治框架内展开。同时，优化网络平台治理立法，建构科学完备的网络平台治理法律制度体系，确保网络平台治理活动全过程和一切环节在法治轨道上有序健康运转，提高网络平台治理法治化现代化水平又是响应国家关于网络平台治理法治建设和"网络强国"战略部署要求的体现。

---

① 参见习近平《在网络安全和信息化工作座谈会上的讲话》（2016 年 4 月 19 日），《人民日报》2016 年 4 月 26 日，第 2 版。

② 孟建柱：《网络犯罪已占犯罪总数近三分之一》，《北京青年报》2016 年 10 月 14 日，第 8 版。

## 二　实现有法可依的核心环节

有法可依是法治的基石，它不仅是执法、司法的基本依据，推进法治建设的首要条件，也是立法机关立法水平的检验标准，更是全面推进依法治国，建设社会主义法治国家的必然要求。立法是法治建设的重要内容，不断优化立法以实现科学完备法律制度体系的建立是立法所追求的一种理想状态，是实现有法可依的核心环节。立法和法律制度的关系是，立法是创制法律制度的过程，法律制度是立法活动的结果，因此，法律制度需要不断完善，优化立法是科学完备的法律制度体系建立、实现有法可依的核心环节。法治是国家治理的基本形式，有法可依是实现法治的基本前提。网络平台治理作为国家治理的重要组成部分，在推进国家治理体系和治理能力现代化过程中，要想实现网络平台治理的"有法必依""执法必严""违法必究"首先需要实现"有法可依"。

有法可依是网络平台治理法治建设的前提，不断优化立法以建立科学完备网络平台治理法律制度体系既是实现网络平台治理有法可依的核心环节，也是网络平台治理立法实践所追求的一种理想状态。如哈耶克所说，决策的正确性需要建立在完善的信息机制上。[①] 网络平台治理法治建设是全面依法治国的重要内容，法治治理的推进和法治化水平的提高所依赖的首要条件是科学完备法律制度的创建。加快推进网络平台治理法治化进程和提高网络平台治理法治化现代化水平，运用法治思维和法治方式开展网络平台治理实践并确保其在法治的轨道上健康运转，对网络平台安全有序运行、技术创新发展、信息自由流动和平等尊重治理格局的建立具有重要价值。然而，运用法治思维和法治方式开展网络平台治理实践并确保其在法治的轨道上健康运转的前提是有章可循、有规可遵，也即要有（良）法可依，这里的"（良）法"是指科学完备的网络平台治理法律法规。这就要求不断优化立法，确保网络平台治理"有法可依"，进而实现网络平台治理的"有法必依""执

---

① 魏建、黄立君、李振宇：《法经济学：基础与比较》，人民出版社，2004，第 56 页。

法必严""违法必究"，推进网络平台治理法治化进程，提高网络平台治理法治化现代化水平。

## 三　提升良法善治能力的必然要求

经济全球化和治理多元化的今天，人类认识世界和改造世界的方式正面临革命性变化，"人类政治过程的重心正在从统治走向治理，从善政走向善治，从政府的统治走向政府与公众的合作，从民族国家的政府统治走向全球治理"。① 随着这种政治转型和治理理念的变化，良法善治的思想深刻地影响着我国的社会体制改革和治理转型，尤其是在互联网技术高速发展的网络社会语境下。尼古拉斯·尼葛洛庞帝指出，治理与传统的统治不同，强调的是国家与公民之间的合作，与统治的单向和管控色彩相比，治理是基于共识之下的合作协商、双向互动的管理过程。治理的最佳状态是善治，其本质特征在于政府与公民对公共生活的合作管理，是政治国家与市民社会的一种新型关系，是两者的最佳状态。② 难以想象，自 1994 年中国实现与国际互联网的第一条 TCP/IP 全功能连接，64Kbps 卫星专线开通以来，短短 20 多年，中国互联网络从无到有，时至今日在线教育、网购、网游、网约车和共享单车等发展迅速，互联网技术的发展及其应用已经彻底改变了人们的生活习惯和生产方式③，中国正在赶超并实现在一定领域内具有世界引领性发展规模、速度和地位。"这是最好的时代。以互联网大数据为代表的这一次信息技术革命，将会对人类社会产生极大推进作用。但这也是最坏的时代。像不久前暴发的勒索病毒一样，各种利用互联网技术偷盗、诈骗、敲诈等案件不断发生，各种围绕互联网的黑灰产业正以极快的速度蔓延。"④ 与传统社会相比，网

① 〔美〕詹姆斯·N. 罗西瑙主编《没有政府的治理——世界政治中的秩序与变革》，2001。
② 俞可平：《治理与善治引论》，《马克思主义与现实》1999 年第 5 期。
③ 参见《NCFC，中国互联网从这里起步》，http：//www. cas. cn/kxcb/kpwz/201404/t20140419 _ 4093686. shtml。
④ 《2017 网络安全生态峰会在京举行　共议网络新安全挑战》，http：//news. xinhuanet. com/ legal/2017 -07/26/c_ 129664264. htm。

络社会场域下的平台治理更加需要基于法治共识之下的协商合作、双向互动，网络平台治理迫切需要优化立法为治理法治化和现代化提供充足的制度供给。

良法者，追求善良美德之法律也。基于古希腊思想家亚里士多德关于法律的性质和人与法律的关系的阐述，可将"良法之治"理解为至少包括两重含义："已成立的法律获得普遍的服从，而大家所服从的法律本身又应该是制定得良好的法律。"其中，前句"已成立的法律获得普遍的服从"特指法律的权威性和普遍性，所谓权威性是指法律在整个社会调整机制和全部社会规范体系中处于最重要地位，一切国家及社会行为均须以法律为依据；所谓普遍性特指法的普遍约束力，法作为一种特殊的社会行为规范，凡是社会大众都必须遵守，其为一定历史阶段的社会或国度的一般人或组织的行为，规定了统一的和普遍的模式、方向和标准。后句"而大家所服从的法律本身又应该是制定得良好的法律"特指法律的科学性，即法律须是合乎社会规律、满足人民物质和精神需要、立法内容与程序均日趋完善的好法，而非主政者个人意志甚或肆意妄为之体现。法治是国家治理的基本形式，网络平台治理是国家治理的重要内容，通过不断深化对网络平台运行规律和治理规律的认识，运用先进的理念、科学的态度、专业的方法、精细的标准进行立法，建构科学完备的网络平台治理法律制度体系，有助于提升网络平台治理效能，有助于提高网络平台治理之"良法善治"的能力和水平。

法治作为现代文明国家治理的最佳选择和基本方式，是人类文明的思想结晶，闪耀着理性与智慧的光芒，充分彰显了人类对平等、民主、自由、效率以及正义价值目标的向往与追求。互联网不是法外之地，网络平台生态恶化，充斥着虚假、诈骗、攻击、谩骂、恐怖、色情、暴力，不符合人民利益。网络化、数字化、信息化的互联网时代，网络平台的广泛应用和深入发展，必将对经济发展、社会治理、国家管理、人民生活产生重大而深远的影响，优化网络平台治理立法，建构科学完备的网络平台治理法律制度体系，推动网络平台治理之良法善治，是人心所向，是全体社会成员的共同诉求，符合人民根本利益。因此，通过完善优化立法，建构科学完备的网络平台治理法律制度体系，实现运用法治思维和法治方式依法开展网络平台治理实践，既是网络平台治理的需要，也是推进网络社会治理法治化现代化进程，提升网络平台"良法善治"能力的必然要求。

# 第四章　我国网络平台治理立法
# 优化之理念指引

　　理念是行动的先导，网络平台治理的立法优化需要科学先进理念的指导与引领。理念指引行动但其本身并不直接表现于具体行动之中，具体到立法优化理念对立法优化行动的指引一般是在立法优化实践活动展开过程中，基于指导思想和基本原则而实现其对立法优化活动的指导和引领。任何立法优化活动都需要明确立法基本理念，立法优化实践只有基于科学先进指导思想之引领和基本原则之遵循，沿着切实可行的立法路径展开，才能实现建立科学完备法律制度体系的目标。法治是国家治理的基本形式，网络平台治理是国家治理的重要内容，① 推进网络平台治理法治化、现代化，必须优化立法进而实现科学完备的网络平台治理法律制度体系的建立。因此，唯有基于科学先进的指导思想和立法理念之指导和引领开展立法优化实践，才能确保立法优化路径的正确，从而建立科学完备的网络平台治理法律制度体系，实现网络平台运行安全有序、技术创新进步、参与平等开放、健康稳定发展之理想图景。

## 第一节　立法优化的指导思想

### 一　指导思想确立的依据

　　立法优化的指导思想既指导引领具体立法优化实践、推动立法优化活动

---

① 参见徐汉明、张新平《提高社会治理法治化水平》，《人民日报》2015 年 11 月 23 日，第 7 版。

的展开，又是立法优化必不可少的重要内容。立法优化的指导思想不明确直接体现于具体立法优化实践进程中，但其贯穿于立法优化全过程，是包括立法优化在内的立法实践的最基本依据。立法优化的指导思想既是立法优化全过程的基本指针，也是立法优化原则要求确立的直接依据。

网络平台治理立法是执法、司法等治理法治化的基本依据和前提要件，是全面推进依法治国的重要组成部分，在法治国家、法治政府、法治社会一体建设的网络社会法治建设中处于"有法可依"的基础性地位。优化立法以建构科学完备的网络平台治理法律制度体系，推进网络平台治理法治化，提高治理法治化水平，是推进法治社会建设的重要举措。网络空间既非最初理论者、美国电子前线基金会发起人约翰·佩里·巴洛眼中的绝对之思想新家园，一个法律上没有人格实际意义的绝对自由之"独立王国"，也非法律所不能及的法外之地。立法优化实践中，既要坦然面对网络平台已生问题带来的各种法律挑战且认识到伴随技术创新各类新问题必然会在未来不断出现，也要摒弃通过管死、关闭之手段实现网络平台所谓的风平浪静。网络平台治理立法优化应正确面对客观现实中技术创造力与破坏力共存共生的辩证存在，基于科学完备网络平台治理法律制度体系建立之目标追求，实现网络平台安全与发展的平衡和有序与创新的兼得，确保网络平台在法治的轨道上健康运转。基于上述，可将网络平台治理立法优化的指导思想确定为坚持党的领导、坚持人民利益至上、坚持从实际出发、坚持法制统一。

## 二 具体指导思想的坚持

### （一）坚持党的领导

坚持党的领导是我国网络平台治理立法优化的重要指导思想。坚持党的领导是由我国国家性质决定的，网络平台治理立法优化实践必须坚持以党的领导为基本指导思想，推进网络平台治理法治建设进而提高网络平台治理法治化水平。我国《宪法》总纲开篇就明确规定："中华人民共和国是工人阶级领导的、以工农联盟为基础的人民民主专政的社会主义国家。"作为执政党的中国共产党是中国工人阶级的先锋队，是中国特色社会主义事业的领导核心，其领导和支持人民当家作主并通过宪法和法律的形式把党的正确主张和人民共同意志统一起来，是治国理政领导者。在领导和推动网络平台治理法治建设过程中，中国共产党起到总揽全局、全面筹划、兼顾各方、协调发展的作用。网络平台治理立法的优化亦是如此，需要坚持党的领导，充分发挥党的作用。

坚持党的领导最核心最根本的是坚持党的政治领导、政策方针领导，其中政治和政策方针突出强调的是中国共产党关于网络平台治理及其法治建设的政治思想和政策方针。这要求网络平台治理立法优化实践须自觉秉持中国共产党关于网络平台治理及其法治建设的重要思想和政策方针，同时又须自觉将这些重要政治思想和政策方针通过法定程序转化为网络平台治理法律法规，使其成为国家意志，作为全社会都必须一体遵循的网络平台治理活动准则，并最终依靠国家强制力保证实施。网络社会急剧发展与技术升级换代、市场活力涌现、经济社会转型、治理体制变革因素的叠加决定网络平台治理必须法治化，而有法可依的立法优化实践则必须在坚持党的领导下以习近平关于网络平台治理及其法治建设的相关表述为引领，立足"四个全面"布局，聚焦"网络强国"战略，共享"网络信息"资源，把握"网络安全"命脉，对接"人类命运共同体"主题，构建互联网治理体系，促进公平正义，构建网络空间命运共同体。唯有优化立法建构科学完备的网络平台治理法律制度体系，才能实现网络平台治理"有法可依"，确保网络平台治理执法、司法活动的正常开展，提高网络平台治理法治化水平，推进网络平台治理法治体系和法治能力现代化，形成独具中国特色的网络平台治理法治建设"中国道路"、"中国模式"和"中国经验"。

（二）坚持人民利益至上

人民利益至上，坚持以人民利益为宗旨是网络平台治理立法优化的重要指导思想之一。国以民为本，社稷亦为民而立，人民利益是网络平台治理立法优化的出发点和落脚点。马克思曾指出："人们奋斗所争取的一切，都同他们的利益有关。"① 我国是工人阶级领导的、以工农联盟为基础的人民民主专政的社会主义国家，为了人民、依靠人民是中国共产党坚持以人民为中心发展思想的核心内容。我国是人民民主专政的社会主义国家，其不仅反映了人民至上的价值取向，也反映了坚持人民主体地位的内在要求。中国特色社会主义不断发展进取、不断创新进步，唯有始终坚持人民利益高于一切的人民利益宗旨，一切为了人民、紧紧依靠人民才能永远立于不败之地。这要求网络平台治理的立法优化必须坚持人民利益至上，以人民利益为出发点和落脚点。

"让互联网发展成果惠及 13 亿多中国人民，更好造福各国人民"既是网络社会立法优化的宏伟目标，也是网络平台治理立法优化坚持人民利益至上的内在要求。正如恩格斯晚年所言："代替那存在着阶级和阶级对立的资产阶级旧社会的，将是这样一个联合体，在那里，每个人的自由发展是一切人的自由发展的条件。"② 网络平台治理立法优化须坚持以人民利益为宗旨，依靠人民、为了人民，不断增强民主意识，把维护最广大人民的根本利益作为根本指针，贯穿于立法优化全过程。具体而言，将"让互联网发展成果惠及 13 亿多中国人民，更好造福各国人民"的人民利益至上观点作为网络平台治理立法优化的出发点和落脚点，使之成为网络平台治理立法优化一切环节的第一考量因素，坚持从群众中来、到群众中去的群众路线，始终做到立法优化为了人民和立法优化依靠人民，自觉防止网络平台治理立法的部门化和利益化。同时让互联网发展成果惠及人民和造福人民，以人民利益为宗旨的网络平台治理的立法优化指导思想要求不断提高立法的民主性，积极推进立法公开，拓宽公众参与网络平台治理立法途径。立法机关开展网络平台治理立法优化实践既需要听取法学学者、技术专家的意见，也需要注重听取群众意见，特别注意基层群众声音，集思广益，优化完善，提升网络平台治理立法的民主性和科学性。

---

① 《马克思恩格斯全集》（第 1 卷），人民出版社，1956，第 82 页。
② 《马克思恩格斯全集》（第 4 卷），人民出版社，2012，第 647 页。

（三）坚持从实际出发

坚持实事求是、从国情出发是网络平台治理立法优化所必须坚持的指导思想之一。纵观我国网络平台治理立法实践历程，具有重要意义和价值的立法文件无不是坚持从我国网络平台治理所面临的世情、国情出发，从网络社会发展实际、治理实际和法治建设实际出发。自 1994 年 4 月 20 日我国被国际上承认为第 77 个真正拥有全功能 Internet 的国家并进入网络时代以来，我国网络平台治理立法顺应时代潮流，既从"以经济建设为中心"的国情和"全球化"的世情出发，观照中国经济高速发展成为世界第二大经济体、互联网络迅速在中国发展以及中国特色社会主义法治体系建成的实际情况，又借鉴西方国家网络平台治理先进立法技术和治理成果，出台了关于网络支付平台、电子商务平台、网络游戏平台、网络平台安全等一系列法律法规，以保障经济社会快速发展和网络平台安全有序运行。

坚持从实际出发又要求立法优化要与时俱进。党的十八大以来，国家从经济体制、政治体制、文化体制、社会体制、生态文明体制全面深化改革和全面推进"法治中国"建设以及倡导创新、协调、绿色、开放、共享发展理念方面做出重要战略部署，强调"积极利用、科学发展、依法管理、确保安全的方针，加大依法管理网络力度，加快完善互联网管理领导体制，确保国家网络和信息安全"。[①] 因此，网络平台治理立法优化要紧跟时代步伐，坚持在新发展理念指引下，从"网络强国"和"法治中国"建设实际出发，既充分考虑世界经济复苏乏力、局部冲突和动荡频发、全球性问题加剧和国内经济发展进入新常态等一系列深刻变化因素，又始终以我国网络平台运行安全有序、技术创新进步、参与平等开放、健康稳定发展目标的实现为出发点，坚持实事求是，把握网络平台治理法治建设时代性，掌握网络平台治理法治建设的规律性，探求网络平台治理法律制度体系的科学性，开展网络平台立法优化实践。

---

① 《中共中央关于全面深化改革若干重大问题的决定》。

### （四）坚持法制统一

坚持法制统一作为网络平台治理立法优化基本指导思想既是践行由宪法确定的基本法治建设内容和思想精神的具体表现，也是由我国经济社会发展实际和法治建设实际决定的。法制统一作为网络平台治理立法优化基本指导思想具有宪法性地位和宪法依据。我国《宪法》第 5 条明确规定："国家维护社会主义法制的统一和尊严。一切法律、行政法规和地方性法规都不得同宪法相抵触。"因此包括网络平台治理在内的一切法治建设实践与理论研究需要且必须遵循这一具有宪法性地位的基本法治精神，必须坚持法制统一指导思想。同时，我国是一个统一的单一制国家，单一制国家结构形式、国家政治实体的整体性、经济社会发展实际和法治制度实践及其理论研究实情都决定了我国必须坚持社会主义法制统一基本指导思想。因此，包括网络平台治理立法在内的网络平台治理法治建设亦不例外，需要且必须遵循坚持法制统一这一基本法治建设理念与指导思想。

有法可依是有法必依、执法必严、违法必究的基本前提和制度依据。网络平台治理的立法优化唯有坚持法制统一基本指导思想，不断提高立法的民主性和科学性，建构科学完备的网络平台治理法律制度体系，才能为网络平台治理法治实践提供充足制度供给，确保网络平台治理活动在法治的轨道上有序健康运转。网络平台治理立法优化坚守和秉持法制统一基本指导思想表现在以下三个方面：首先体现在网络平台治理法律法规与宪法的关系上，其要求一切网络平台治理立法优化实践都须在宪法框架下进行，任何网络平台治理立法优化实践活动之进行和法律法规文件内容都不能与宪法相抵触，保持网络平台治理立法与宪法的有序衔接与规范统一；其次体现在网络平台治理法律制度体系内部不同法律位阶关系上，任何网络平台治理低位阶法不能与高位阶法相抵触，保持网络平台治理法律法规内部的有序衔接与规范统一；最后体现在网络平台治理同位阶法的关系上，同一位阶网络平台治理立法彼此之间保持有序衔接与规范统一。网络平台治理立法优化需要且必须基于上述三个维度确保其与宪法、法律之间及其相互之间有序衔接与规范统一，进而实现中国特色网络平台治理法律制度体系内部协调规范一致，从而保证法制统一指导思想之落地生根。

## 第二节　立法优化的基本原则

### 一　基本原则的特征

网络平台治理立法优化基本原则是网络平台治理立法优化必须遵守的最基本准则和要求。作为基于立法优化指导思想而确立的基本遵循，立法优化的基本原则也是贯彻立法优化指导思想的直接表达形式。网络平台治理立法优化的基本原则是立法优化的核心要义和基本遵循，至少应该具有以下特征。

（一）普遍性

网络平台治理立法优化基本原则的普遍性特点突出表现在网络平台治理立法优化基本原则的必须适用和普遍遵循方面。网络平台治理立法优化的基本原则是所有网络平台治理立法优化普遍适用的，只适用于某一网络平台治理立法优化、法律法规完善的准则不能作为网络平台治理立法优化的基本原则。网络平台治理立法优化基本原则是网络平台治理立法优化基本原理、内在规律、独特价值的具体反映，是立法优化必须普遍遵守的最基本准则。其不仅是网络平台治理专门性立法优化必须遵循的最基本准则，而且是与其紧密联系的其他各种网络平台治理立法优化都必须遵循的最基本准则。一定意义上，网络平台治理立法优化的基本原则等同于立法的基本原则，但其与基本法律原则有所不同。网络平台治理基本法律原则是网络平台治理法治建设基本原理、内在规律、独特价值的具体反映，其贯穿于网络平台治理法制定、实施、监督、保障与遵守的全过程；网络平台治理立法基本原则是网络平台治理法律法规制定和修改所必须遵守的最基本准则。

（二）指导性

网络平台治理立法优化基本原则的指导性特点突出体现在其作用上。网络平台治理立法优化基本原则作为网络平台治理立法优化必不可少的组成部分，是网络平台治理立法优化完善的基本准则和核心要求。立法优化实践中，网络平台治理法律法规之间出现相互矛盾、交叉重叠，甚至是立法空白等立法弊病时，立法优化的基本原则则发挥着对立法优化实践的指导作用。立法优化基本原则对立法体系结构的设计完善也具有指导作用，当网络平台治理出现立法体系结构紊乱时，立法优化的基本原则对立法体系设计和法律制度结构优化具有理念指引作用，甚至可以直接作为结构设计的宏观战略目标，发挥其宏观和抽象的指导作用。一定意义上，网络平台治理立法优化基本原则的指导性作用还体现在法律法规具体完善中，其可以避免立法主体机械僵硬地适用立法相关规则可能造成的制度体系合理性、适用性不强，无法彰显网络平台治理特殊性进而无法满足现实治理需要的问题，增强网络平台治理法律制度的民主性和科学性。因此，网络平台治理立法优化基本原则的运用，在使网络平台治理立法优化既具有规范性、统一性的同时，又呈现协调性与兼容性的特点，从而使网络平台治理法律法规保持其既有的稳定性与正当性。

（三）统括性

网络平台治理立法优化的基本原则，是基于网络平台治理立法优化指导思想而形成的对具体网络平台治理立法优化活动进行高度抽象而精准概括的产物。一定程度上，立法优化的基本原则贯穿于网络平台治理立法优化的全过程，其不仅适用于网络平台治理的立法优化，而且适用于网络平台治理法律法规的制定，具有高度的抽象性、精准的概括性等特点。形式上，网络平台治理立法优化的基本原则是网络平台治理法制定和完善过程中都须一体遵循的核心准则，其外在表现形式是对其核心要义高度抽象、精准概括的结果。与网络平台治理基本法律原则在实施、监督、保障和遵守网络平台治理法各部门规范时均须毫不例外地一体遵循相比，网络平台治理立法优化基本原则仅贯穿于网络平台治理立法优化全过程。网络平台治理立法优化的基本原则除了上述特征之外，还应兼具一般立法优化追求的基本目标所具有的特征，如稳定性、权威性等。

立法优化基本原则是网络平台治理立法优化必须遵守的基本准则，其具有鲜明的普遍性、指导性、统括性以及稳定性、权威性等基本特征，对网络平台治理立法优化具有导向、指导、补充、协调等价值功能。因此，依据网络平台治理立法优化基本原则的特征、功能和我国网络平台发展实际及其治理实际，结合中国特色社会主义法治理论特别是立法基本原则理论研究以及包括网络平台治理法治建设实践在内的"法治中国"建设实践，可将网络平台治理立法优化的基本原则的内容概括为权利保障、安全与发展并重、技术创新和技术归化。这四项基本准则构成我国网络平台治理立法优化规律和独特价值的统一体，成为网络平台治理立法优化的基本原理和指导准则。

## 二　基本原则的遵循

### （一）权利保障原则

人权是人类社会最高形式和最具普遍性的权利，是人区别于动物的观念上的、道德上的、政治上的、法律上的基本标准，其包含"人作为人的权利"、"使人成为人的权利"和"使人成为有尊严的人的权利"等多个层次，具有度量界分人的基本生存发展利益，评价人关于公共权利的基本道德标准，衡量人与人之间和谐相处的共同尺度等基本价值。[①] 所谓权利保障，是指制定出调整和规范网络平台治理活动的法律规范所体现的以人为本的基本价值理念，反映尊重人、理解人、关心人的基本原则，适应人在网络社会场域下基本生存发展需要并作为网络平台治理根本出发点的基本准绳、基本遵循。

确立权利保障作为网络平台治理立法优化基本原则具有宪法依据。

---

① 张文显：《法理学》，第 277 页。

自 2004 年我国将"国家尊重和保障人权"写入宪法，人权保障已经成为民事法律、刑事法律和行政法律所必须遵循的基本原则。人权保障基本法律原则的确立是中国特色社会主义法治理论研究的重大创新，也是中国特色社会主义法治道路实践探索形成的重大成果，更是推进国家治理体系和治理能力现代化的基本经验和根本遵循。中国特色社会主义人权观认为：生存权和发展权是人权的基础与核心，人权推进的核心要义在于保障全体社会成员平等参与、平等发展的权利；在中国这样一个发展中国家，人民的生存权和发展权处于首要地位；人权保障不仅包括宪法保障、立法保护、司法救济和行政保护等，而且包括运用国际规则进行有效保护。① 马克思指出，"因为人的本质是人的真正的社会联系，所以人在积极实现自己本质的过程中创造、生产人的社会联系、社会本质"，② 网络平台治理立法优化亦不例外，一定程度上，网络平台因为紧紧围绕人的生存发展而存在和不断发展进步，其必然强调以人为本、保障人的基本生存发展权利，同样包括网络平台治理立法优化在内的一切网络平台治理法治实践活动的根本目标依然是以人为本、保障人权并最终实现人的全面发展。古训言："治理之道，莫要于安民。"因此，优化立法，推进网络平台治理体系和治理能力现代化必须遵循权利保障这一基本原则。

（二）安全与发展并重原则

安全和发展如车之两轮、鸟之双翼，缺少任何一个网络平台的发展都将寸步难行。正如有的学者所指出的网络安全是国家安全的基石，是发展的堤坝，没有网络安全，国家安全就难以保障。没有网络安全的保障，发展进步不能长久。没有网络安全，信息化发展得越快，造成的危害可能就越大。③ 安全、秩

---

① 参见汪习根《保障人民生活更加幸福美好》，人民网，2020 年 2 月 28 日，https：//baijiahao. baidu. com/s？id=1659729810224508368&wfr=spider&for=pc。

② 《马克思恩格斯选集》第 2 卷，人民出版社，2012，第 451 页。

③ 万鹏远：《推进网络安全与信息化协同发展 努力建设网络强国》，新华网，2016 年 9 月 20 日，http：//www. xinhuanet. com/politics/2016－09/20/c_ 129289896. htm。

序、自由、效益、公平、正义等是法律所追求的价值目标，是法律之于人的生存和发展的基本诉求和理念选择。安全和秩序是所有法律所追求的价值目标意味着法律之于人的生产和发展体现出有用性，其实现于法律创制、行政执法和司法实践全过程。基于法的价值目标追求角度，安全有序理所当然成为网络平台治理立法优化的基本原则之一。同时网络平台的安全有序是国家安全的重要组成部分，一个安全稳定、繁荣有序的网络社会既是网络平台治理立法目标追求之一，也是指引网络平台治理立法优化的基本原则，网络平台治理主体基于立法，推进网络平台治理法治化，确保网络平台的安全有序进而实现网络平台治理的现代化，这对网络社会稳定乃至国家政权安全稳定都具有重要价值。

安全与发展并重是一条重要的原则。包括网络平台创新发展在内的发展是执政兴国第一要务，网络平台治理立法优化需要紧紧依靠发展创新、围绕发展创新、体现推动和保障发展创新这一要务，通过立法优化为网络平台发展创新创造良好法制环境，提供有力的法制保障。同时，网络平台发展创新要以安全有序为根基和保障，没有安全保障发展创新就无从谈起。网络平台安全与发展，二者互为表里、协调一致、齐头并进。秉持安全与发展并重基本原则，既是我国网络平台治理的立法实践探索经验的高度凝练与概括，也是优化网络平台治理立法的基本遵循。优化立法、推进网络平台治理法治建设进程中，应始终注重网络平台安全有序与创新发展的协调平衡，秉持公权与私权、实体正义与程序正义的平衡统一理念，以守卫网络空间安全与保障网络空间发展并重为立法出发点，既注意保护各类主体的合法权利，促进信息依法有序自由流动、技术创新进步和经济健康发展，又注意保障网络物理空间运行安全和主权安全，为发展提供良好环境。

（三）技术创新原则

"凡益之道，与时偕行。"创新发展体现了网络平台技术发展和迭代的本质。互联网既是创新发展的产物，又是创新发展的动力源。互联网在促进网络社会创新发展中发挥着先导作用，正在引领社会生产力的不断突破和飞跃，日益成为驱动经济社会发展的重要引擎。因此推动网络平台技术创新发展既是我国网络社会发展进步、"网络强国"建设之急迫需要，也是网络平台治理立法优化应遵循的基本原则。

创新发展是互联网发展的动力，也是网络平台治理立法优化应遵循的基本原则。作为人类有史以来最为重要的认识世界和改造世界的工具之一，互联网成为崭新信息技术革命的代表，不断引领经济发展和社会变革。网络平台依靠创新生存、依靠创新发展，网络平台治理立法以促进网络平台技术创新发展为基本准则。创新是互联网发展的基因，更是网络平台治理立法必须遵循的基本原则。网络平台理念创新、技术创新是自身发展的需要，在互联网大潮中不进则退，没有创新就没有生存空间。网络平台创新最关键的是技术创新，网络信息技术是全球研发投入最集中、创新最活跃、应用最广泛、辐射带动作用最大的领域，也是全球技术创新的竞争高地。只有坚持创新发展，突破核心技术，才能掌握网络平台发展主动权，保障网络平台运行安全，甚至是互联网安全和国家安全。网络平台治理立法优化以促进技术创新为基本遵循，网络平台发展要以技术创新发展为引导，带动网络平台共享经济模式及其技术创新与繁荣发展。

（四）技术归化原则

网络平台治理的技术归化是指网络社会各种新技术必须得到转化，从陌生的、可能有危险的东西转化成能够融入社会文化和日常生活之中的驯化之物。[①]"现代国家所依靠的是通过抽象系统而进行治理，具体的行动所依据的是抽象的制度和规则体系，然而，网络上出现的却是行动的具体性，不受抽象的制度和规则体系的制约，同时，人际关系的相邻性和互动性又是前所未有的。"[②]网络平台治理立法优化坚持技术归化基本原则有其自身的必然性。网络平台治理中出现的问题具有信息传播超地域性、瞬息化，参与主体

---

① 参见何明升《中国网络治理的定位及现实路径》，《中国社会科学》2016 年第 7 期。

② 张康之、向玉琼：《网络空间中的政策问题建构》，《中国社会科学》2015 年第 2 期。

不确定、广泛性，社会影响波及面大、短时间内防控可能性小等特点，对基于原有社会形态而来的治理范型和模式提出崭新挑战。正如张康之、向玉琼教授所言："网络加速了制度的抽离和中心—边缘结构的解体，同时推动了问题的再嵌入。问题一方面似乎飘散到了遥远的地方而显得更加抽象了，另一方面，又被推到了每一个人面前，从而显得更加具体了。"[1] 网络平台安全保护、网络平台秩序维护、网络平台信息管理及风险防控问题的不断出现和无序发展，既反映出网络平台在我国的飞速发展和广泛应用，也显现出既有非基于"技术归化"而来的治理制度范型面对网络平台新问题时无法及时有效应对的苍白无力。

在长期的认识世界和改造世界活动中，人类通过"代码"这一网络内在生存密码和存在逻辑，首次通过心智与技术的良好契合，实现人类社会生产力的又一次质的飞跃，进而构成人类历史发展阶段上独特的网络社会。一定意义上，依托互联网技术而首次实现人类脑力增强的网络社会的独特性和技术的社会工具性，[2] 决定了技术归化是网络平台治理的必然要求和核心内容。因此，网络平台治理立法的优化，需要且必须在技术归化基本原则的指导下，实现科学完备的网络平台治理法律制度体系的建立，确保网络平台治理有法可依、有章可循，推动网络平台本身及其治理活动在法治的轨道上有序健康运转。

总之，应以网络平台治理立法优化指导思想和基本原则为引领，以推进网络平台治理立法科学化与民主化为宗旨，并将相关指导思想与基本原则作为以法治思维和法治方式推进网络平台治理法治化的行动指南。同时，始终秉持立法优化基本理念开展网络平台治理立法优化实践，恪守现代法权意识和法治思维，通过赋权、确权、限权、护权的方式，破解网络平台治理立法难题，修复网络平台治理法治生态，根治网络平台治理乱象环生问题，实现网络平台运行安全有序、技术创新进步、参与平等开放、

---

① 张康之、向玉琼：《网络空间中的政策问题建构》，《中国社会科学》2015 年第 2 期。

② 参见何明升《中国网络治理的定位及现实路径》，《中国社会科学》2016 年第 7 期。

健康稳定发展之治理目标。网络平台治理立法优化实践也唯有坚持以权利保障原则、安全与发展并重原则、技术创新原则和技术归化原则为基本遵循，方能构建科学完备的网络平台治理法律制度体系，做到网络平台治理有法可依，进而助推网络平台治理法治建设，提高网络平台治理法治化现代化水平。

# 第五章 我国网络平台治理立法
# 优化的路径选择


法治是国家治理的基本形式，网络平台治理是国家治理的重要内容，推进国家治理现代化，必须优化立法、完善法律制度以建构科学完备的网络平台治理法律制度体系。[①] 劳伦斯·莱斯格指出："法律和政策的制定者是在塑造而不是发现网络空间的属性，在一定程度上，他们（法律和政策的制定者）的选择将决定网络空间的发展。"[②] 网络平台治理立法优化须基于先进立法理念和基本原则，明确划定立法调整范围，并对法律制度体系做出大胆设想和缜密计划，不断优化立法层级和程序，完善网络平台治理法律法规，建立网络平台治理法律制度体系和综合治理体系。网络平台治理立法的优化不仅有利于准确运用法治思维和法治方式开展网络平台治理实践确保其在法治的轨道上有序健康运转，也有利于加快网络平台治理法治化进程，提高网络平台治理法治化现代化水平，推进国家治理体系和治理能力现代化。

网络平台治理立法优化的路径选择紧紧围绕网络平台治理立法中存在的碎片化、调整范围模糊、程序公开欠缺和层级位阶偏低等问题而展开，与第二章网络平台治理立法实践中存在的问题基本保持一一对应关系。其中，第

---

① 参见徐汉明、张新平《提高社会治理法治化水平》，《人民日报》2015 年 11 月 23 日，第 7 版。

② 转引自刘品新《网络法学》，第 1 页。

一节是针对网络平台治理立法调整范围模糊不清问题展开的，第二节是针对网络平台治理立法碎片化和立法层级位阶偏低问题而展开的，第三节是针对网络平台治理立法程序公开欠缺展开的。同时需要指出的是，立法优化路径选择的内容与现实存在的问题不是绝对的一一对应关系，一定程度上，网络平台治理立法优化具有鲜明的系统性、整体性特征，具体优化建议措施之间是紧密关联的整体。如网络平台立法调整范围的明确划定、立法体系的科学设计、立法层级位阶的优化以及推动立法程序公开与审查监督等都旨在建立科学完备的网络平台治理法律制度体系，这些举措建议不论是从整体抑或是局部在一定程度上都有助于立法碎片化问题的解决。

# 第一节　划定调整范围

立法调整范围的明确划定主要围绕网络平台治理立法调整范围模糊不清问题展开。法律制度建构首先需要明确划定立法实现对某一特定领域抑或某一特定社会关系进行规范调整的边界。网络平台治理立法调整范围的清晰界定和规制对象的明确具体是网络平台治理法律制度体系建构的前提，也唯有立法调整范围和规制对象清晰明确，才能基于立法的科学规划、大胆设想和缜密谨慎展开法律制度体系设计，进而对立法主体、内容、程序进行规范，实现科学完备的网络平台治理法律制度体系构建之目的。

## 一　划定范围的依据

类型化分析是理论研究、学术研究的一种方法，是重要的分析工具，其自身直接对实践产生的影响一般较小，但对问题的展开和深入研究具有重要的意义。网络平台治理法律规范的分类及其相关理论研究对包括网络平台治理立法调整范围划定在内的网络平台治理法治理论展开、深入研究意义重大。当前学界关于网络平台治理法律规范的分类尚未达成共识，基于不同标准会产生不同的分类效果，其中关于互联网技术系统、互联网法以及与之相关的法的分类研究都对网络平台治理立法所可能实现法治治理的范围清晰划定具有重要价值。如在互联网技术系统的分类问题上，劳伦斯·莱斯格教授在《思想的未来：网络时代公共知识领域的警世喻言》一书中指出："根据网络设计者的技术思路，本科勒建议我们将通信系统拆分为三个不同的层以便理解。最底层是'物理'层，信息通过它来传递。物理层包括计算机以及将计算机接入因特网的网线。中间层是'逻辑'或'代码'层，即那些让硬件运行的代码。这里，我们可将因特网的基本协议以及在协议上运行的软件纳入代码层。最顶层是'内容'层，即通过网线传输的真正意义的东西，包括数字图像、文本、在线电影，等等。任何特定的通信系统都可划分为这三层。"① 在互联网法分类问题上，中国社科院周汉华教授在《论互联网法》一文中指出："基于对各国互联网法的归纳与类型化分析，网络空间区分为底层的关键信息基础设施、中间层的互联网服务提供商与应用层的互联网信息三个层面。"② 在社会治理法的分类问题上，中南财经政法大学法学院方世荣教授在《论我国法治社会建设的整体布局及战略举措》一文中指出："在基本内容上，社会治理法至少应当包括治理主体、治理机制和治理事务三个方面，社会治理法首先应规定社会治理的主体，由此形成社会治理主体法律规范。"③

一方面，关于互联网技术系统、互联网法以及网络平台治理法的分类理论和方法都为包括网络平台治理立法所可能实现法治治理的范围的清晰划定在内的网络平台治理法治理论研究提供了理论参考和智力支持，构成了网络平台治理立法调整范围划定和法律规范制定及完善的重要参照系；另一方面网络社会庞杂的关系和组织结构以及独特性决定了对其基于立法所可能实现法治治理的范围进行清晰划定及相关研究的必要性。

汲取劳伦斯·莱斯格教授关于互联网技术系统的分类方法以及上述互联网法、社会治理法的内容分类观点，结合网络社会发展现状和我国治理法治

---

① 参见〔美〕劳伦斯·莱斯格《思想的未来：网络时代公共知识领域的警世喻言》，第 23 页。
② 参见周汉华《论互联网法》，《中国法学》2015 年第 3 期。
③ 方世荣：《论我国法治社会建设的整体布局及战略举措》，《法商研究》2017 年第 2 期。

实践与法治理论研究实际，可将网络平台治理立法所可能实现法治治理的范围划分为三部分，即最底层的关键信息基础设施保护、中间层的网络平台提供者规制和最顶层的内容建设治理。其中，最底层物理层面基于立法所可能实现依法治理的范围对象是平台关键信息基础设施的法律保护，强调物理层面的安全保护；中间层技术层面基于立法所可能实现依法治理的范围对象是网络平台提供者，强调规范网络平台有序运行促进平台创新发展；最顶层内容层面基于立法所可能实现依法治理的范围对象是网络平台应用过程中内容建设可能产生的各种问题的治理，由于技术具体应用内容既复杂多样又处在"瞬息巨变"的网络时空，内容层的法治治理之立法最大特点是相对抽象和概括，只能对其进行较为概括式的立法。

## 二 范围的三层划分

基于上述分析，网络平台治理立法调整范围分为最低物理层、中间技术层和最高内容层三个部分，因此可将网络平台治理立法所可能实现法治治理的范围也就是调整范围清晰划定为最低物理层、中间技术层、最高内容层并开展立法实现对其的有效治理，其中调整范围之物理层强调的是对平台关键信息基础设施保护进行立法，技术层强调的是对网络平台提供者经营进程规范、促进平台繁荣发展进行立法，内容层强调的是对网络平台内容管理进行立法。

### （一）调整范围之最低物理层

网络平台治理立法调整范围之物理层主要是对平台关键信息基础设施进行法律保护与治理，其强调的是网络平台安全立法。网络平台治理物理层立法对平台关键信息基础设施进行安全保护，主要是维护网络平台运行安全和网络平台信息安全。

#### 1. 网络平台运行安全

基于立法实现网络平台运行安全包括立法明确平台设备、产品服务标准和立法保障平台关键信息基础设施运行安全。其中，明确平台设备、产品服务标准要求通过立法明确网络平台关键设备、网络平台安全专用产品以及其他网络平台产品服务国家具体标准参数并赋予其强制性，为网络平台运行安全提供基本技术保障。同时通过立法对网络平台安全等级保护予以制度化、法律化，实现保护网络平台数据不被泄露或者被窃取、篡改，防止网络平台病毒、黑客攻击、网络侵入等危害网络平台安全行为的发生。通过立法对网络平台用户可信身份战略予以制度化、法律化，有效解决网络技术漏洞、机器病毒、黑客攻击、非法入侵以及其他可能危险，阻止网络非法侵入、干扰、盗窃数据行为。保障网络平台关键信息基础设施的运行安全，要求立法明确、分工明确、责任义务清晰，规范平台关键信息基础设施有序运行并对其进行检查与评估。

### 2. 网络平台信息安全

网络平台信息安全维护主要是通过立法规范网络平台信息收集与使用，防止平台用户账号、交易信息以及与之关联的个人信息的泄露、被窃取和滥用，保障网络平台信息安全。通过立法对网络平台运营者依法收集使用信息进行规范，禁止任何个人、组织窃取信息以及明确政府行政部门、网络平台自身依法履行信息安全监管保护责任。

### （二）调整范围之中间技术层

网络平台治理立法调整范围之中间技术层是对网络平台提供者进行法律规范与治理，强调平台创新发展，其主要是确立网络平台提供者的法律义务。网络平台是网络时代经济、技术、信息结合的产物，是网络社会场域下共享经济发展的必然结果，充分体现了现代服务交易市场"帕累托最优"效益。网络平台提供者依托互联网数字通信技术细化产权，不断优化交易关系使交易成本最小化。基于信息经济学视角，网络平台通过技术优化信息不对称现象，破解市场要素负效应，实现资源优化共享，提高效率。[1] 正如彭岳所言："在一定程度上，共享经济的勃兴再次印证了科斯交易成本理论的解释力，即随着交易成本的降低，现有的交易模式和制度将会经历一次震荡，直到再次达到'帕累托最优'。"[2] 网络平台是科斯交易成本理论在现代

---

[1]　参见谢志刚《"共享经济"的知识经济学分析——基于哈耶克知识与秩序理论的一个创新合作框架》，《经济学动态》2015 年第 12 期。

[2]　彭岳：《共享经济的法律规制问题——以互联网专车为例》，《行政法学研究》2016 年第 1 期，第 117 页。

网络社会的崭新印证，网络社会中不同类型网络平台的存在和应用使现代市场经济环境中产权更加细化明确，信息获得、符号交易和监督管理的成本大大降低，人们通过网络平台实现交易、交流、信息管理和信息获取使用，最大限度实现资源配置的优化。

网络平台提供者之所以成为中间技术层，其主要原因在于其更加强调技术的创新，是技术的拥有者、掌控者和创新推动者，本质上网络平台提供者不论是提供产品抑或是服务都是通过技术这一基本途径实现的。因此，在某种程度上，笔者支持网络平台提供者法律属性的工具性，技术代码本身不会动也没有用，但网络平台提供者基于技术实现提供产品和服务之可能，技术是这种可能得以实现的最重要因素。网络社会快速发展和共享经济的出现，不论是国内的 BAT（百度、阿里巴巴、腾讯），国际上的谷歌、亚马逊，以及最近几年迅速崛起的滴滴打车、网络直播和支付宝等其本质上都是出自物理层之上、内容层之下的中间技术层的网络平台提供者。法学家吕忠梅教授直言互联网经济已进入平台引领型的发展模式，治理大规模侵权的有效手段是明晰平台义务对其进行有效治理。[①] 具体而言，中间层网络平台提供者治理之法律义务至少包括保障用户网络环境下的合法权益的义务和履行政府对网络进行行政监管的义务以及需要对平台自身进行治理的义务，这三个方面的义务构成了网络平台提供者的法律责任。

（三）调整范围之最高内容层

网络平台治理立法调整范围之最高内容层基于立法所可能实现依法治理的范围对象是网络平台应用过程中内容建设可能产生的各种问题，强调对网络平台内容管理的立法。基于已有最低物理层关键信息基础设施保护和中间技术层网络平台提供者的治理进行立法，最高内容层网络平台内容建设得以实现。具体而言，最高内容层网络平台内容建设是人们利用网络平台技术也就是网络平台提供者所搭建的平台使生活生产更加便捷高效，由于平台的多

---

① 参见吕忠梅《平台时代关于大规模网络侵权治理的思考》，中国法学会网，2016 年 11 月 18 日，https://www.chinalaw.org.cn/portal/article/index/id/20383/cid/228.html。

种多样以及技术本身的不断创新发展、经济模式变革和网络的交错纵横、互联互通使内容既复杂多样又处在"瞬息巨变"的网络时空，内容层的法治治理之立法最大特点是相对抽象和概括，只能对其进行较为概括式立法。

最高内容层最靠近普通网络用户，其是网络用户基于平台完成线上与线下互动交流的合伙产物，平台越发达，内容建设越纷繁多样。最高内容层作为网络平台治理立法调整范围之一，具有伴随技术不断变化且并不像中间技术层网络平台提供者相对稳定，相较于网络平台提供者拥有和掌控技术，内容层的用户只是技术的使用者，因而往往也不轻易出现中间技术层那样的大规模侵权事件，故而对最高内容层的立法采用概括式立法最为合理。通过相对抽象的、原则性立法，既实现对其一定程度的治理，又不至于管得太死而不利于技术的创新发展。

总之，网络平台治理立法调整范围的清晰界定和规制对象的明确具体是展开网络平台治理立法优化，建构科学完备的网络平台治理法律制度体系，实现网络平台治理法治化的最基本问题。通过将网络平台治理立法所可能实现法治治理的范围划定为最低物理层、中间技术层、最高内容层，分别对关键信息基础设施保护、网络平台创新发展促进和网络平台内容管理进行立法。网络平台治理立法调整范围的清晰界定和规制对象的优化明确既实现了网络社会在治理立法调整范围的清晰具体化，又在一定程度上观照了网络平台的技术要素，把握了网络平台发展运行的规律，防止网络平台治理立法不匹配、不适用明显滞后于实践的问题出现；既保障通过立法实现网络平台安全、网络技术、网络平台内容的侧重立法规制，又不至于出现明显的网络平台治理立法的交叉重复、碎片化甚至立法真空地带；既强调立法实现网络平台运行发展的安全有序，又致力于基于立法推动网络平台技术创新、内容建设和网络平台整体的繁荣发展。

## 第二节　体系设计与层级优化

### 一　优化之宏观思路

制度是实践道路拓展和理论创新的保障。在网络社会法治治理理论、制度和实践三者关系中，理论研究为制度创新和道路拓展提供指引、支撑，实践探索为理论形成发展和制度创新完善提供基础，制度建构为实践道路拓展和理论创新提供保障。因而没有网络平台治理法治体系及制度的建构，网络平台治理法治建设道路拓展和理论创新就失去了保障。一切制度建构须从制度设计开始，网络平台治理法律制度设计是网络平台治理法治制度建构的起点，需要且必须对其制度体系进行科学规划和缜密设计，同时有利于解决网络平台治理立法层级位阶偏低这一问题。

依据中国特色社会主义法治理论，中国特色社会主义法律体系立足中国国情和实际、适应改革开放和社会主义现代化建设需要、集中体现党和人民意志，以宪法为统帅，以宪法相关法、民商法等多个法律部门的法律为主干，由法律、行政法规、地方性法规等多个层次的法律规范构成。网络平台治理法律制度体系是中国特色社会主义法律制度体系的一部分，设计和建构网络平台治理法律制度体系既需遵循社会主义一般法治原理，又需基于其基本立法优化指导思想之引领和围绕专门法律价值目标实现，坚持网络平台治理立法优化基本原则和观照网络社会发展实情以及我国法治建设实践进程，调和法治理念和网络社会现实，进而确保网络社会在法治的轨道上健康运转，实现其既安全有序又创新进步。本质上网络平台治理法律制度体系是网络社会发展实际和法治基本理念调和的产物，对其制度体系进行科学规划和缜密设计则是基于我国网络社会发展现状和中国特色社会主义法治理论而进行的立法设想和计划安排。基于此，网络平台治理立法优化之制度安排内在的要求其必须以党的领导、人民利益至上、从实际出发和法制统一基本网络平台治理立法优化指导思想为引领，坚守和秉持权利保障、技术归化、技术创新发展和安全与发展并重基本原则，设计一套以宪法关于网络平台治理原则性规定为基础，以网络平台治理专门法为主干，由若干网络平台治理普通法、行政法规、地方性法规、部门规章等规范协调配套的管网、办网、用网、护网规范体系。

## 二 优化之技术路线

依据一般法治理论及制度体系设计宏观思路，网络平台治理立法之制度体系可设计为以宪法基本精神及其有关网络平台治理规定为基础，以物理层网络安全保护法、技术层促进网络平台提供者经营法和内容层网络平台内容建设规制法三部网络平台治理专门法为主干，由若干网络平台治理普通法、行政法规、地方性法规、部门规章等规范协调配套的平台监管、运营、使用和维护的规范体系，即建构以宪法为根本依据，以三部专门法为主干，由其他法律法规协调配套的网络平台治理法律制度体系。

**（一）以宪法为根本**

网络平台治理通过立法建构法律制度体系应以宪法为根本。首先是网络平台治理法的制定以宪法为基本依据，第一条需要明确"依据宪法制定本法"。依据宪法学家胡锦光教授观点，这句话包含四层意思，即依据宪法的立法授权，依据宪法规定的立法程序，依据宪法的原则、精神和理念，依据宪法的规范内涵。[①] 其次是宪法相关规定构成了网络平台治理制度体系的根本指导。当前我国宪法没有明确的关于互联网、网络社会及其治理的基础性规定，也没有必要因为网络社会的发展及其影响而修改宪法。宪法是我国根本大法，其主要对国家性质、公民基本权利义务以及国家结构做出原则性规定，因此基于宪法的位阶地位及其稳定性、权威性考量，我国当前不需要因为网络平台治理进而修改宪法。但也必须看到，根据一般理论之下的宪法条文规定未来不久极有可能会无法跟上网络社会快速发展的步伐，需要做出相应的回应。比如，为应对互联网技术的飞速创新突破和迅疾应用扩张，国家相继设立了三家互联网法院，分别为杭州互联网法院、北京互联网法院、广州互联网法院，这是我国司法主动适应互联网发展大势的一项重要举措。互联网法院可以实现案件的受理、送达、调解、证据交换、庭前准备、庭审、宣判等诉讼环节全程在线进行，大大提高了司法效率，但也应看到，网络社会涉及的国家审判机关设立、公民基本权利与义务等事项，宪法理应跟进，或者至少有所体现。目前，宪法有一些关于

---

① 胡锦光：《如何推进我国合宪性审查工作？》，爱思想网，2017 年 10 月 20 日，http://www.aisixiang.com/data/106517.html。

经济文化事务管理的原则性规定，如第 2 条中人民依照法律规定，通过各种途径和形式管理国家事务，管理经济和文化事业，管理社会事务；第 11 条中国家鼓励、支持和引导非公有制经济的发展，并对非公有制经济依法实行监督和管理，这些关于经济文化管理的基本规定和宪法确立的人民主权、法制统一等专门法治精神是网络平台治理法律制度设计的根本遵循，也是网络平台治理法律制度体系的宪法性规定。

（二）以专门法为主干，其他法律法规协调配套

网络平台治理通过立法建构法律制度体系还需以专门法为主干，其他法律法规协调配套。网络平台治理立法调整范围分为最低物理层、中间技术层和最高内容层三个部分，其立法所可能实现法治治理的范围也就是调整范围是物理层立法强调对关键信息基础设施保护进行立法，技术层立法强调对网络平台提供者的治理进行立法，内容层强调对网络平台内容治理进行立法，因此应该制定以网络社会法治治理范围中的这三大内容不同但各有侧重专门法，并辅之以配套的法律法规，形成网络平台治理法律制度体系。

1. 最低物理层网络平台安全保护法律法规

最低物理层制定关于网络平台关键信息基础设施进行安全保护的网络平台安全保护性法律法规。网络平台安全保护性法律法规的立法侧重对网络平台之最底物理层的安全保护予以制度化、法律化，物理层立法强调通过立法实现网络平台物理安全，属于安全保护法。我国的《网络安全法》已经于 2016 年 11 月正式颁布，同时已经出台的还有《计算机信息系统安全保护条例》（1994 年 2 月 18 日）、《计算机信息网络国际联网安全保护管理办法》（1997 年 12 月 11 日）、《金融机构计算机信息系统安全保护工作暂行规定》（1998 年 8 月 31 日）、《全国人大常委会关于维护互联网安全的决定》（2000 年 12 月 28 日）、《互联网安全保护技术措施规定》（2005 年 12 月 13 日）、《国家网络空间安全战略》（2016 年 12 月 27 日）、《通信网络安全防护管理办法》（2010 年 1 月 21 日）、《最高人民法院、最高人民检察院关于办理危害计算机信息系统安全刑事案件应用法律若干问题的解释》（2011 年 8 月 1

日)、《互联网新闻信息服务新技术新应用安全评估管理规定》(2017 年 10 月 30 日)等规范性文件。因此,鉴于我国《网络安全法》已经出台,最低物理层网络平台安全保护法律制度建构首先应以现行《网络安全法》为专门法,并根据需要不断修改完善;同时要不断优化下位法,遵循安全法之专门法地位对上述法律法规进行修改、废止,建构网络平台安全保护领域科学完备的法律制度体系。

2. 中间技术层网络平台创新发展促进法律法规

中间技术层制定关于网络平台创新发展促进性法律法规。网络平台发展促进性法律法规的立法侧重对网络平台中间技术层之网络平台的创新发展,也就是平台健康运行予以制度化、法律化,技术层立法要强调通过立法实现网络平台的健康规范运行,促进技术的创新和网络平台的健康发展,属于创新发展促进法。我国目前没有专门的网络平台提供者创新发展促进性法律,但已出台了《互联网信息服务管理办法》(2000 年 9 月 25 日)、《即时通信工具公众信息服务发展管理暂行规定》(2014 年 8 月 7 日)、《移动互联网应用程序信息服务管理规定》(2016 年 6 月 28 日)、《互联网新闻信息服务管理规定》(2017 年 5 月 2 日)、《互联网群组信息服务管理规定》(2017 年 9 月 7 日)、《互联网用户公众账号信息服务管理规定》(2017 年 9 月 7 日)等规范性文件,同时《刑法修正案(九)》《侵权责任法》《全国人民代表大会常务委员会关于加强网络信息保护的决定》《反恐怖主义法》也对其做出了规定,其中《全国人民代表大会常务委员会关于加强网络信息保护的决定》大篇幅规定了网络服务提供收集、使用以及提供信息规则。因此,鉴于我国没有专门的网络平台提供者创新发展促进法,中间技术层网络平台创新发展促进性法律法规的立法首先需要制定专门的"网络平台发展促进法"并将其作为该领域的专门法;同时通过优化完善与之相关的法律法规,特别是遵循网络平台提供者法之专门法地位对上述法律法规进行修改、废止,建构促进网络服务提供经营者提供服务的法律制度体系。

3. 最高内容层网络平台内容管理法律法规

最高内容层制定关于网络平台内容管理的法律法规。网络平台内容管理性法律法规的立法侧重对网络平台最高内容层之网络平台内容建设规范予以制度化、法律化，基于网络平台用户数量巨大、网络平台交叉互联以及技术代码多变创新特质使网络平台内容呈现变化多端、纷繁复杂之样态。正如前文所述其是技术的适用者，与技术拥有者、控制者的网络平台提供者不同，不会轻易造成大规模侵权和负面效益，因此内容层立法更强调通过立法实现网络平台内容建设的规范有序。我国目前没有专门的网络平台内容管理法，但已出台《国务院办公厅关于进一步做好中央政府门户网站内容保障工作的意见》（2006 年 9 月 7 日）、《国务院关于授权国家互联网信息办公室负责互联网信息内容管理工作的通知》（2014 年 8 月 28 日）、《互联网信息内容管理行政执法程序规定》（2017 年 5 月 2 日）、《互联网新闻信息服务单位内容管理从业人员管理办法》（2017 年 10 月 30 日）等规范性文件。因此，鉴于我国没有专门的网络平台内容管理法，最高内容层网络平台内容管理法律法规的立法首先需要制定"网络平台内容管理法"并将其作为该领域的专门法；同时通过优化完善与之相关的法律法规，特别是遵循网络平台内容管理法之专门法地位对上述法律法规进行修改、废止，建构科学完备的网络平台内容管理法律制度规则体系。

## 第三节　推动程序公开与审查监督

### 一　推动立法程序公开

现代法治需要全面把握"程序"与"立法"这两个关键词之含义。对于网络平台治理而言，程序正当既是立法的基本要求，也是执法和司法必须遵循的基本法治精神。网络平台治理立法的基本要求之一便是程序公开，也唯有基于程序规范、公开才能制定出体现现代民主法治基本精神的网络平台治理法律制度。推动网络平台治理立法程序公开，重点需要从关注程序公开本身汲取有益经验。

立法民主、科学和公开是现代法治的标志，我国中央立法机关和各个地方立法主体都对立法程序公开做了有益实践和大胆尝试，这些关注立法程序公开本身致力于提高立法民主性、科学性的有益尝试是我国立法程序公开的新鲜实践经验和基本参照系，汲取并积极适用于网络平台治理立法对推动立法公开，改进完善网络平台治理法律制度，推进网络平台治理体系和治理能力现代化、法治化具有重要意义。总结这些有益做法和大胆尝试，网络平台治理立法程序公开本身可以在以下方面做出改进和完善。

网络平台治理立法从提出立法建议至立法正式通过，全过程都应该公开。概括起来主要包括：①立法提案与公开，拓宽立法提案范围，允许、鼓励和畅通普通公民、社会团体、经济组织向全国人大及其常委会提出制定网络平台治理法律建议，对所有建议以及吸收情况做出汇总性说明并在网上公开；②立法规划编制与公开，定期向全社会广泛征求立法项目，编制立法规划并连同意见征集与吸收情况一起公开，形成制度；③立法草案起草与公开，允许、鼓励和畅通相关单位、第三方组织以及专家，特别是法学专家单独或参与起草网络平台治理法律草案，如中国法学会组织的立法专家咨询会与编制的咨询报告，扩大社会和公民参与起草工作的渠道，对参与情况连同草案稿一起向全社会公开，形成制度；④立法建议听取与公开，立法的整个过程至少召开一次立法专家座谈会、学术研讨会、立法咨询会等，立法前至少实地调研一次，草案定稿至少实地反馈并征求意见一次，充分征求管理相对人的意见并在一定范围内公开；⑤立法论证，组织人大代表和专家学者进行立法调研和论证，并适时向专家学者以及人大代表公开意见建议汲取情况，及时反馈；⑥立法听证，立法的整个过程至少召开一次立法听证会，就有关立法争议以及规定做出说明，听取社会各界意见，并在一定范围内公开；⑦征求意见稿发布，所有的法规草案必须征求意见稿，鼓励与人们切身利益相关和网络社会热点立法多次发布征求意见稿，利用网络、新闻媒体公布公开，广泛征求社会意见；⑧立法公开宣传，加强对立法过程的公开宣传与报道，及时报道法规草案的调研、讨论、听证、论证情况。充分利用政府网站、自媒体客户端等多种渠道进行多形式的公开宣传与报道。

## 二　健全审查监管机制

审查监管是指设立专门机构对立法过程以及立法内容进行审查监督，审查监管机制的健全完善有利于破解网络平台治理立法各自为政，立法内容部门化、碎片化问题。概括起来，可从以下几个方面入手。

（一）设立合宪性审查委员会

党的十九大报告指出："全面依法治国是国家治理的一场深刻革命，必须坚持厉行法治，推进科学立法、严格执法、公正司法、全民守法。成立中央全面依法治国领导小组，加强对法治中国建设的统一领导。加强宪法实施和监督，推进合宪性审查工作，维护宪法权威。推进科学立法、民主立法、依法立法，以良法促进发展、保障善治。"这是我国第一次将"推进合宪性审查工作"写进党代会报告中，既体现国家对合宪性审查的重视，也符合我国法治建设实际情况。

目前我国的合宪性审查工作是由全国人大常委会法制工作委员会负责，其作为全国人大常委会的法制工作机构，依据规定负责立法调研、立法草案拟订、草案意见征求、提出修改建议、答复法律询问、处理答复全国人大代表提出的法制工作的建议批评和意见以及全国政协委员的提案、进行法学理论研究、汇编译审法律文献和开展法制宣传工作，其本身特别是立法草案起草工作已经非常琐碎繁重，同时还承担备案工作，基于这种角度考量由其做好合宪性审查工作困难较大。因此，有必要在全国人大专门设置合宪性审查委员会，推进合宪性审查工作，维护宪法权威。网络平台治理立法作为中国特色社会主义法律体系的一部分，需要且必须进行合宪性审查，通过合宪性审查委员会的审查，实现维护宪法权威和遵循法制统一等基本法治理念，推进网络平台治理的科学立法、民主立法、依法立法，以良法促进发展、保障善治。

（二）设置专门行政立法审查监管机构

网络平台治理行政立法主体本身是网络社会的监管机关，其基于监管需要进行网络平台治理立法以实现履行监管职能之需要。然而正如前文所述，这一制度下明显出现了网络平台治理行政立法各自为政，行政立法部门化、碎片化等问题，正如中国政法大学席涛教授所说，谁来"监管监管者"即如何监督和控制独立监管机构和内阁行政机构这样集三权于一身的监管者，这些都折射出谁来"监管监管者"问题。为解决谁来"监管监管者"这一问题，美国国会在 1980 年通过了《文牍削减法》，并在白宫管理和预算办公室（Office of Management and Budget，OMB）建立了信息和监管事务办公室（Office of Information and Regulatory Affairs，OIRA），OIRA 作为监管机构的监管者，直接负责审核和协调内阁监管机构的规章。克林顿行政命令（1993年）和国会立法（1995 年）都规定，独立监管机构的年度监管规划也要提交 OIRA 审核，只有经过 OIRA 的同意，监管机构才能发布规章。[1]

　　行政立法审查监管存在的问题并非我国独有，虽然我国已有行政立法的备案制度，然而谁来"监管监管者"的问题并没有根治，因此需要在国务院之下设置专门审查监管机构，开展行政立法审查监管工作，破解立法的各自为政、部门化、碎片化问题。鉴于"中央网络安全和信息化领导小组办公室、国家互联网信息办公室"在我国的实际运行及其职责安排，建议借鉴美国 OIRA 行政立法审查监管机制，赋予"国家互联网信息办公室"网络平台治理行政立法的审查监管职权，统一协调网络平台治理行政法规的制定、统一审查监管网络平台治理行政规章的制定，破解网络平台治理行政立法碎片化、部门化问题。

---

① *Paperwork Reduction Act of 1980*，Public Law，No. 96 – 511，转引自席涛《法律、监管与市场》，《政法论坛》2011 年第 3 期。

# 第六章  我国网络平台治理立法
## 评估的制度设想

　　网络平台治理立法评估是对网络平台治理法律、行政法规、地方性法规和规章制定全过程状况进行测度、评价、预警，对背离法治轨道的行为和现象提出矫正意见的专门性评估活动，立法评估指标体系和考核标准是网络平台治理立法评估两大要素，二者共同构成了体现立法评估功能及其价值的两大支柱，是构建科学完备的网络平台治理立法评估体系的基础。

　　网络平台治理立法评估须遵循相应的原则，围绕是否必要、是否合法、是否合理、是否可操作等进行指标体系和考评标准设计；进而根据指标体系和考评标准，通过设计评估目标规划、评估具体实施和评估效果总结三个步骤，对一个国家或地区某一时段内网络平台治理立法实践成效进行全面、客观、公正的测度、评价及预警。

## 第一节　立法评估的基本原则与指标设计

　　网络平台治理立法评估须遵循全面与特色相结合、客观与主观相结合、科学与简便相结合、实用性与适用性相结合、可计量与可比较相结合的基本原则，围绕法治建设"必要性、合法性、合理性、可操作性、地方立法特色性及技术性"，展开指标体系设计目标规划，分类设计各级指标，科学设定关键绩效指标（KPI），确定具体指标的名称、含义和口径范围，构建多层次网络平台治理立法评估指标体系和具体化考评标准。

## 一 基本原则的遵循

### （一）全面与特色相结合原则

网络平台治理立法评估指标体系和考评标准涉及网络平台治理法律、行政法规、地方性法规和规章的不同制定主体，包括政府主导网络平台治理、网络平台提供者自治、政府与网络平台提供者合作共治以及关键信息基础设施保护、网络运行安全、数据信息安全、网络平台提供者有序运营、互联网内容建设等多个方面，内容丰富，涉及面广。[①] 因此，评估指标体系和考评标准既需要使其能评价网络平台治理法律、行政法规、地方性法规和规章的不同立法机关在设计网络社会关键信息基础设施保护、网络运行安全、数据信息安全、网络平台提供者有序运营、互联网内容建设等网络平台治理立法活动中的合法性和合理性，也需要使其能评价政府主导网络平台治理、政府与网络平台提供者合作共治、公众参与网络平台治理以及其他组织运用网络平台治理法律规范的可行性和有效性；既要能全面客观评价网络平台治理立法规划、草案起草、建议听取、立法论证、立法公开的阶段性进程，又要能全面客观评价网络平台治理立法在保障网络安全和促进网络社会创新发展方面的成效。

### （二）客观与主观相结合原则

网络平台治理立法评估指标体系一般包含客观指标和主观指标。客观指标是用来反映所评价网络平台治理立法实践现象的客观存在事物及其状况的指标，[②] 通常表现为对社会治理立法评估对象依照一定的职权（能），遵循一定的程序，行使一定的权力（利），履行一定的义务所形成的过程、

---

① 参见徐汉明、张新平《社会治理法治建设指标体系的设计、内容及其评估》，《法学杂志》2016年第6期。

② 参见王称心、蒋立山《现代法治城市评价：北京市法治建设状况综合评价指标体系研究》，知识产权出版社，2008，第31页。

结果、状态（事件或法律事实），按照网络平台治理立法评估指标进行考核评价所形成的结果（结论）。主观指标是指人们对网络平台治理立法实践现象的主观感觉指标，通常表现为人们的心理状态、情结、愿望和满意程度等。[1] 网络平台治理立法评估指标体系设计既应使其对网络平台治理立法实践进程状况做出客观评价，具有客观依据性；又应引导社会公众自觉参与评估体系建设，反映社会心理对网络平台治理立法的认知度、满意度与支持度，具有主观认知对客观现象的能动反映性，从而实现二者的有机统一。

（三）科学与简便相结合原则

网络平台治理立法评估指标体系和考评标准设计应在合理的理论依据指导下，基于网络社会法治及其治理、法治建设一般理论，特别是法治评估理论之指引，要根据立法评估的实际需求选取指标，确保指标体系能科学地反映网络平台治理立法实践的现实水平。同时，在众多合理指标中，应充分考虑网络社会法治及其治理实际，应当力求选取能全面和准确反映网络平台治理立法实际状况和真实水平的代表性指标，在指标数量上做到少而精，兼顾全面考量与典型，体现科学选取又简便易行。

（四）实用性与适用性相结合原则

设计网络平台治理立法评估指标体系和考评标准，首先，应从现实条件出发，使信息易于获取（能够从现实中获取），降低信息收集成本。其次，应注意将立法评估指标体系、考评标准与评估方法有机结合，提出该指标评估的标准及其测量方法。最后，应在立法评估实践中不断完善指标体系和考评标准，重点是改善指标的品质（指标之间独立，人为因素影响最小）、权重的品质（各指标的权重系数符合实际）以及测量的品质（测量方法与测量对象一致），使网络平台治理立法评估指标体系和考评标准体现完整性，符合评估对象的客观实际，做到实用性与适用性有机统一。

---

[1] 参见王称心、蒋立山《现代法治城市评价：北京市法治建设状况综合评价指标体系研究》，知识产权出版社，2008，第35页。

### （五）可计量与可比较相结合原则

在网络平台治理立法评估指标体系可计量、可操作的基础上，整个指标体系的设置要尽可能做到能在同一时期内对不同地区的地方网络平台治理立法状况进行评价并具有可比较性，并对不同地区网络平台治理立法状况进行排序，进而达到评价预期，促进阶段发展与整体推进同步协调；同时对整个网络平台治理立法实际状况进行评价，并将其与网络平台治理法治实践进行比较，把握国家网络平台治理立法整体状况，考察其现实发展、社会评价是否滞后、滞后多少，做到可计量与可比较的协调一致。

## 二　指标体系的设计

### （一）指标体系设计目标规划

目标要素的择定是指标体系设计的逻辑起点。目标要素的提取并不是纯思想抽象的理论假设，而是根据评估目的、层次、对象、社会需求和决策者制度设计"问题意识"提出的前提性设想。在目标要素选取上，应以国家关于完善网络平台治理立法的顶层设计规划为目标导引和核心依据，使指标体系结构内容与国家设定的目标任务在形式与内容层面保持高度契合，以达到从形式与内容、过程与结果维度有力推进目标落实的实际功效，做到"纲举目张"。同时，网络平台治理立法评估制度设计及其实践情况内容反映往往比较宏观，基于抽象整体把握的结果，带有原则性和方向性，因此指标设计需要对网络平台治理立法战略目标和整体内容予以分类细化，明确其内涵与外延。

### （二）分类设计各级指标

网络平台治理立法指标设计应按照"宏观→中观→微观"的分类方法逐级进行。目标确定后，可根据其目标细化的结果设置相应一级宏观指标，进而在一级指标下设置全面的衡量维度作为二级中观指标，最后分设易测量或量化的三级微观指标。一个科学的网络平台治理立法评估指标体系具有整体完备性与有机互斥性高度协调统一的特点。整体完备性要求各个指标的集合能完整地、多角度地、系统地对评估对象进行评价，任何对网络平台治理立法评估事项的遗漏都将大大降低评估的功效；有机互斥性要求各个指标之间不得互相包含，即评估对象的各项取值互不兼容，任何对同一因素的不同表现方式的重复衡量计算都将使指标体系丧失科学性和可靠性。

（三）科学设定关键绩效指标（KPI）

网络平台治理立法评估指标设计应防止碎片化，指标过于烦琐和细化，不仅会增加评估成本，降低评估效率，还会助长弄虚作假的风气，滋生因评估指标过多过细而出现临时炮制表格和文件的现象。因此，可采用关键绩效指标（KPI）设计法，弄清能对网络平台治理立法评估目标起到关键作用的指标，把握其与网络平台治理立法评估战略和网络平台治理立法整体之间的关联性和影响度。在不损害指标体系完整性的前提下，尽可能采用删除、合并或列入附加项目的方法，减少不必要指标，使指标体系清晰简化又不失完整性。

（四）确定具体指标的名称、含义和口径范围

网络平台治理立法评估具体指标设计应考量其在整个指标体系中的地位和作用，依据其反映特定对象的性质和特征，确定具体指标的名称、含义和口径范围。若反映一个网络平台治理立法对象和现象有多种指标可供选择，则须考量不同网络平台治理立法活动的目的和要求，特别是对涉及网络平台治理立法评估战略导向的考量。

（五）构建多层次网络平台治理立法评估指标体系和具体化考评标准

除了总体网络平台治理立法指标和考评标准设计外，还需设计网络平台治理立法职能部门和履职人员的相关指标和考评标准，尽可能形成组织整体指标与责任单元（领导班子、领导干部、工作人员）指标挂钩，绩效考核责任到人；"关键少数"对整个地区和部门网络平台治理立法的主体责任落实到位，从而保证中央层面的网络平台治理法治建设目标任务在具体实践中得到统一有效执行，建构起一套"纵到底，横到边"的分层化、类型化、系统化的指标体系。

## 第二节　评估指标体系和考评标准

### 一　总体方案与分值

如"我国网络平台治理立法实践的困境检视"章节所述，我国关于网络平台治理立法评估理论研究明显偏少，网络平台治理立法评估制度基本处于缺失状态。关于一般立法评估指标体系和考评标准理论的探究主要集中在地方立法后评估和立法影响的评估。对于网络平台治理立法指标体系和考评标准设计具有重要借鉴意义的研究成果，有西南政法大学俞荣根教授的《不同类型地方性法规立法后评估指标体系研究》[①]《地方立法后评估指标体系研究》[②] 以及华东理工大学孙晓东副教授的《立法后评估的一般指标体系分析》[③] 等。地方性法规立法后评估一级指标和分值如图 6 – 1 所示。

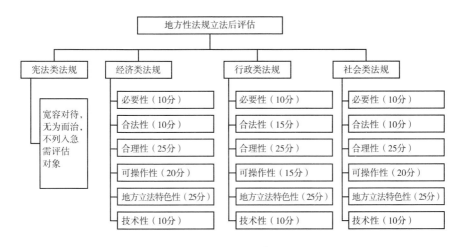

图 6 – 1　地方性法规立法后评估一级指标和分值

---

[①]　俞荣根：《不同类型地方性法规立法后评估指标体系研究》，《现代法学》2013 年第 5 期。

[②]　俞荣根：《地方立法后评估指标体系研究》，《中国政法大学学报》2014 年第 1 期。

[③]　孙晓东：《立法后评估的一般指标体系分析》，《上海交通大学学报》（哲学社会科学版）2012 年第 5 期。

　　借鉴立法之地方性法规文本质量评价指标体系及其分值设计方案，对网络平台治理法治建设评估指标及分值进行总体设计。网络平台治理立法指标体系和分值是评估网络平台治理法规文本的依据和标尺，具有可测度、可操作、可量化等特点。网络平台治理法治建设评估主要强调对网络平台治理立法是否必要、是否合法、法律文本条款规则是否合理、是否具有较强可操作性、是否具有较高技术性含量以及地方性立法的特色性彰显等内容进行评价。从指标体系透视，网络平台治理立法指标体系涵盖 6 个一级指标。如图 6 - 2 所示，6 个一级指标"必要性""合法性""合理性""可操作性""地方立法特色性""技术性"所占分值分别为 10 分、10 分、25 分、25 分、15 分、15 分。这种一级指标体系和分值分布设计既遵循一般法治建设评估一级指标体系和分值分布研究理论，又内含了网络平台治理法治建设评估的特色要素。具体而言，网络平台治理法治建设评估汲取一般法治建设评估指标设计的必要性、合法性、合理性、可操作性、地方立法特色性及技术性的内容，但在分值设置上考虑网络社会技术要素的重要意义，网络平台治理立法可能需要比一般立法更高的立法技术要求；同时依托现代信息技术而存在的网络社会，正在打破一切分割人群的边界，信息可以穿过网络终端所及的一切边界，彻底改变工业社会权力和知识附属于地域的"硬件"时代，与农业社会的"地域性"熟人社会和工业社会的"中心—边缘结构"陌生人社会相比，网络社会是彻底打破边界的"去中心"脱域化社会，且正在突破领域、族域的限制。① 考虑网络社会的"脱域化"特殊因素，法治建设评估减少了地方网络平台治理立法特殊性所占的分值。

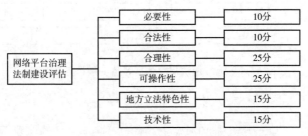

图 6 - 2　网络平台治理立法评估一级指标和分值

---

　　① 参见张康之、向玉琼《网络空间中的政策问题建构》，《中国社会科学》2015 年第 2 期。

## 二　具体内容与标准

### （一）网络平台治理立法评估指标体系具体内容

围绕网络平台治理立法是否必要、是否合法、法律文本条款规则是否合理、是否具有较强可操作性、是否具有较高技术性含量以及地方性立法的特色性彰显一级指标，本着可测度、可操作、可量化原则将网络平台治理具体指标和考评标准设计如下。①测度"网络平台治理立法评估必要性"状况的指标。其包括 2 个二级指标，即有上位法授权或无上位法授权但有明确立法规划；既有立法空白明显或严重滞后于网络平台治理实际，虽无授权、无规划但立法需求迫切且时机成熟。②测度"网络平台治理立法合法性"状况的指标。其包括 2 个二级指标，即立法主体适格，立法与网络平台治理上位法内容无抵触且衔接较好；立法程序符合《立法法》的规定，程序明确具体且比较完整。③测度"网络平台治理立法合理性"状况的指标。其包括 5 个二级指标，即网络平台治理法规文本内容是否体现职权明确、权责相对对等，是否存在条文碎片化、部门化导致网络平台治理选择性执法怪象；网络平台治理法规文本内容是否救济措施缺乏，是否存在措施不当致使正当权利无法实现有效救济；是否存在因网络平台治理执法、司法程序规定不明不细致使执法不严、司法不明等问题，损害当事人合法权益；是否充分体现网络平台治理立法民主、执法比例原则，充分保障公众参与权，选择对权益损害最小的方式执法；立法是否体现网络平台治理特殊性，凸显网络平台治理安全保障与创新发展并重。④测度"网络平台治理立法可操作性"状况的指标。其包括 5 个二级指标，即网络平台治理立法文本是否存在重要条款规定抽象、笼统致使其在网络平台治理执法、司法实践中形同虚设，无法有效实行；网络平台治理立法是否因条文规则缺乏有效解决网络平台治理问题的针对性、特殊性致使其实践可操作性不强；网络平台治理法律文本是否存在因自由裁量权范围过广致使同类同性执法和司法差别明显现象；网络平台治理立法是否存在程序规定不健全或者过于简单致使执法、司法实践无法依法进行问题；网络平台治理立法是否由于内容碎片化、程序太烦琐而在实际网络平台治理执法、司法实践中可操作性不强。⑤测度"网络平台治理地方立法特色性"状况的指标。其包括 3 个二级指标，即地方性立法是否从本地区网络平台治理实际出发，充分考虑地方治理特色；网络平台治理地方性立法是否存在大而全的简单重复，条款多为宣示性内容问题；网络平台治理地方性立法是否与上位法、本地区其他地方性法规协调、互补。⑥测度"网络平台治理立法技术性"状况的指标。其包括 3 个二级指标，即网络平台及其治理概念的法律表达清晰明了、规范准确，符合立法一般要求；网络平台治理立法概念、术语、标点、符号使用专业、规范、统一，且符合立法一般要求；网络平台治理立法是否与网络社会技术要素有效衔接，是否运用大数据、云计算等技术资源，彰显网络平台治理"技术归化"理念。

（二）网络平台治理立法评估具体考评标准

围绕网络平台治理立法是否必要、是否合法、法律文本条款规则是否合理、是否具有较强可操作性、是否具有较高技术性含量以及地方性立法的特色性彰显一级指标，本着可测度、可操作、可量化原则将网络平台治理具体考评标准设计为：一级指标"必要性""合法性""合理性""可操作性""地方立法特色性""技术性"所占分值分别为 10 分、10 分、25 分、25 分、15 分、15 分，共计 100 分。6 个一级指标中测度"网络平台治理立法必要性"状况指标、测度"网络平台治理立法合法性"状况指标、测度"网络平台治理立法合理性"状况指标、测度"网络平台治理立法可操作性"状况指标、测度"网络平台治理地方立法特色性"状况指标、测度"网络平台治理立法技术性"状况指标包含的二级指标分别为 2 个、2 个、5 个、5 个、3 个、3 个，共计 20 个，每个 5 分。每个二级指标又分别根据内容设置 0~1 分、2~3 分、4~5 分三个等次。

具体网络平台治理立法评估指标体系和考评标准见表 6-1。

表 6-1　网络平台治理立法评估指标体系和考评标准一览

| 一级指标及分值 | | | 二级指标及分值 | | |
|---|---|---|---|---|---|
| 序号 | 一级指标 | 分值 | 序号 | 二级指标 | 分值 |
| 一 | 测度"网络平台治理立法必要性" | 10 分 | 1 | 有上位法授权或无上位法授权但有明确立法规划 | 5 分 |
| | | | 2 | 既有立法空白明显或严重滞后于网络平台治理实际,虽无授权、无规划但立法需求迫切时机成熟 | 5 分 |
| 二 | 测度"网络平台治理立法合法性" | 10 分 | 3 | 立法主体适格,立法与网络平台治理上位法内容无抵触且衔接较好 | 5 分 |
| | | | 4 | 立法程序符合《立法法》的规定,程序明确具体且比较完整 | 5 分 |
| 三 | 测度"网络平台治理立法合理性" | 25 分 | 5 | 网络平台治理法规文本内容是否体现职权明确、权责相对对等,是否存在条文碎片化、部门化导致网络平台治理选择性执法怪象 | 5 分 |
| | | | 6 | 网络平台治理法规文本内容是否救济措施缺乏,是否存在措施不当致使正当权利无法实现有效救济 | 5 分 |
| | | | 7 | 是否存在因网络平台治理执法、司法程序规定不明不细致使执法不严、司法不明等问题,损害当事人合法权益 | 5 分 |
| | | | 8 | 是否充分体现网络平台治理立法民主、执法比例原则,充分保障公众参与权,选择对权益损害最小的方式执法 | 5 分 |
| | | | 9 | 立法是否体现网络平台治理特殊性,凸显网络平台治理安全保障与创新发展并重 | 5 分 |
| 四 | 测度"网络平台治理立法可操作性" | 25 分 | 10 | 网络平台治理立法文本是否存在重要条款规定抽象、笼统致使其在网络平台治理执法、司法实践中形同虚设,无法有效实行 | 5 分 |
| | | | 11 | 网络平台治理立法是否因条文规则缺乏有效解决网络平台治理问题的针对性、特殊性致使其实践可操作性不强 | 5 分 |
| | | | 12 | 网络平台治理法律文本是否存在因自由裁量权范围过广致使同类同性执法和司法差别明显现象 | 5 分 |
| | | | 13 | 网络平台治理立法是否存在由于程序规定不健全或者过于简单致使执法、司法实践无法依法进行问题 | 5 分 |
| | | | 14 | 网络平台治理立法是否由于内容碎片化、程序太烦琐而在实际网络平台治理执法、司法实践中可操作性不强 | 5 分 |

续表

| 一级指标及分值 | | | 二级指标及分值 | | |
|---|---|---|---|---|---|
| 序号 | 一级指标 | 分值 | 序号 | 二级指标 | 分值 |
| 五 | 测度"网络平台治理地方立法特色性" | 15分 | 15 | 地方性立法是否从本地区网络平台治理实际出发，充分考虑地方治理特色 | 5分 |
| | | | 16 | 网络平台治理地方性立法是否存在大而全的简单重复，条款多为宣示性内容问题 | 5分 |
| | | | 17 | 网络平台治理地方性立法是否与上位法、本地区其他地方性法规协调、互补 | 5分 |
| 六 | 测度"网络平台治理立法技术性" | 15分 | 18 | 网络平台及其治理概念的法律表达清晰明了、规范准确,符合立法一般要求 | 5分 |
| | | | 19 | 网络平台治理立法概念、术语、标点、符号使用专业、规范、统一,且符合立法一般要求 | 5分 |
| | | | 20 | 网络平台治理立法是否与网络社会技术要素有效衔接,是否运用大数据、云计算等技术资源,彰显网络平台治理"技术归化"理念 | 5分 |

# 第三节　立法评估的步骤要求

　　网络平台治理立法评估是一个有计划、有步骤的网络平台治理法治实践活动，应按照一定的顺序进行，否则无法达到预期效果。依据评估的不同类型、评估过程（步骤）的差别性，评估活动可以分为目标规划、实施、总结等阶段。

## 一　立法评估的目标规划

　　目标规划是网络平台治理立法评估的起点，也是网络平台治理立法评估工作顺利进行的重要前提条件。其主要任务有如下几个方面。

　　首先，选择评估目标与实施者。一般说来，指标体系和考核标准的目标推进与实施者可以是执政党的层级组织、政府，或是独立的第三方，也可以是执政党层级组织、政府职能部门与独立第三方共同组成的协作团队。网络平台治理立法评估既是这项建设活动的行动进程，也是理论创新、制度创新的综合性活动。由于独立第三方具有扎实的理论知识体系、研究基础和评估技术，且相对客观中立；执政党层级组织、政府职能部门身处工作第一线，对社会治理法治建设的实践情况最为了解，也较清楚何种指标可以准确全面地反映工作实际以及在指标体系设计和运用过程中会遇到何种困难。因此，由执政党层级组织、政府职能部门与独立第三方共同组成的协作团队可以扬长避短，三者共同推进和实施的评估相对而言更为客观中立，也更具实用性。

其次，确定评估对象。确定网络平台治理立法评估对象是回答"评估什么"的问题，因而必须根据理论研究和实际工作的需要，遵循可行性与有效性原则，选择网络平台治理立法评估的对象应具有实然性和应然性。同时，评估主体不仅要确定具体评估内容，还要确定评估的时间、场域等具体范畴，以达到评估目的与评估效率的有机统一。

最后，制定评估方案。规划、设计、制定评估方案直接关系评估质量的高低和评估效果的好坏。设计者制定评估方案需要注意把握相关环节。第一，网络平台治理立法评估的对象清晰明了；第二，网络平台治理立法评估的目的、内容和要求明确；第三，网络平台治理立法评估的类型、标准和方法易于识别、选择；第四，根据网络平台治理立法评估的目的、内容和范围提出合理设想，并进行网络平台治理立法评估指标体系和考核标准的设计；第五，对设计完成的网络平台治理立法评估指标体系和考核标准应进行统计审查，从信用度、协调性、稳健性等方面进行审视权衡，如"世界正义工程"法治指数从 2010 年开始就邀请欧盟委员会联合研究中心对指数进行统计审查，这一环节在我国社会治理评估和法治评估实践中并未推广应用。信度审查就是采用同样的方法对同一对象重复测量时所得结果的一致性程度进行评估，具体的审查方法是考察克隆巴赫系数（Cronbach's alpha）。协调性（coherence）审查又分为内部协调性和外部协调性，前者检测各个因子的相关性，具体的审查方法分别是主成分分析和相关系数（包括上述的 Cronbach's alpha 系数、Spearman Rank Correlation）分析；后者审查分值与其他机构就同一对象、同一事项的测量分值，因为其他机构也针对法治相关因子进行了评估，如果它们之间的结果相差太大，必然有一方出问题，具体的审查方法也是相关系数。最后是稳健性（robustness）审查，指标因子、缺失值的插补、权重的分配、计算方法等都是选择的结果，如果改变某一选择，指数得分和排序就会变动。在指标因子等稳定的前提下，如果改变后三者，而各个国家的得分排序又相对稳定，可以认为其具备稳健性。在实践中，欧盟委员会联合研究中心的审查有力地保障了"世界正义工程"法治指数的科学性和公信力，[①] 以验证指标设计的科学性，提供修改反馈意见，持续改进评估质量，增强评估公信力。

## 二　立法评估的具体实施

评估实施是整个网络平台治理立法评估活动中最为重要的部分，需要运用具体的调查方法和评估手段来实现。一般而言，评估实施的主要任务和操作步骤如下。

第一，全面收集网络平台治理法律制度制定情况、社会反应和治理效果等方面的信息。评估实施的首要环节是全面收集有关网络平台治理立法评估对象的各种信息，掌握更多的原始材料，尽可能做到系统、准确、可靠。其信息可由执政党层级组织、政府职能部门自行收集，也可委托第三方民意调查机构进行收集；收集的信息可以是主观感受，也可以是客观事实；可以是精确的数据，也可以是较为抽象的观点评价。在实践中，信息收集的常用方法有：现场观察、公众问卷调查（General Population Poll，GPP）、专家问卷调查（Qualified Respondents' Questionnaires，QRQ）、资料查阅、个案分析、实验研究、延伸调查等。如"世界正义工程"法治指数采用了自行采集第一手数据的方法，分别向公众和专家两大群体收集数据信息。就公众群体而言，"世界正义工程"采用公众调查问卷方法，委托各国家权威民意调查机构，由其在该国三个最大的城市随机抽样 1000 人左右，

---

① Michaela Saisana and Andrea Saltelli, "The Joint Research Centre Audit on the WJP Rule of Law Index," *the WJP Rule of Law Index 2010*, pp. 119 – 120.

通过电话调查、面对面调查和在线调查三种方式匿名进行。[1]　就专家群体而言，"世界正义工程"还制定了涉及民商法、刑事司法、劳动法、公共卫生四种不同领域的专业问卷，其调查由指数组直接实施，被调查的专家来自律师事务所、大学、研究机构、医院、非政府组织，但不包括现任政府官员、法官和检察官。网络平台治理立法评估信息的收集有其自身的特点，可以借鉴当前我国一些地区立法评估实践过程中采用的统计数据、工作台账、文档记录等客观资料为主，辅以问卷调查、抽样调查、暗访等途径，在获取信息和材料方法基础上，以评价网络平台治理立法的必要性、合法性、合理性、可操作性、地方立法特色性及技术性为目标，收集立法审议报告、公报以及具体立法报道等，综合这些信息作为评估网络平台治理立法评估的依据。

　　第二，对收集信息进行汇总、分类和处理。根据评估的要求对网络平台治理立法评估信息进行精细化处理，从原则上需重点把握以下几点。一是客观性，防止信息失真。二是完整性，保证信息要素齐全、结构完善。三是代表性，收集整理的信息需体现网络平台治理立法的平均水平或公众的主流判断。在数据收集过程中，网络平台治理立法的评估主体通常会收集定量数据和定性数据，前者来源于各种已有的网络平台治理立法实践客观数据，后者建立在专家或公众对网络平台治理立法的定性判断基础上。由于评估中可采用的定量数据较少，且不同地区的统计口径具有差异性，因而定性数据构成了评估数据的主要成分。两者各有优势和缺陷，形成互补关系。在网络平台治理立法评估中，数据的收集应该体现群体的差序性，尽可能全面反映网络平台治理立法实践的整体状况，反映最大多数公众对网络平台治理立法的整体意见。四是广泛性，信息的内容需覆盖网络平台治理立法的方方面面，要求范围广泛。五是趋向性，信息需能够反映网络平台治理立法的趋势变化及未来预期。在数据处理过程中，还需注意调查数据很难实现完整无缺的情况，例如，拒绝调查、遗漏调查事项等。因而处理缺失数据也是评估的必要

[1]　Juan C. Botero and Alejandro Ponce, "Measuring the Rule of Law," *The World Justice Project-Working Papers Series* 1 (2011): 32.

环节，其处理方法一般有三种：删除样本、单独插补、多重插补。① 第一种
方法减少了样本的数量，可能造成更大的测量误差，因此在统计调查中一般
很少采用（余杭法治指数采取这种方法）。所谓测量误差，是指观测值与真
实值之间的差异。一般而言，随机抽样的样本量越大，越能反映其真实情
况，测量误差越小。第二种方法采取均值、中位数、众数、回归插补、热
卡/冷卡插补、期望值最大化插补等方法。第三种方法包括马尔可夫蒙特卡
洛计算法等。此外，调查的数据中还会包括一些异常值，它们会影响数据的
标准化处理，造成误导性解释，影响相关系数结构，在评估中一般可以采取
峰度和偏度检验法予以剔除。② 我国网络平台治理立法评估可综合采用这三
种方法进行。

第三，对分类整理的信息进行描述、解释、分析和评价。网络平台治理立
法评估主体要在加工整理的基础上对手机的评估信息进行描述、解释、分析和
评价，以阐明网络平台治理立法评估的客观现实状态和受访者的主观感受。解
释主要是对网络平台治理立法评估的信息进行说明，阐释网络平台治理立法现
状产生的原因；分析主要是把握信息所反映的网络平台治理立法状况和水平的
主要特征和难点；评价则是说明网络平台治理立法的实际效果及其影响。

## 三　立法评估的效果总结

评估总结是网络平台治理立法评估活动的终点，内容包括撰写立法评估
报告和结果应用。

首先，撰写并提交评估报告。这一阶段主要是在评估网络平台治理立法
的基础上做出总结，给出网络平台治理立法假设结论性意见并提出政策建议，
提交有关领导和相关部门决策。评估报告的内容包括对网络平台治理立法效
果的客观陈述、价值判断，对相关主体制定相关网络平台治理法律制度提出

---

① Michaela Saisana and Andrea Saltelli, "Rankings and Ratings: Instructions for Use," *Hague Journal on the Rule of Law* 3 (2011): 251 – 252.

② Michaela Saisana and Andrea Saltelli, "Rankings and Ratings: Instructions for Use," *Hague Journal on the Rule of Law* 3 (2011): 252.

的意见和政策建议以及对评估过程、评估方法等一些主要问题的说明。其中，政策建议既可针对网络平台治理立法本身，也可针对网络平台治理立法过程；既可针对总体目标，也可针对实施手段；既可针对中央立法机关，也可针对地方立法机关。总之，评估主体应尽可能保持网络平台治理立法信息材料的完整性和统计分析的科学性，确保评估报告的客观、真实、全面、可靠。

其次，结果应用。网络平台治理立法成效是衡量网络平台治理立法实践、立法机关及公职人员工作实绩优劣的重要内容，也是评价立法机关网络平台治理立法业绩的有机组成部分。为保障网络平台治理立法评估指标体系和评估得以公正、高效、权威、有序进行，真正发挥公权力机关"关键少数"在社会治理中的激励与约束作用，应强化评估结果的应用，并相应设置督促整改机制、矫正惩戒机制和责任追究机制。对评估结论，评估主体应将评估对象的网络平台治理立法评估实绩作为其职务任免、奖惩的重要依据，提出相同条件下优先使用具有法治思维、法治素养、法治能力或者评估获得优秀等次的立法机关的领导集团、主管负责人及公职人员的建议。对评定为不合格等次的评估单位和个人等提出批评意见，不得将其评为本地区、本系统综合性表彰单位和个人；连续三年评定为不合格等次的评估对象，对其负责人做出组织处理意见。评估指出网络平台治理立法存在的问题，评估对象应及时采取相应整改措施并向立法监督机关报告，监督审查机关应当对评估实施监督。评估结果被评定为不合格等次的，由评估主体提出意见，职权机关责令其限期整改并建议相关机关取消评估对象当年度各项评选优秀、先进、模范单位等资格。评估对象拒不落实整改或连续三年考评不合格的，职权机关依法依规追究网络平台治理立法评估对象主要负责人的责任。评估对象在网络平台治理立法评估考核工作中弄虚作假、隐瞒事实造成社会恶劣影响的，追究其主要负责人的责任；评估主体工作人员在网络平台治理立法评估工作中失职、渎职造成恶劣影响的，应承担相应责任，以此凸显评估对于网络平台治理立法评估的观察、测度、监测、评价、预警及其矫治的整体功效。

# 结　语

　　我国已经进入网络社会，但其治理问题，尤其是优化立法，建立科学完备的网络平台治理法律制度体系，并运用法治思维和法治方式依法对网络平台进行治理，尚需及时跟进。传统非基于"技术归化"而来的治理制度体系存在一定缺陷，无法及时有效应对网络平台治理中出现的各种问题。而优化立法以建构科学完备的网络平台治理法律制度体系，为网络平台运行及其治理实践提供制度依据，确保网络平台治理活动全部环节和一切过程在法治的轨道上运转，围绕网络平台"安全有序、技术创新、平等开放、健康发展"治理目标实现网络平台运行安全有序、技术创新进步、参与平等开放以及健康稳定繁荣发展正是本书研究的宗旨。

　　法治作为规则之治，是现代文明国家治理的最佳选择和基本形式。优化立法以建构科学完备的网络平台治理法律制度体系，既需要汲取已有的现代立法文明成果，又需要体现网络平台治理的特征。网络社会中，人脑借助计算机进行数值、逻辑计算和存储记忆，使计算机按照程序自动、高速、有序地处理海量数据，实现人类心智与计算机高性能的嵌合。网络空间"人一机"的共在及良好嵌合使得大数据的产生和处理得以实现，信息"爆炸"并通过互联互通、交互联结的互联网技术实现多点快速传播、瞬间交流互动，被循环不断地"制造→传播→再制造"并以"散射状"形式彼此间交叉互动地辐射开来。网络平台信息的发布者与接收者概念的区分被参与者概念取代，每一个人都可以成为信息的创造者而每一个人又同时是信息的消费者和传播者。人脑与计算机嵌合、心智与智能共存，技术、信息、资本和市场要素重新配置、密切融合，依托于现代信息技术而存在的网络社会正在打破人群分割的边界，信息可能穿过网络终端所及之处的一切边界，彻底改变工业社会权力和知识附属于地域的"硬件"时代，这是网络社会区别于工业社会、农业社会的体现，也是网络平台治理立法优化完善、治理法治化所必须观照的内容。

网络平台具有虚拟开放、匿名互通、瞬息传递、全球互联、无中心新型社会场域的基本特点，其立法的优化既需要遵循一般法治理论之指引，紧贴网络平台治理的实际展开，又需要观照网络平台的技术要素，科学建构网络平台治理法律制度体系。我国网络平台治理立法实践探索历经萌芽、发展、转型阶段，形成了始终坚持从实际出发，以问题为导向，安全与发展并重的基本经验，但也存在立法严重滞后的问题。我国网络平台治理立法实践存在的碎片化、调整范围模糊、制定程序公开欠缺、层级位阶偏低、评估制度缺失等问题需要基于立法优化正当理论和先进理念的指引，从范围明晰、体系设计、层级优化、程序公开、审查监督以及评估制度建构层面进行改进。

网络平台治理的立法优化需要将其立法范围划定为最低物理层、中间技术层、最高内容层三层，并分别对物理层网络平台关键信息基础设施保护、技术层网络平台提供者规范和内容层网络平台内容建设管理进行立法，构建以宪法关于网络平台治理的原则性规定为基础，以物理层网络平台安全保护法、技术层网络平台创新发展促进法和内容层网络平台内容管理法专门性法律为主干，由若干网络平台治理行政法规、地方性法规、规章等构成的制度规范体系；同时，不断推动程序公开和审查监督，拓宽公众参与渠道，加强对网络平台治理部门规章的审核和协调，使网络平台及其治理活动在法治的轨道上有序健康运转，实现网络平台安全有序与健康发展的衡平。网络平台治理的立法优化还需要围绕立法之"必要性"、"合法性"、"合理性"、"可操作性"、"地方立法特色性"、"技术性"和"步骤要求"展开立法评估，以提升网络平台治理立法的民主性和科学性。

　　此外，本书内容还不够全面和深入。如何确保网络平台治理立法优化实践及其运行过程中安全与发展、公平与效率之间的衡平，如何实现技术归化理论的落地，以及如何提高网络平台治理立法评估的可操作性等问题依然需要进一步深入研究。

# 附　录

## 附录 A

**20 年来（1998～2017 年）我国网络社会发展基础数据统计（一）**

| 年份 | 互联网使用概况 | | | 手机上网 | | 农村 | | 网民 | | | | |
|---|---|---|---|---|---|---|---|---|---|---|---|---|
| | 网民数量（亿人） | 网民平均每周上网时长（小时） | 互联网普及率（%） | 手机网民数量（亿人） | 手机网民占比（%） | 农村网民数量（亿人） | 农村网民占比（%） | 通过台式电脑上网比例（%） | 通过笔记本电脑上网比例（%） | 手机上网使用率（%） | 平板电脑上网使用率（%） | 电视上网使用率（%） |
| 1998 | 0.02 | | | | | | | | | | | |
| 1999 | 0.09 | 17.0 | | | | | | | | | | |
| 2000 | 0.23 | 13.7 | | | | | | | | | | |
| 2001 | 0.34 | 8.5 | | | | | | | | | | |
| 2002 | 0.59 | 9.8 | 4.6 | | | | | | | | | |
| 2003 | 0.80 | 13.4 | 6.2 | | | | | | | | | |
| 2004 | 0.94 | 13.4 | 7.3 | | | | | | | | | |
| 2005 | 1.11 | 15.9 | 8.5 | | | | | | | | | |
| 2006 | 1.37 | 16.9 | 10.5 | 0.17 | 12.4 | | | | | | | |
| 2007 | 2.10 | 16.2 | 16.0 | 0.50 | 24.0 | | | | | | | |
| 2008 | 2.98 | 16.6 | 22.6 | 1.18 | 39.6 | | | 89.4 | 27.8 | 39.5 | | |
| 2009 | 3.84 | 18.7 | 28.9 | 2.33 | 60.8 | 1.07 | 27.8 | 73.4 | 30.7 | 60.8 | | |
| 2010 | 4.57 | 18.3 | 34.3 | 3.03 | 66.2 | 1.25 | 27.3 | 78.4 | 45.7 | 66.2 | | |
| 2011 | 5.00 | 18.7 | 38.3 | 3.56 | 69.3 | 1.36 | 26.5 | 73.4 | | 69.3 | | |

续表

| 年份 | 互联网使用概况 | | | 手机上网 | | 农村 | | 网民 | | | | |
|---|---|---|---|---|---|---|---|---|---|---|---|---|
| | 网民数量（亿人） | 网民平均每周上网时长（小时） | 互联网普及率（%） | 手机网民数量（亿人） | 手机网民占比（%） | 农村网民数量（亿人） | 农村网民占比（%） | 通过台式电脑上网比例（%） | 通过笔记本电脑上网比例（%） | 手机上网使用率（%） | 平板电脑上网使用率（%） | 电视上网使用率（%） |
| 2012 | 5.64 | 20.5 | 42.1 | 4.20 | 74.5 | 1.56 | 27.6 | 70.6 | 45.9 | 74.5 | | |
| 2013 | 6.18 | 25.0 | 45.8 | 5.00 | 81.0 | 1.77 | 28.6 | 69.7 | 44.1 | 81.0 | | |
| 2014 | 6.49 | 26.1 | 47.9 | 5.57 | 85.8 | 1.78 | 27.5 | 70.8 | 43.2 | 85.8 | 34.8 | 15.6 |
| 2015 | 6.88 | 26.2 | 50.3 | 6.20 | 90.1 | 1.95 | 28.4 | 67.6 | 38.7 | 90.1 | 31.5 | 17.9 |
| 2016 | 7.31 | 26.4 | 53.2 | 6.95 | 95.1 | 2.01 | 27.4 | 60.1 | 36.8 | 95.1 | 31.5 | 25.0 |
| 2017 | 7.72 | 27.0 | 55.8 | 7.53 | 97.5 | 2.09 | 27.0 | 53.0 | 35.8 | 97.5 | 27.1 | 28.2 |

资料来源：根据中国互联网络信息中心（CNNIC）发布的第1~41次《中国互联网络发展状况统计报告》整理。

### 20年来（1998~2017年）我国网络社会发展基础数据统计（二）

| 年份 | 域名 | | | | 网站 | | 网页 | |
|---|---|---|---|---|---|---|---|---|
| | 中国域名总数（个） | ".CN"域名总数（个） | ".CN"域名在中国域名总数中的占比（%） | IPv4地址数（万个） | 网站总数（万个） | ".CN"网站个数（万个） | 网页数量（亿个） | 网页增长率（%） |
| 1998 | | 18396 | | | 0.5 | | | |
| 1999 | | 48695 | | | 1.5 | | | |
| 2000 | | 122099 | | | 26.5 | | | |
| 2001 | | 127319 | | 2182 | 27.7 | | | |
| 2002 | | 179544 | | 2900 | 37.2 | | 1.6 | |
| 2003 | | 34004 | | 4146 | 59.6 | | 3.1 | 93.8 |
| 2004 | 1852300 | 432077 | 23.3 | 5995 | 66.9 | | 8.7 | 180.6 |
| 2005 | 2592410 | 1096924 | 42.3 | 7439 | 69.4 | | 26.0 | 198.9 |
| 2006 | 4109020 | 1803393 | 43.9 | 9802 | 84.3 | 36.7 | 44.7 | 71.9 |
| 2007 | 11931277 | 9001993 | 75.4 | 13527 | 150.4 | 100.6 | 84.7 | 89.5 |
| 2008 | 16826198 | 13572326 | 80.7 | 18127 | 287.8 | 221.6 | 160.0 | 90.0 |
| 2009 | 16818401 | 13459133 | 80.0 | 23245 | 323.0 | 250.0 | 336.0 | 108.8 |
| 2010 | 8656525 | 4349524 | 50.2 | 27764 | 191.0 | 113.0 | 600.0 | 78.6 |

续表

| 年份 | 域名 | | | | 网站 | | 网页 | |
|---|---|---|---|---|---|---|---|---|
| | 中国域名总数（个） | ".CN"域名总数（个） | ".CN"域名在中国域名总数中的占比（%） | IPv4地址数（万个） | 网站总数（万个） | ".CN"网站个数（万个） | 网页数量（亿个） | 网页增长率（%） |
| 2011 | 7748459 | 3528511 | 45.5 | 33044 | 230.0 | 95.2 | 866.0 | 44.3 |
| 2012 | 13412079 | 7507759 | 56.0 | 33053 | 268.0 | 104.0 | 1227.0 | 41.7 |
| 2013 | 18440611 | 10829480 | 58.7 | 33031 | 320.0 | 131.0 | 1500.0 | 22.2 |
| 2014 | 20600526 | 11089231 | 53.8 | 33199 | 335.0 | 158.0 | 1899.0 | 26.6 |
| 2015 | 31020514 | 16363594 | 52.8 | 33652 | 423.0 | 213.0 | 2123.0 | 11.8 |
| 2016 | 42275702 | 20608428 | 48.7 | 33810 | 482.0 | 259.0 | 2360.0 | 11.2 |
| 2017 | 38480335 | 20845513 | 54.2 | 33870 | 533.0 | 315.0 | 2604.0 | 10.3 |

企业使用计算机和互联网

| 年份 | 使用计算机办公比例（%） | 使用互联网比例（%） | 企业固定宽带接入比例（%） | 企业移动宽带接入比例（%） | 在线销售比例（%） | 在线采购比例（%） | 利用互联网开展营销推广活动比例（%） |
|---|---|---|---|---|---|---|---|
| 1998 | | | | | | | |
| 1999 | | | | | | | |
| 2000 | | | | | | | |
| 2001 | | | | | | | |
| 2002 | | | | | | | |
| 2003 | | | | | | | |
| 2004 | | | | | | | |
| 2005 | | | | | | | |
| 2006 | | | | | | | |
| 2007 | | | | | | | |
| 2008 | | | | | | | |
| 2009 | | | | | | | |
| 2010 | | | | | | | |
| 2011 | 88.8 | 82.1 | 74.7 | 10.9 | 26.0 | 27.0 | 24.2 |
| 2012 | 91.3 | 78.5 | 71.0 | 10.4 | 25.3 | 26.5 | 23.0 |
| 2013 | 93.1 | 83.2 | 79.6 | 18.3 | 23.5 | 26.8 | 20.9 |
| 2014 | 90.4 | 78.7 | 77.4 | 25.3 | 24.7 | 22.8 | 24.2 |
| 2015 | 95.2 | 89.0 | 86.3 | 23.9 | 32.6 | 31.5 | 33.8 |
| 2016 | 99.0 | 95.6 | 93.7 | 32.3 | 45.3 | 45.6 | 38.7 |
| 2017 | | | | | | | |

资料来源：根据中国互联网络信息中心（CNNIC）发布的第1～41次《中国互联网络发展状况统计报告》整理。

# 附录 B

## 我国网络平台治理重要法律法规文件梳理

| 序号 | 法律法规文件名称 | 时间（发布日期） | 效力 | 效力级别 |
|---|---|---|---|---|
| 1 | 《教育网站和网校暂行管理办法》 | 2000.07.05 | 现行有效 | 部门规章 |
| 2 | 《全国人民代表大会常务委员会关于维护互联网安全的决定》 | 2000.12.18 | 现行有效 | 法律 |
| 3 | 《最高人民法院关于审理涉及计算机网络著作权纠纷案件适用法律若干问题的解释》 | 2000.12.19 | 失效 | 司法解释 |
| 4 | 《最高人民法院关于审理涉及计算机网络著作权纠纷案件适用法律若干问题的解释》（2004年修正） | 2004.01.02 | 失效 | 司法解释 |
| 5 | 《中华人民共和国电子签名法》 | 2004.08.28 | 现行有效 | 法律 |
| 6 | 《最高人民法院对〈山东省高级人民法院关于济宁之窗信息有限公司网络链接行为是否侵犯录音制品制作者权、信息网络传播权及赔偿数额如何计算问题的请示〉的答复》 | 2005.06.02 | 失效 | 司法解释 |
| 7 | 《互联网安全保护技术措施规定》 | 2005.12.13 | 现行有效 | 部门规章 |
| 8 | 《信息网络传播权保护条例》 | 2006.05.18 | 现行有效 | 行政法规 |
| 9 | 《文化部关于网络音乐发展和管理的若干意见》 | 2006.11.20 | 现行有效 | 部门规章 |
| 10 | 《最高人民法院关于审理涉及计算机网络著作权纠纷案件适用法律若干问题的解释》（2006年修正） | 2006.11.22 | 失效 | 司法解释 |
| 11 | 《山西省计算机信息系统安全保护条例》 | 2008.09.25 | 现行有效 | 地方性法规 |
| 12 | 《浙江省著作权管理办法》 | 2008.11.04 | 现行有效 | 地方政府规章 |
| 13 | 《深圳市互联网软件知识产权保护若干规定》 | 2009.06.30 | 现行有效 | 地方政府规章 |
| 14 | 《宁夏回族自治区计算机信息系统安全保护条例》 | 2009.07.31 | 现行有效 | 地方性法规 |

| 序号 | 法律法规文件名称 | 时间(发布日期) | 效力 | 效力级别 |
|---|---|---|---|---|
| 15 | 《中华人民共和国侵权责任法》 | 2009.12.26 | 现行有效 | 法律 |
| 16 | 《重庆市未成年人保护条例》 | 2010.07.23 | 现行有效 | 地方性法规 |
| 17 | 《宁夏回族自治区实施〈中华人民共和国禁毒法〉办法》 | 2011.01.07 | 现行有效 | 地方性法规 |
| 18 | 《南京市知识产权促进和保护条例》 | 2011.10.13 | 现行有效 | 地方性法规 |
| 19 | 《浙江省著作权管理办法》(2012年修正) | 2012.04.02 | 现行有效 | 地方政府规章 |
| 20 | 《贵阳市计算机信息网络安全保护管理办法》 | 2012.05.25 | 现行有效 | 地方政府规章 |
| 21 | 《最高人民法院关于审理侵害信息网络传播权民事纠纷案件适用法律若干问题的规定》 | 2012.12.17 | 现行有效 | 司法解释 |
| 22 | 《全国人民代表大会常务委员会关于加强网络信息保护的决定》 | 2012.12.28 | 现行有效 | 法律 |
| 23 | 《河北省食品安全监督管理规定》 | 2013.01.18 | 现行有效 | 地方政府规章 |
| 24 | 《信息网络传播权保护条例》(2013年修订) | 2013.01.30 | 现行有效 | 行政法规 |
| 25 | 《海南省信息化条例》 | 2013.09.25 | 现行有效 | 地方性法规 |
| 26 | 《辽宁省计算机信息系统安全管理条例》 | 2013.09.27 | 现行有效 | 地方性法规 |
| 27 | 《中华人民共和国消费者权益保护法》(2013年修订) | 2013.10.25 | 现行有效 | 法律 |
| 28 | 《最高人民法院关于审理利用信息网络侵害人身权益民事纠纷案件适用法律若干问题的规定》 | 2014.08.21 | 现行有效 | 司法解释 |
| 29 | 《互联网危险物品信息发布管理规定》 | 2015.02.05 | 现行有效 | 部门规章 |
| 30 | 《关于加强互联网禁毒工作的意见》 | 2015.04.14 | 现行有效 | 部门规章 |
| 31 | 《中华人民共和国刑法修正案(九)》 | 2015.08.29 | 现行有效 | 法律 |
| 32 | 《南京市未成年人保护条例》 | 2015.12.16 | 现行有效 | 地方性法规 |
| 33 | 《中华人民共和国反恐怖主义法》 | 2015.12.27 | 现行有效 | 法律 |
| 34 | 《上海市禁毒条例》 | 2015.12.30 | 现行有效 | 地方性法规 |
| 35 | 《中华人民共和国慈善法》 | 2016.03.16 | 现行有效 | 法律 |

续表

| 序号 | 法律法规文件名称 | 时间（发布日期） | 效力 | 效力级别 |
|---|---|---|---|---|
| 36 | 《最高人民法院关于人民法院网络司法拍卖若干问题的规定》 | 2016.08.02 | 现行有效 | 司法解释 |
| 37 | 《公开募捐平台服务管理办法》 | 2016.08.30 | 现行有效 | 部门规章 |
| 38 | 《银川市智慧城市建设促进条例》 | 2016.09.02 | 现行有效 | 地方性法规 |
| 39 | 《关于办理刑事案件收集提取和审查判断电子数据若干问题的规定》 | 2016.09.09 | 现行有效 | 司法解释 |
| 40 | 《新疆维吾尔自治区电话和互联网用户真实身份信息登记管理条例》 | 2016.09.29 | 现行有效 | 地方性法规 |
| 41 | 《中华人民共和国网络安全法》 | 2016.11.07 | 现行有效 | 法律 |
| 42 | 《新疆维吾尔自治区防范和惩治网络传播虚假信息条例》 | 2016.12.01 | 现行有效 | 地方性法规 |
| 43 | 《最高人民法院、最高人民检察院、公安部关于办理电信网络诈骗等刑事案件适用法律若干问题的意见》 | 2016.12.19 | 现行有效 | 司法解释 |
| 44 | 《最高人民法院、最高人民检察院关于办理侵犯公民个人信息刑事案件适用法律若干问题的解释》 | 2017.05.08 | 现行有效 | 司法解释 |
| 45 | 《北京市旅游条例》 | 2017.05.26 | 现行有效 | 地方性法规 |
| 46 | 《安徽省禁毒条例》（2017年修订） | 2017.05.31 | 现行有效 | 地方性法规 |

资料来源：根据"北大法宝"数据库、"无讼"法规数据库、国家互联网信息办公室统计数据以及中国知网（CNKI）、"万方"数据库、谷歌（Google）学术搜索、百度搜索等整理。

# 参考文献

## 一　译著类

〔德〕哈贝马斯：《在事实与规范之间：关于法律和民主法治国的商谈理论》，童世骏译，生活·读书·新知三联书店，2003。

〔德〕黑格尔：《法哲学原理》，范扬、张企泰译，商务印书馆，1979。

〔德〕韦伯：《经济与社会》（上），林荣远译，商务印书馆，1997。

〔法〕卢梭：《社会契约论》，李平沤译，商务印书馆，2011。

〔法〕福柯：《规训与惩罚》，刘北成、杨远婴译，生活·读书·新知三联书店，2012。

〔法〕戈丹：《何谓治理》，钟震宇译，社会科学文献出版社，2010。

〔古罗马〕西塞罗：《国家篇　法律篇》，沈叔平、苏力译，商务印书馆，1999。

〔古希腊〕亚里士多德：《政治学》，吴寿彭译，商务印书馆，1997。

〔美〕彼得斯：《政府未来的治理模式》，吴爱明、夏宏图译，中国人民大学出版社，2014。

〔美〕博登海默：《法理学：法律哲学与法律方法》，邓正来译，中国政法大学出版社，1998。

〔美〕安瓦沙编《发展中国家的地方治理》，刘亚平、周翠霞译，清华大学出版社，2010。

〔美〕波斯纳：《法律的经济分析》，蒋兆康译，中国大百科全书出版社，1997。

〔美〕福山：《大断裂：人类本性与社会秩序的重建》，唐磊译，广西师范大学出版社，2015。

〔美〕福山：《国家建构：21世纪的国家治理与世界秩序》，黄胜强、许铭原译，中国社会科学出版社，2007。

〔美〕孔飞力：《他者中的华人：中国近现代移民史》，李明欢译，黄鸣奋校，江苏人民出版社，2016。

〔美〕莱斯格：《代码2.0：网络空间中的法律》，李旭、沈伟伟译，清华大学出版社，2009。

〔美〕莱斯格：《思想的未来：网络时代公共知识领域的警世喻言》，李旭译，中信出版社，2004。

〔美〕庞德：《法律与道德》，陈林林译，中国政法大学出版社，2003。

〔美〕庞德：《通过法律的社会控制》，沈宗灵、董世忠译，商务印书馆，1984。

〔美〕曼纽尔·卡斯特：《认同的力量》，夏铸九、黄丽玲等译，社会科学文献出版社，2003。

〔美〕曼纽尔·卡斯特：《网络社会的崛起》，夏铸九、王志弘等译，社会科学文献出版社，2001。

〔美〕穆勒：《网络与国家：互联网治理的全球政治学》，周程等译，上海交通大学出版社，2015。

〔美〕尼葛洛庞帝：《数字化生存》，胡泳、范海燕译，海南出版社，1997。

〔美〕詹姆斯·N. 罗西瑙主编《没有政府的治理——世界政治中的秩序与变革》，张胜军、刘小林等译，江西人民出版社，2001。

〔英〕吉登斯：《现代性与自我认同：现代晚期的自我与社会》，赵旭东、方文译，生活·读书·新知三联书店，1998。

〔英〕哈特：《法律的概念》，张文显等译，中国大百科全书出版社，1996。

〔英〕霍布斯：《利维坦》，黎思复、黎廷弼译，商务印书馆，1985。

〔英〕波普尔：《开放社会及其敌人》，郑一明等译，中国社会科学出版社，1999。

〔英〕库克耶：《大数据时代》，盛杨燕、周涛译，浙江人民出版社，2013。

〔英〕休谟：《人性论》，关文运译，商务印书馆，1996。

〔英〕伯林：《自由论》，胡传胜译，译林出版社，2003。

世界银行《1997 年世界发展报告》编写组编著《1997 年世界发展报告：变革世界中的政府》，蔡秋生等译，中国财政经济出版社，1997。

## 二 中文著作类

《列宁选集》（第 1～4 卷），人民出版社，1995。

《1844 年经济学哲学手稿》，人民出版社，2000。

《马克思恩格斯全集》（第 39 卷），人民出版社，1975。

《马克思恩格斯选集》（第 1 卷），人民出版社，1995。

《马克思恩格斯选集》（第 4 卷），人民出版社，2012。

《毛泽东选集》（第 1～4 卷），人民出版社，1991。

包刚升：《民主崩溃的政治学》，商务印书馆，2014。

北京大学公众参与研究与支持中心：《中国行政透明度观察报告 2011～2012》，法律出版社，2013。

蔡定剑主编《公众参与——欧洲的制度和经验》，法律出版社，2009。

陈端洪：《司法与民主：中国司法民主化改革及其批判》，法律出版社，2007。

陈明明：《在革命与现代化之间——关于党治国家的一个观察与讨论》，复旦大学出版社，2015。

陈明明：《转型危机与国家治理》，上海人民出版社，2011。

邓正来：《国家与社会——中国市民社会研究》，北京大学出版社，2008。

窦玉沛：《社会管理与社会和谐》，中国社会出版社，2005。

方世荣、石佑启主编《行政法与行政诉讼法》（第 3 版），北京大学出版社，2015。

方世荣主编《行政法与行政诉讼法学》，中国政法大学出版社，2010。

冯仕政：《当代中国的社会治理与政治秩序》，中国人民大学出版社，2013。

高富平：《中国电子商务立法研究》，法律出版社，2015。

工业和信息化部电信研究院政策与经济研究所、腾讯互联网与社会研究院：《中国互联网法律与政策研究报告（2013）》，电子工业出版社，2014。

郭道晖：《法的时代精神》，湖南出版社，1997。

韩德强主编《网络空间法律规制》，人民法院出版社，2015。

何显明：《群体性事件的发生机理及其应急处置——基于典型案例的分析研究》，学林出版社，2010。

胡鞍钢等：《中国国家治理现代化》，中国人民大学出版社，2014。

胡凌：《探寻网络法的政治经济起源》，上海财经大学出版社，2016。

江必新等：《国家治理现代化》，中国法制出版社，2014。

姜明安主编《行政法与行政诉讼法》，北京大学出版社，2014。

金耀基：《从传统到现代》，法律出版社，2010。

孔繁斌：《公共性的再生产——多中心治理的合作机制建构》，江苏人民出版社，2008。

李佃来：《公共领域与生活世界——哈贝马斯市民社会理论研究》，人民出版社，2006。

李龙主编《法理学》，人民法院出版社、中国社会科学出版社，2003。

李泉：《治理思想的中国表达：政策、结构与话语演变》，中央编译出版社，2014。

李一：《网络社会治理》，中国社会科学出版社，2014。

林来梵：《宪法学讲义》，法律出版社，2015。

刘婧：《网络环境下的社区治理研究》，武汉大学出版社，2016。

刘品新：《网络法学》，中国人民大学出版社，2015。

刘智峰：《国家治理论》，中国社会科学出版社，2014。

麻宝斌等：《公共治理理论与实践》，社会科学文献出版社，2013。

马志刚：《中外互联网管理体制研究》，北京大学出版社，2014。

毛寿龙、李梅、陈幽泓：《西方政府的治道变革》，中国人民大学出版社，1998。

秦晓：《当代中国问题：现代化还是现代性》，社会科学文献出版社，2009。

申屠彩芳：《网络服务提供者侵权责任研究》，浙江大学出版社，2014。

沈逸：《美国国家网络安全战略》，时事出版社，2013。

孙午生：《网络社会治理法治化研究》，法律出版社，2014。

唐汇西：《网络信息政府监管法律制度研究》，武汉大学出版社，2015。

腾讯科技频道：《跨界：开启互联网与传统行业融合新趋势》，机械工业出版社，2014。

万军：《社会建设与社会管理创新》，国家行政学院出版社，2011。

王称心、蒋立山主编《现代化法治城市评价——北京市法治建设状况综合评价指标体系研究》，知识产权出版社，2008。

王孔祥：《互联网治理中的国际法》，法律出版社，2015。

王锡锌：《公众参与和中国新公共运动的兴起》，中国法制出版社，2008。

夏燕：《网络空间的法理研究》，法律出版社，2016。

谢耘耕、陈虹主编《新媒体与社会》（第8辑），社会科学文献出版社，2014。

谢希仁编著《计算机网络》（第7版），电子工业出版社，2017。

徐汉明主编《网络安全立法研究》，法律出版社，2016。

徐红云主编《大学计算机基础教程》（第2版），清华大学出版社，2014。

徐云峰、郭晓敏：《网言网语》，武汉大学出版社，2013。

徐云峰等编著《访问控制》，武汉大学出版社，2014。

徐云峰、郭正彪：《物理安全》，武汉大学出版社，2010。

徐云峰、史记、徐铎编著《弱点挖掘》，武汉大学出版社，2014。

徐云峰等编著《网络安全与执法导论》，武汉大学出版社，2013。

徐云峰等编著《网络犯罪心理》，武汉大学出版社，2014。

徐云峰：《网络伦理》，武汉大学出版社，2007。

杨雪冬：《全球化：西方理论前沿》，社会科学文献出版社，2002。

于志强主编《中国网络法律规则的完善思路·民商法卷》《中国网络法律规则的完善思路·行政法卷》，中国法制出版社，2016。

俞可平：《论国家治理现代化》，社会科学文献出版社，2014。

俞可平主编《全球化：全球治理》，社会科学文献出版社，2003。

俞可平主编《治理与善治》，社会科学文献出版社，2000。

张昌尔主编《领导干部法治简明读本》，湖北人民出版社，2013。

张平、郭凯天主编《互联网法律法规汇编》，北京大学出版社，2012。

张维迎：《博弈论与信息经济学》，上海人民出版社，2004。

张维迎：《信息、信任与法律》，生活·读书·新知三联书店，2003。

张文显：《法理学》，高等教育出版社、北京大学出版社，2011。

张文显：《法学基本范畴研究》，中国政法大学出版社，1993。

张笑容：《第五空间战略：大国间的网络博弈》，机械工业出版社，2014。

《〈中共中央关于全面推进依法治国若干重大问题的决定〉辅导读本》，人民出版社，2014。

中央网络安全和信息化领导小组办公室、国家互联网信息办公室政策法规局编《外国网络法选编》第 1～4 辑，中国法制出版社，2015～2017。

周红云：《社会治理》，中央编译出版社，2015。

## 三　报刊类

蔡定剑：《法律冲突及其解决的途径》，《中国法学》1999 年第 3 期。

曾润喜：《中国互联网虚拟社会治理问题的国际研究》，《电子政务》2012 年第 9 期。

常敏：《社会治理中的多元组织协同机制研究——基于杭州的实证分析》，《浙江学刊》2009 年第 3 期。

陈柏峰：《党政体制如何塑造基层执法》，《法学研究》2017 年第 4 期。

陈成文、刘辉武、程珩：《论加强社会工作与提升社会治理能力》，《社会工作》2014 年第 2 期。

陈俊：《中关村科技园区授权立法问题研究》，《中国法学》2000 年第 6 期。

陈骏：《社会协同　公众参与　法治保障——人民法院指导人民调解工作的实践观察》，《光华法学》2014 年第 1 期。

陈卫东、王政君：《刑事诉讼中的司法资源配置》，《中国法学》2000 年第 2 期。

陈蔚涛：《影响地方公众参与社会治理基础性作用的制约因素分析》，《中共四川省委党校学报》2015 年第 1 期。

崔保国：《网络空间治理模式的争议与博弈》，《新闻与写作》2016 年第 10 期。

丁道勤：《"上天入地"，还是"度权量利"——〈网络安全法〉（草案）述评》，《中国矿业大学学报》（社会科学版）2016 年第 3 期。

丁志刚：《论国家治理能力及其现代化》，《上海行政学院学报》2015 年第 3 期。

尔泰：《中国广播电视管理史概说》，《视听界》1989 年第 1 期。

方军：《治道与治理：探讨公众参与县乡政府社会管理问题的两个维度》，《河南社会科学》2012 年第 5 期。

方世荣：《论公法领域中"软法"实施的资源保障》，《法商研究》2013 年第 3 期。

方世荣：《论我国法治社会建设的整体布局及战略举措》，《法商研究》2017 年第 2 期。

方守志：《坚持教育、制度、监督并重　构建中国特色的惩治和预防腐败体系》，《淮南师范学院学报》2005 年第 4 期。

付子堂、常安：《民生法治论》，《中国法学》2009 年第 6 期。

付子堂、张善根：《地方法治建设及其评估机制探析》，《中国社会科学》2014 年第 11 期。

付子堂：《论构建法治型社会管理模式》，《法学论坛》2011 年第 2 期。

甘伟淑：《信息网络立法刍议》，《国家检察官学院学报》2002 年第 3 期。

高富平：《从电子商务法到网络商务法——关于我国电子商务立法定位的思考》，《法学》2014 年第 10 期。

顾肃：《论波普尔的开放社会》，《开放时代》2002 年第 6 期。

郭道晖：《公民的政治参与权与政治防卫权》，《广州大学学报》（社会科学版）2008 年第 5 期。

韩大元：《全国人大常委会新法能否优于全国人大旧法》，《法学》2008 年第 10 期。

何明升：《虚拟社会治理的概念定位与核心议题》，《湖南师范大学社会科学学报》2014 年第 6 期。

何明升：《中国网络治理的定位及现实路径》，《中国社会科学》2016 年第 7 期。

何增科：《理解国家治理及其现代化》，《马克思主义与现实》2014 年第 1 期。

侯健：《群体性表达事件的法律治理》，《法商研究》2010 年第 3 期。

胡鞍钢、杨竺松：《中美国家治理绩效比较》，《国家治理》2014 年第 8 期。

胡建淼：《法治思维的定性及基本内容——兼论从传统思维走向法治思维》，《国家行政学院学报》2015 年第 6 期。

胡伟：《如何推进我国的国家治理现代化》，《探索与争鸣》2014 年第 7 期。

胡仙芝：《公众参与制度化：社会治理创新的突破点》，《人民论坛》2014 年第 S1 期。

胡仙芝：《公众参与制度化是我国社会治理法治化的必由之路》，《理论研究》2015 年第 3 期。

胡玉鸿：《试论法律位阶划分的标准——兼及行政法规与地方性法规之间的位阶问题》，《中国法学》2004 年第 3 期。

胡元聪：《我国法律激励的类型化分析》，《法商研究》2013 年第 4 期。

黄东海：《地方财政条件约束下的民事司法偏好——以清代州县为中心》，《南京大学法律评论》2014 年第 2 期。

黄金荣：《"规范性文件"的法律界定及其效力》，《法学》2014 年第 7 期。

黄文艺：《法治中国的内涵分析》，《社会科学战线》2015 年第 1 期。

黄学贤、周春华：《行政协助概念评析与重塑》，《法治论丛》2007 年第 3 期。

江必新、李沫：《论社会治理创新》，《新疆师范大学学报》（哲学社会科学版）2014 年第 2 期。

江必新、邵长茂：《论国家治理商数》，《中国社会科学》2015 年第 1 期。

江必新：《国家治理现代化基本问题研究》，《中南大学学报》（社会科学版）2014 年第 3 期。

江国华：《中国纵向政权组织法治体系的解构与建构》，《武汉大学学报》（哲学社会科学版）2016 年第 3 期。

蒋立山：《中国法治道路初探（上）》，《中外法学》1998 年第 3 期。

蒋立山：《中国法治道路问题讨论（下）》，《中外法学》1998 年第 4 期。

蒋小红：《通过公益诉讼推动社会变革——印度公益诉讼制度考察》，《环球法律评论》2006 年第 3 期。

金立槟：《社会治理视域下的公众参与》，《企业导报》2014 年第 17 期。

景岗：《域名法律问题思考》，《法学家》2000 年第 3 期。

景跃进：《村民自治与中国特色的民主政治之路》，《天津社会科学》2002 年第 1 期。

匡文波、杨春华：《走向合作规制：网络空间规制的进路》，《现代传播》2016 年第 2 期。

雷雨若、王浦劬：《西方国家福利治理与政府社会福利责任定位》，《国家行政学院学报》2016 年第 2 期。

李晨璐、赵旭东：《群体性事件中的原始抵抗——以浙东海村环境抗争事件为例》，《社会》2012 年第 5 期。

李传军：《论网络空间治理中的公众参与》，《武汉科技大学学报》（社会科学版）2016 年第 4 期。

李栋：《讼师在明清时期的评价及解析》，《中国法学》2013 年第 2 期。

李怀：《基于规模经济和网络经济效益的自然垄断理论创新——辅以中国自然垄断产业的经验检验》，《管理世界》2004 年第 4 期。

李龙：《建构法治体系是推进国家治理现代化的基础工程》，《现代法学》2014 年第 3 期。

李俏、李久维：《回归自主与放权社会：中国农村养老治理实践》，《中国农业大学学报》（社会科学版）2016 年第 3 期。

李晟、郑毓枫：《我国古代多元纠纷解决机制的法律文化解读及启示》，《赤峰学院学报》（汉文哲学社会科学版）2011 年第 12 期。

李适时：《关于我国电子商务立法的思考》，《中国法学》2003 年第 3 期。

李文健：《刑事诉讼效率论——基于效率价值的经济法学分析（下）》，《政法论坛》1997 年第 6 期。

李一：《网络社会治理的逻辑起点、运作机制和界域指向》，《中共杭州市委党校学报》2015 年第 3 期。

刘承礼：《理解当代中国的中央与地方关系》，《当代经济科学》2008 年第 5 期。

刘德宏：《创新社会治安综合治理的公众参与机制》，《中外企业家》2011 年第 18 期。

刘红叶：《治理视野下公众参与社会管理的途径探索》，《前沿》2012 年第 7 期。

刘金瑞：《美国网络安全立法近期进展及对我国的启示》，《暨南学报》（哲学社会科学版）2014 年第 2 期。

刘军、李三虎：《科技治理：社会正义与公众参与》，《学术研究》2010 年第 6 期。

刘少华、刘凌云：《创新网络空间治理营造良好网络环境的四大举措》，《中国行政管理》2016 年第 10 期。

刘绍明：《教育、法制、监督并重——中国特色预防腐败体系研究》，《湘潭师范学院学报》（社会科学版）2003 年第 6 期。

刘婷婷、张慧君：《转型深化进程中的国家治理模式重构》，《俄罗斯研究》2008 年第 3 期。

　　刘旺洪：《国家与社会：法哲学研究范式的批判与重建》，《法学研究》2002 年第 6 期。

　　刘伟宁：《医疗纠纷第三方调解的模式分析及构建》，《中国卫生法制》2011 年第 3 期。

　　刘艳红：《网络时代言论自由的刑法边界》，《中国社会科学》2016 年第 10 期。

　　刘颖：《支付命令与安全程序——美国〈统一商法典〉第 4A 编的核心概念及对我国电子商务立法的启示》，《中国法学》2004 年第 1 期。

　　龙明礼：《和谐社会视野下行政性 ADR 的价值》，《人民论坛》2011 年第 24 期。

　　鲁传颖：《网络空间治理的力量博弈、理念演变与中国战略》，《国际展望》2016 年第 1 期。

　　陆冬华、齐小力：《我国网络安全立法问题研究》，《中国人民公安大学学报》（社会科学版）2014 年第 3 期。

　　罗干：《政法机关在构建和谐社会中担负重大历史使命和政治责任》，《求是》2007 年第 3 期。

　　罗豪才、宋功德：《公域之治的转型——对公共治理与公法互动关系的一种透视》，《中国法学》2005 年第 5 期。

　　骆毅、王国华：《"开放政府"理论与实践对中国的启示——基于社会协同治理机制创新的研究视角》，《江汉学术》2016 年第 2 期。

　　马春雷：《探索解决社会转型时期社会治理中的几个突出难点问题》，《中国浦东干部学院学报》2009 年第 1 期。

　　麦佶妍：《论中国特色科学政绩评价体系的构建》，《广西社会科学》2012 年第 6 期。

　　彭小龙：《人民陪审员制度的复苏与实践：1998—2010》，《法学研究》2011 年第 1 期。

　　彭岳：《共享经济的法律规制问题——以互联网专车为例》，《行政法学研究》2016 年第 1 期。

彭宗超：《公共治理视野中的中国听证制度改革》，《公共管理评论》2004 年第 1 期。

皮勇：《论欧洲刑事法一体化背景下的德国网络犯罪立法》，《中外法学》2011 年第 5 期。

皮勇：《我国网络犯罪刑法立法研究——兼论我国刑法修正案（七）中的网络犯罪立法》，《河北法学》2009 年第 6 期。

戚攻：《网络社会的本质：一种数字化社会关系结构》，《重庆大学学报》（社会科学版）2002 年第 1 期。

戚攻：《网络社会在社会结构中的"位置"》，《社会》2004 年第 2 期。

戚建刚：《论群体性事件的行政法治理模式——从压制型到回应型的转变》，《当代法学》2013 年第 2 期。

齐文远、杨柳：《网络平台提供者的刑法规制》，《法律科学》2017 年第 3 期。

乔生：《信息网络传播权立法评价与完善》，《中国法学》2004 年第 4 期。

乔晓阳：《关于立法法规定的座谈会、论证会、听证会》，《吉林人大》2001 年第 8 期。

荣剑：《马克思的国家和社会理论》，《中国社会科学》2001 年第 3 期。

邵彦铭、鞠晔：《食品安全治理中的社会公众参与机制研究》，《中国经贸导刊》2015 年第 20 期。

沈木珠：《电子商务立法的问题与思考》，《法商研究》2001 年第 1 期。

沈木珠：《网络安全立法问题与对策》，《法学杂志》2001 年第 3 期。

石浩旭：《"解决案件工作坊"在司法实践中的运用研究》，《石家庄学院学报》2015 年第 1 期。

宋煜萍：《公众参与社会治理：基础、障碍与对策》，《哲学研究》2014 年第 12 期。

孙柏瑛：《我国公民有序参与：语境、分歧与共识》，《中国人民大学学报》2009 年第 1 期。

孙道萃：《网络刑法知识转型与立法回应》，《现代法学》2017 年第 1 期。

孙斐：《基于公共价值创造的网络治理绩效评价框架构建》，《武汉大学学报》（哲学社会科学版）2017 年第 6 期。

孙晓东：《立法后评估的一般指标体系分析》，《上海交通大学学报》（哲学社会科学版）2012 年第 5 期。

孙佑海：《论我国网络安全面临的十大问题和立法对策》，《中国信息安全》2014 年第 10 期。

田凯、黄金：《国外治理理论研究：进程与争鸣》，《政治学研究》2015 年第 6 期。

田千山：《从"单一治理"到"共同治理"的社会管理——兼论公众参与的路径选择》，《广西社会主义学院学报》2011 年第 5 期。

童星、罗军：《网络社会：一种新的、现实的社会存在方式》，《江苏社会科学》2001 年第 5 期。

汪太贤：《论法律权利的构造》，《政治与法律》1999 年第 5 期。

汪习根、何苗：《治理法治化的理论基础与模式构建》，《中共中央党校学报》2015 年第 2 期。

汪习根、武小川：《论社会管理创新的法治路径》，《中国法学》2012 年特刊。

王称心：《立法后评估标准的概念、维度及影响因素分析》，《法学杂志》2012 年第 11 期。

王春业：《论区域性行政立法协作》，《当代法学》2007 年第 3 期。

王汉斌：《关于〈中华人民共和国刑法（修订草案）〉的说明》，《人大工作通讯》1997 年第 Z1 期。

王弘岗：《立法听证会与立法座谈会的异同》，《全国人大》1999 年第 23 期。

王辉霞：《公众参与食品安全治理法治探析》，《商业研究》2012 年第 4 期。

王静静：《美国网络立法的现状及特点》，《传媒》2006 年第 7 期。

王利明：《论互联网立法的重点问题》，《法律科学》2016 年第 5 期。

王麟：《行政协助论纲——兼评〈中华人民共和国行政程序法（试拟稿）〉的相关规定》，《法商研究》2006 年第 1 期。

王明进：《全球网络空间治理的未来：主权、竞争与共识》，《人民论坛·学术前沿》2016 年第 4 期。

王浦劬：《国家治理、政府治理和社会治理的基本含义及其相互关系辨析》，《社会学评论》2014 年第 3 期。

王普、朱来：《中国传统调解制度的语境化分析》，《行政与法》2011 年第 6 期。

王迁：《论 BBS 的法律管制制度》，《法律科学》1999 年第 1 期。

王如铁、王艳华：《诉讼成本论》，《法商研究》1995 年第 6 期。

王瑞龙、向朝霞：《论法治从社会公众的被动受治转变为积极参与》，《湖南省社会主义学院学报》2002 年第 4 期。

王绍光：《国家治理与基础性国家能力》，《华中科技大学学报》（社会科学版）2014 年第 3 期。

王绍光：《中国公共政策议程设置的模式》，《中国社会科学》2006 年第 5 期。

王太高：《论行政公益诉讼》，《法学研究》2002 年第 5 期。

王锡锌：《参与式治理与根本政治制度的生活化——"一体多元"与国家微观民主的建设》，《法学杂志》2012 年第 6 期。

王晓楠：《社会质量理论视角下中国社会风险治理》，《吉首大学学报》（社会科学版）2016 年第 2 期。

王莹、王义保：《社会公共安全治理中公众参与的模式与策略》，《城市发展研究》2015 年第 2 期。

王子杰：《谈宏观民主与微观民主》，《广西社会科学》1987 年第 1 期。

魏屹东：《语境同一论：科学表征问题的一种解答》，《中国社会科学》2017 年第 6 期。

翁士洪：《全球治理中的国家治理转型》，《南京社会科学》2015 年第 4 期。

吴丹红：《中国式陪审制度的省察——以〈关于完善人民陪审员制度的

决定〉为研究对象》,《法商研究》2007 年第 3 期。

吴丹宇:《广州市人民陪审员情况调查》,《法治论坛》2008 年第 1 期。

吴光芸、李建华:《地方政府公信力:影响区域经济发展的重要因素》,《当代经济管理》2009 年第 5 期。

吴汉东:《国家治理能力现代化与法治化问题研究》,《法学评论》2015 年第 5 期。

吴汉东:《国家治理现代化的三个维度:共治、善治与法治》,《法制与社会发展》2014 年第 5 期。

吴弘、陈芳:《计算机信息网络立法若干问题研究》,《华东政法学院学报》2000 年第 1 期。

吴志攀:《"互联网+"的兴起与法律的滞后性》,《国家行政学院学报》2015 年第 3 期。

武中哲、韩清怀:《农村社会的公共性变迁与治理模式建构》,《华中农业大学学报》(社会科学版)2016 年第 1 期。

席涛:《法律、监管与市场》,《政法论坛》2011 年第 3 期。

席涛:《立法评估:评估什么和如何评估(上)——以中国立法评估为例》,《政法论坛》2012 年第 5 期。

夏燕:《"被遗忘权"之争——基于欧盟个人数据保护立法改革的考察》,《北京理工大学学报》(社会科学版)2015 年第 2 期。

夏勇:《权利哲学的基本问题》,《法学研究》2004 年第 3 期。

肖唐镖:《二十余年来大陆农村的政治稳定状况的变化——以农民行动的变化为视角》,《二十一世纪》(香港)第 4 期,2003 年。

肖信华、朱丽霞:《浅议有中国特色的社会保障体系》,《湖北社会科学》2000 年第 10 期。

谢晖:《法治的道路选择:经验还是建构?》,《山东社会科学》2001 年第 1 期。

谢晖:《全球化、社会转型和中国法制模式的选择》,《河南省政法管理干部学院学报》2007 年第 1 期。

谢俊：《社会"二重化"与网络社会安全建构》，《理论月刊》2017 年第 2 期。

谢望原、张开骏：《非法吸收公众存款罪疑难问题研究》，《法学评论》2011 年第 6 期。

谢志刚：《"共享经济"的知识经济学分析——基于哈耶克知识与秩序理论的一个创新合作框架》，《经济学动态》2015 年第 12 期。

邢璐：《德国网络言论自由保护与立法规制及其对我国的启示》，《德国研究》2006 年第 3 期。

熊光清：《推进中国网络社会治理能力建设》，《社会治理》2015 年第 2 期。

熊光清：《中国网络社会治理与国家政治安全》，《社会科学家》2015 年第 12 期。

熊秋红：《司法公正与公民的参与》，《法学研究》1999 年第 4 期。

徐汉明：《推进国家与社会治理法治化现代化》，《法制与社会发展》2014 年第 5 期。

徐汉明：《习近平社会治理法治思想研究》，《法学杂志》2017 年第 10 期。

徐汉明、张新平：《社会治理法治建设指标体系的设计、内容及其评估》，《法学杂志》2016 年第 6 期。

徐顽强等：《志愿者参与社会管理的维度分析及路径框架》，《江西社会科学》2013 年第 4 期。

许安标：《立法后评估初探》，《中国人大》2007 年第 8 期。

许俊千：《中国社会保障制度改革、发展的理论探索——〈论中国特色的社会保障道路〉》，《中国社会工作》1997 年第 6 期。

许鑫：《微博时代的公众参与新模式——以郭美美事件为例》，《兰州学刊》2012 年第 2 期。

薛虹：《电子商务立法研究》，《环球法律评论》2001 年第 1 期。

闫晓丽：《构建国家网络空间治理体系研究》，《信息安全研究》2016 年第 6 期。

严寒：《探讨强化公众参与社会治理有效性的路径选择》，《长江丛刊》

2015 年第 16 期。

颜琳、谢晶仁：《试论全球网络空间治理新秩序与中国的参与策略》，《湖南省社会主义学院学报》2016 年第 3 期。

燕继荣：《现代化与国家治理》，《学海》2015 年第 2 期。

杨成：《村民自治权的性质辨析》，《求实》2010 年第 5 期。

杨光斌、郑伟铭：《国家形态与国家治理——苏联－俄罗斯转型经验研究》，《中国社会科学》2007 年第 4 期。

杨海坤：《群体性事件有效化解的法治路径》，《政治与法律》2011 年第 11 期。

杨坚争：《世界各国的计算机立法进程》，《郑州大学学报》（哲学社会科学版）1999 年第 5 期。

杨景宇：《关于〈关于维护网络安全和信息安全的决定（草案）〉的说明》，《中华人民共和国全国人民代表大会常务委员会公报》2001 年第 1 期。

杨立新：《网络交易法律关系构造》，《中国社会科学》2016 年第 2 期。

杨雪冬：《论国家治理现代化的全球背景与中国路径》，《国家行政学院学报》2014 年第 4 期。

杨雪冬：《论治理的制度基础》，《天津社会科学》2002 年第 2 期。

杨雪冬：《全球化、风险社会与复合治理》，《马克思主义与现实》2004 年第 4 期。

杨雪冬：《全球化进程与中国的国家治理现代化》，《当代世界与社会主义》2014 年第 1 期。

杨艳：《论社会治理制度与行政人格》，《北京理工大学学报》（社会科学版）2016 年第 4 期。

姚莉：《法院在国家治理现代化中的功能定位》，《法制与社会发展》2014 年第 5 期。

易江波：《近代中国城市江湖社会纠纷解决模式》，《北方法学》2010 年第 2 期。

尹文嘉、王惠琴：《社会治理创新视域下的公众参与：能力、意愿及形式》，《广西师范学院学报》（哲学社会科学版）2014 年第 2 期。

于建嵘：《集体行动的原动力机制研究——基于 H 县农民维权抗争的考察》，《学海》2006 年第 2 期。

于建嵘：《乡镇自治：根据和路径》，《战略与管理》2002 年第 6 期。

于龙刚：《法治与治理之间——基层社会警察"解纷息争"机制分析》，《华中科技大学学报》（社会科学版）2016 年第 3 期。

于志刚：《网络"空间化"的时代演变与刑法对策》，《法学评论》2015 年第 2 期。

于志刚：《网络犯罪与中国刑法应对》，《中国社会科学》2010 年第 3 期。

俞可平：《全球治理引论》，《政治学》2002 年第 3 期。

俞可平：《社会主义市民社会：一个新的研究课题》，《天津社会科学》1993 年第 4 期。

俞可平：《治理和善治引论》，《马克思主义与现实》1999 年第 5 期。

俞荣根：《不同类型地方性法规立法后评估指标体系研究》，《现代法学》2013 年第 5 期。

俞荣根：《地方立法后评估指标体系研究》，《中国政法大学学报》2014 年第 1 期。

郁建兴：《马克思的市民社会概念》，《社会学研究》2002 年第 1 期。

喻中：《中国宪法文本中的"可以"一词的研究》，《金陵法律评论》2004 年第 1 期。

臧雷振：《治理类型的多样性演化与比较——求索国家治理逻辑》，《公共管理学报》2011 年第 4 期。

翟志勇：《哈贝马斯论全球化时代的国家构建——以后民族民主和宪法爱国主义作为考察重点》，《环球法律评论》2008 年第 2 期。

张楚：《关于电子商务立法的环顾与设想》，《法律科学》2001 年第 1 期。

张德淼：《论法律的权威性》，《法商研究》1997 年第 2 期。

张海阳：《全国人民代表大会法律委员会关于〈中华人民共和国网络安全法（草案）〉审议结果的报告》，《中华人民共和国全国人民代表大会常务委员会公报》2016 年第 9 期。

张海阳：《全国人民代表大会法律委员会关于〈中华人民共和国网络安全法（草案）〉修改情况的汇报》，《中华人民共和国全国人民代表大会常务委员会公报》2016 年第 6 期。

张洪林：《反家庭暴力法的立法整合与趋势》，《法学》2012 年第 2 期。

张瑾、申华：《关于应对计算机信息犯罪国际合作及有关国家立法》，《政治与法律》2004 年第 3 期。

张康之、程倩：《网络治理理论及其实践》，《新视野》2010 年第 6 期。

张康之、向玉琼：《网络空间中的政策问题建构》，《中国社会科学》2015 年第 2 期。

张康之：《论后工业化进程中的社会治理变革路径》，《南京社会科学》2009 年第 1 期。

张利军：《政治参与视角下立法听证会的困境与机遇》，《经济社会体制比较》2012 年第 4 期。

张良：《论新兴社会阶层国家治理参与的法治促进》，《中共贵州省委党校学报》2015 年第 7 期。

张明华：《环境公益诉讼制度刍议》，《法学论坛》2002 年第 6 期。

张明楷：《网络时代的刑事立法》，《法律科学》2017 年第 3 期。

张平：《大数据时代个人信息保护的立法选择》，《北京大学学报》（哲学社会科学版）2017 年第 3 期。

张权：《网络空间治理的困境及其出路》，《中国发展观察》2016 年第 17 期。

张文显：《法治化是国家治理现代化的必由之路》，《法制与社会发展》2014 年第 5 期。

张文显：《法治与国家治理现代化》，《中国法学》2014 年第 4 期。

张文显：《习近平法治思想研究（下）》，《法制与社会发展》2016 年第 4 期。

张贤明：《政治责任与法律责任的比较分析》，《政治学研究》2000 年第 1 期。

张晓君、孙南翔：《走向命运共同体：网络空间治理的中国方案》，《人民论坛·学术前沿》2016 年第 4 期。

张新宝、许可：《网络空间主权的治理模式及其制度构建》，《中国社会科学》2016 年第 8 期。

张新宝、林钟千：《互联网有害信息的依法综合治理》，《现代法学》2015 年第 2 期。

张绪武：《全国人大法律委员会关于〈全国人民代表大会常务委员会关于维护网络安全和信息安全的决定（草案）〉审议结果的报告》，《中华人民共和国全国人民代表大会常务委员会公报》2001 年第 1 期。

张志君：《当代中国社会保障制度研究的可喜成果——〈中国特色的社会保障〉评介》，《学习与探索》1997 年第 3 期。

章志远：《价格听证的困境解决之道》，《法商研究》2005 年第 2 期。

赵秉志、阴建峰：《侵犯虚拟财产的刑法规制研究》，《法律科学》2008 年第 4 期。

赵凌云：《从历史中探寻中国特色社会保障制度建设道路——〈新中国社会保障制度结构与变迁〉读后》，《聊城大学学报》（社会科学版）2012 年第 2 期。

赵然：《网络社会中集体记忆研究的回顾与反思》，《新闻研究导刊》2017 年第 1 期。

郑成思、薛虹：《各国电子商务立法状况》，《法学》2000 年第 12 期。

郑成思、薛虹：《国际上电子商务立法状况》，《科技与法律》2000 年第 3 期。

郑成思、薛虹：《我国电子商务立法的核心法律问题》，《知识产权》2000 年第 5 期。

郑成思：《个人信息保护立法——市场信息安全与信用制度的前提》，《中国社会科学院研究生院学报》2003 年第 2 期。

郑中玉、何明升：《"网络社会"的概念辨析》，《社会学研究》2004 年第 1 期。

　　周汉华：《互联网对传统法治的挑战》，《法学》2001 年第 3 期。

　　周汉华：《论互联网法》，《中国法学》2015 年第 3 期。

　　周汉华：《习近平互联网法治思想研究》，《中国法学》2017 年第 3 期。

　　周红云：《全民共建共享的社会治理格局：理论基础与概念框架》，《经济社会体制比较》2016 年第 2 期。

　　周进萍：《社会治理中公众参与的意愿、能力与路径探析》，《中共南京市委党校学报》2014 年第 5 期。

　　周强：《最高人民法院关于人民陪审员决定执行和人民陪审员工作情况的报告》，《中华人民共和国全国人民代表大会常务委员会公报》2013 年第 6 期。

　　朱春燕、杨光华：《社会治理视角下的林业专业合作社制度创新》，《江汉学术》2016 年第 2 期。

　　朱景文：《论法治评估的类型化》，《中国社会科学》2015 年第 7 期。

　　朱丽霞：《关于构建中国特色的惩治和预防腐败体系的思考》，《湖北教育学院学报》2005 年第 4 期。

　　朱鹏、王刚：《国家治理论域中的中国国家合法性构建》，《领导科学》2015 年第 14 期。

　　朱西括：《在社会治理创新中切实推进公众参与》，《哈尔滨市委党校学报》2014 年第 3 期。

　　《最高人民法院　司法部关于认真贯彻实施〈中华人民共和国人民调解法〉加强和创新社会管理的意见》，《人民调解》2011 年第 6 期。

　　丁国强：《参与国家治理社会管理　法治是"主心骨"》，《人民法院报》2012 年 11 月 23 日，第 2 版。

　　李培林：《创新社会管理是一项社会体制改革》，《学习时报》2011 年 12 月 5 日，第 10 版。

　　徐汉明、张新平：《提高社会治理法治化水平》，《人民日报》2015 年 11 月 23 日，第 7 版。

季境：《治理社会管理权力腐败需要完善公众参与》，《法制日报》2012年2月1日，第1版。

高语阳：《网络犯罪已占犯罪总数近三分之一》，《北京青年报》2016年10月14日，第A08版。

习近平：《弘扬传统友好　共谱合作新篇》，《光明日报》2014年7月18日，第3版。

习近平：《在第二届世界互联网大会开幕式上的讲话》，《人民日报》2015年12月17日，第2版。

习近平：《在网络安全和信息化工作座谈会上的讲话》，《人民日报》2016年4月26日，第2版。

卓尚进：《有效保障中国数字经济"快车"行稳致远》，《金融时报》2017年12月29日，第4版。

## 四　学位论文类

李增辉：《电子商务国际管辖权制度探析》，硕士学位论文，中国政法大学，2005。

张玲：《MP3搜索引擎服务商侵权责任案例研究》，硕士学位论文，上海交通大学，2012。

张琼：《第三方立法评估制度化研究》，博士学位论文，中南财经政法大学，2017。

周赞：《应当的法哲学分析》，博士学位论文，山东大学，2006。

## 五　网络类

曹康泰：《关于〈中华人民共和国电子签名法（草案）〉的说明》，中国人大网，http://www.npc.gov.cn/wxzl/gongbao/2004-10/20/content_5334608.htm。

胡锦光：《如何推进我国合宪性审查工作?》，爱思想网，2017年10月20日，http://www.aisixiang.com/data/106517.html。

吕忠梅:《平台时代关于大规模网络侵权治理的思考》,中国法学会网,2016 年 11 月 18 日,https://www.chinalaw.org.cn/portal/article/index/id/20383/cid/228.html。

罗丹阳、邹春霞:《习近平:抓紧制定互联网立法规划》,央视网,2014 年 2 月 28 日,http://news.cntv.cn/2014/02/28/ARTI1393530385838600.shtml。

吴娅、陈仁凤、赵云昌:《薛军教授谈电子商务平台的法律属性》,中南财经政法大学法学院网,http://law.zuel.edu.cn/2017/1117/c3603a178281/page.htm。

《第 39 次〈中国互联网络发展状况统计报告〉》,中国互联网络信息中心(CNNIC)网,2017 年 1 月 22 日,http://www.cnnic.net.cn/hlwfzyj/hlwxzbg/hlwtjbg/201701/t20170122_66437.htm。

《2017 网络安全生态峰会在京举行 共议网络新安全挑战》,新华网,2017 年 7 月 26 日,http://news.xinhuanet.com/legal/2017 – 07/26/c_129664264.htm。

《NCFC,中国互联网从这里起步》,中国科学院网,2014 年 4 月 19 日,http://www.cas.cn/kxcb/kpwz/201404/t20140419_4093686.shtml。

《全球互联网有望实现多边共治》,人民网,2015 年 6 月 24 日,http://it.people.com.cn/n/2015/0624/c1009 – 27200212.html。

《推进网络安全与信息化协同发展 努力建设网络强国》,新华网,2016 年 9 月 20 日,http://news.xinhuanet.com/politics/2016 – 09/20/c_129289896.htm。

《习近平主持召开中央全面深化改革领导小组第三十六次会议》,新华网,2017 年 6 月 26 日,http://news.xinhuanet.com/politics/2017 – 06/26/c_1121211704.htm。

《携手构建网络空间命运共同体》,新浪网,2016 年 11 月 17 日,http://news.sina.com.cn/c/2016 – 11 – 17/doc – ifxxwmws3004755.shtml。

《中关村加强话语权 将打破根服务器国际垄断》,新浪网,2015 年 6 月 29 日,https://tech.sina.com.cn/i/2015 – 06 – 29/doc – ifxemzau8812922.

shtml。

蔡斐：《网络空间法律治理的逻辑起点》，中国社会科学网，2015 年 5 月 20 日，http：//phil. cssn. cn/zx/bwyc/201505/t20150521_ 1961857. shtml。

潘强：《社会管理有待转型为社会治理》，《中国改革报》2015 年 2 月 11 日，http：//www. crd. net. cn/2015 − 02/12/content_ 14826984. htm。

## 六　外文类

Castells, M., *The Internet Galaxy：Reflections on the Internet, Business, and Society*, Oxford University Press, 2001.

Kaufmann, D., Kraay, A., "Governance Indicators：Where Are We, Where Should We Be Going?" *The World Bank Research Observer* 23, 1 (2008).

Enroth, H., "Governance：The Art of Governing after Governmentality," *European Journal of Social Theory* 17, 1 (2014).

Sørensen, E., Torfing, J., *Theories of Democratic Network Governance*, Palgrave Macmillan, 2007.

Falque-Pierrotin, I., Baup, L, "Forum des droit sur l'internet：An Example from France," in Möller, C., Amouroux, A., eds., *Governing the Internet：Freedom and Regulation in the OSCE Region*, Vienna：OSCE, 2007.

Easterbrook, F. H., "Cyberspace and the Law of the Horse," *University of Chicago Legal Forum* (1996).

Stephens, G., "Crime in Cyberspace," *Technology and Society：A Bridge to the 21st Century*, Prentice-Hall, Inc., 1999.

Hardy, I. T., "Proper Legal Regime for 'Cyberspace'," *University of Pittsburgh Law Review* 55 (1994).

Milliken, J., Kraus, K., "State Failure, State Collapse, and State Reconstruction：Concepts, Lessons and Strategies," *Development and Change* 33, 5 (2002).

Murtazashavili, J. B., "Afghanistan：A Vicious Cycle of State Failure,"

*Governance* 29, 2 (2016).

Reidenberg, J. R., "Lex Informatica: The Formulation of Information Policy Rules through Technology," *Texas Law Review* 50, 3 (1998).

Barlow, J. P., *A Declaration of the Independence of Cyberspace*, https://www.eff.org/cyberspace – independence.

Johnson, D. R., Post, D., "Law and Borders: The Rise of Law in Cyberspace," *Stanford Law Review* 48, 5 (1996).

Botero, J. C., Ponce, A., "Measuring the Rule of Law," http://dx.doi.org/10.2139/ssrn.1966257.

Kelly, K., *Out of Control: The New Biology of Machines, Social Systems and the Economic World*, Addison-Wesley Longman Publishing Co., Inc., 1995.

Kooiman, J., Van Vliet, M., "Governance and Public Management," in Eliassen, K., Kooiman, J., eds., *Managing Public Organisations* (2nd ed.), London: Sage, 1993.

Lessig, L., "The Law of the Horse: What Cyberlaw Might Teach," *Harvard Law Review* 113, 501 (1999).

Mueller, M., *Network and States: The Global Politics of Internet Governance*, MIT Press, 2010.

Whitehead, M., "'In the Shadow of Hierarchy': Meta-governance, Policy Reform and Urban Regeneration in the West Midlands," *Area* 35, 1 (2003).

Saisana, M., Saltelli, A., "Rankings and Ratings: Instructions for Use," *Hague Journal on the Rule of Law* 3, 2 (2011).

Saisana, M., Saltelli, A., The Joint Research Centre Audit on the WJP Rule of Law Index, the WJP Rule of Law Index 2010.

Holmes, O. W., *The Common Law*, Harvard University Press, 1963.

Drake, W. J., Wilson, E. J., "International Regulation of Internet

Content: Possibilities and Limits," in *Governing Global Electronic Networks: International Perspectives on Policy and Power*, MIT Press, 2008.

*Paperwork Reduction Act of 1980*, Public Law, No. 96 – 511.

Franzese, P. W., "Sovereignty in Cyberspace: Can it Exist?" *Air Force Law Review* 64 (2009).

Rhodes, R. A. W., "The New Governance: Governing without Government," *Political Studies* 44, 4 (1996).

Friedman, T., *The Lexus and the Olive Tree*, Harper Collins, 2000.

The Commission on Global Governance, *Our Global Neighborhood: The Report of the Commission on Global Governance*, Oxford University Press, 1995.

Working Group on Internet Governance, "Report from the Working Group on Internet Governance," Document WSIS-II/PC – 3/DOC/5 – E, 2005.

图书在版编目（CIP）数据

理论与进路：网络平台治理立法研究/张新平著
. －－北京：社会科学文献出版社，2020.9
ISBN 978 - 7 - 5201 - 7315 - 5

Ⅰ.①理…　Ⅱ.①张…　Ⅲ.①计算机网络管理 - 科学
技术管理法规 - 立法 - 研究 - 中国　Ⅳ.①D922.174

中国版本图书馆 CIP 数据核字（2020）第 180546 号

## 理论与进路：网络平台治理立法研究

著　　者／张新平

出 版 人／谢寿光
责任编辑／吴　敏
文稿编辑／王　娇

出　　版／社会科学文献出版社·皮书出版分社（010）59367127
　　　　　地址：北京市北三环中路甲 29 号院华龙大厦　邮编：100029
　　　　　网址：www.ssap.com.cn
发　　行／市场营销中心（010）59367081　59367083
印　　装／三河市尚艺印装有限公司

规　　格／开　本：787mm × 1092mm　1/16
　　　　　印　张：15.5　字　数：227 千字
版　　次／2020 年 9 月第 1 版　2020 年 9 月第 1 次印刷
书　　号／ISBN 978 - 7 - 5201 - 7315 - 5
定　　价／79.00 元